高职高专"十三五"规划教材

U0653184

保险基础与实务

主　编　胡锦娟
副主编　安　静　马　瑞

微信扫一扫

教师服务入口　　　学生服务入口

南京大学出版社

图书在版编目(CIP)数据

保险基础与实务 / 胡锦娟主编. — 南京：南京大
学出版社，2017.8
高职高专"十三五"规划教材
ISBN 978 - 7 - 305 - 19083 - 4

Ⅰ. ①保… Ⅱ. ①胡… Ⅲ. ①保险学 Ⅳ. ①F840

中国版本图书馆 CIP 数据核字(2017)第 186162 号

出版发行　南京大学出版社
社　　　址　南京市汉口路 22 号　　　　邮　编　210093
出 版 人　金鑫荣
丛 书 名　高职高专"十三五"规划教材
书　　　名　保险基础与实务
主　　　编　胡锦娟
责任编辑　李　博　　　　　　　　编辑热线　025 - 83597482
照　　　排　南京南琳图文制作有限公司
印　　　刷　常州市武进第三印刷有限公司
开　　　本　787×1092　1/16　印张 17　字数 403 千
版　　　次　2017 年 8 月第 1 版　2017 年 8 月第 1 次印刷
ISBN 978 - 7 - 305 - 19083 - 4
定　　　价　41.00 元

网址：http://www.njupco.com
官方微博：http://weibo.com/njupco
微信服务号：njupress
销售咨询热线：(025) 83594756

前　言

近年来,在信息化与国际化发展的驱动下,大数据、区块链、人工智能等金融科技正在对保险行业产生深刻的影响,我国保险机构不断增多、保险业务快速增长、保险资金运用收益率稳步提高,保险业实力不断增强,处于快速增长期与战略机遇期。随着保险业的不断发展,保险人才的队伍也在不断地发展壮大。保险业是一个人才、知识密集型行业,对从业人员的知识水平和文化素养要求很高,构建高水平、高质量的人才教育培养体系,始终是行业实现持续健康发展的重大命题和基础性工作。

作为人才输出的主渠道之一,目前,国内各高等院校金融及相关专业都将保险基础与实务课程列为专业必修课程之一。教材建设是课程建设的重要内容。2017 年 1 月,国务院印发了《国家教育事业发展“十三五”规划》,指出“要建立健全对接产业发展中高端水平的职业教育教学标准体系。以增强学生核心素养、技术技能水平和可持续发展能力为重点,统筹规划课程与教材建设,对接最新行业、职业标准和岗位规范,优化专业课程结构,更新教学内容。”为充分对接行业需求,本教材引入保险职业工作体系与工作思路,以项目任务为引领,从实践问题引出理论知识,又把理论知识应用到解决问题中。本书的编者借鉴和参考了目前国内外保险方面的文献资料,在总结了前人的研究成果的基础上,结合了当前保险行业的发展及保险公司业务经营实践,对保险基础与实务课程的教学内容进行重组。全书共分为两大模块,共十章,一是从风险与保险基础知识入手,介绍保险、风险管理及保险合同基础知识。二是介绍各类人身保险与财产保险产品经营、保险理财规划实务与互联网保险发展等实务知识。

本教材尽可能介绍保险领域的最新发展与前沿内容,在内容介绍的过程中注重学生实务工作能力的培养,各章设有学习目标、案例分析、思考与练习,力求探索教、学、练于一体的新型教材模式,使学生学后即能运用。与同类教材相比,本教材具有以下特点:

（1）理论与实践紧密结合。详细讲授了保险业务实践中的不同险种保险产品的承保范围、责任免除等相关知识,同时每章附有实践演练题,学生在学习完有关内容后,可进行角色扮演、案例分析等实践性演练,既加深了对理论的理解,又加强了理论运用能力。

（2）教材与学材结合。全教材采用例论结合的方式,各章节都以一定篇幅介绍了保险典型条款及相关案例分析,提供大量的例如《保险法》、《道路交通事故处理条例》等相关法条资料。

（3）经典理论与创新理论结合。在传统经典理论的基础上,补充诸如互联网保险等新理论,以适应时代需求。

此外,由于保险行业变化日新月异,本教材在内容遴选时注重前沿性与创新性,在教材撰写过程中,我们密切关注保险行业理论与实践领域新变化,融入了保监会最新监管规定、保险行业最新发展趋势等新内容。

本书由胡锦娟负责编写,在编写过程中,参考了中国保监会和各保险公司网站资料与内部资料以及国内外专家学者相关专著、教材与论文,借鉴了上海逸景网络科技有限公司研发的财产保险与人身保险实训软件中相关案例,在此谨向他们表示深深的谢意! 参考的书目和文献列示于书后的参考文献中,若有遗漏,万望见谅。由于时间仓促,编者水平有限,书中难免存在不足之处,敬请广大读者批评、指正。

编　者

2017 年 7 月

目　　录

第一章　风险与保险 ………………………………………………………… 1

第一节　风险的概念与分类 ………………………………………………… 1

第二节　风险管理 …………………………………………………………… 5

第三节　保险的特征与类别 ………………………………………………… 8

第四节　保险产生与发展 …………………………………………………… 14

第五节　保险功能与作用 …………………………………………………… 20

第二章　保险合同业务处理 ………………………………………………… 25

第一节　保险合同的特征与分类 …………………………………………… 25

第二节　保险合同的构成要素 ……………………………………………… 29

第三节　保险合同的形式 …………………………………………………… 38

第四节　保险合同的成立与生效 …………………………………………… 40

第五节　保险合同的履行、中止与终止 …………………………………… 42

第六节　保险合同争议的处理 ……………………………………………… 46

第三章　保险经营的基本原则 ……………………………………………… 51

第一节　保险利益原则 ……………………………………………………… 51

第二节　最大诚信原则 ……………………………………………………… 55

第三节　损失补偿原则 ……………………………………………………… 60

第四节　近因原则 …………………………………………………………… 68

第四章　机动车辆保险 ……………………………………………………… 75

第一节　机动车辆保险的特征与分类 ……………………………………… 75

第二节　车险基本条款 ……………………………………………………… 79

第三节　机动车辆保险保费计算 …………………………………………… 91

第四节　机动车辆保险理赔 ………………………………………………… 96

第五章　火灾保险 …………………………………………………………… 107

第一节　火灾保险概述 ……………………………………………………… 107

第二节　企业财产保险 ·· 110

第三节　家庭财产保险 ·· 120

第六章　其他财产保险 ·· 131

第一节　货物运输保险 ·· 131

第二节　工程保险 ·· 140

第三节　责任保险 ·· 148

第四节　信用保险 ·· 155

第五节　保证保险 ·· 156

第七章　人寿保险 ·· 162

第一节　传统人寿保险 ·· 162

第二节　新型人寿保险 ·· 172

第三节　人寿保险常见条款解读 ·································· 181

第八章　健康保险及人身意外伤害保险 ······························ 187

第一节　健康保险 ·· 187

第二节　人身意外伤害保险 ······································ 197

第三节　团体保险 ·· 203

第九章　保险规划 ·· 210

第一节　保险规划概述 ·· 210

第二节　保险需求分析 ·· 215

第三节　保险产品组合设计 ······································ 223

第十章　保险公司业务经营环节 ···································· 226

第一节　保险专业化销售 ·· 226

第二节　保险承保 ·· 233

第三节　保险理赔 ·· 240

第四节　保险客户服务 ·· 247

第十一章　互联网保险 ·· 251

第一节　互联网保险发展概述 ···································· 251

第二节　互联网保险发展创新案例 ································ 256

第三节　互联网保险的风险与监管 ································ 261

参考文献 ·· 265

第一章　风险与保险

学 习 目 标

- 学会分析社会中存在的风险
- 掌握风险管理的方法及种类
- 理解保险与风险管理的关系
- 掌握保险的概念、特征、职能

第一节　风险的概念与分类

任务描述

　　国际癌症研究机构去年出版的《世界癌症报告》显示,全球癌症发病数从 2008 年的 1 270 万例上升到 2012 年的 1 410 万例,全球癌症死亡人数从 2008 年的 760 万人上升至 2012 年的 820 万人。目前全世界发病率最高的癌症是肺癌,每年新增患者为 120 万人;其次是乳腺癌,每年新增患者约 100 万人;再次是肠癌,每年新增患者约 94 万人。

　　按照人均期望寿命计算,国人一生罹患癌症的概率为 22%。我国一项覆盖了 8 500 万人的调查表明,目前我国癌症发病率为 285.91/10 万,死亡率为 180.54/10 万。全国每年新发癌症病例约为 312 万例,平均每天确诊 8 550 人,每分钟就有 6 人被诊断为癌症,每年因癌症死亡病例达 270 万例。

　　风险无处不在,风险无时不有。如何认识与管理风险呢?

知识平台

一、风险的概念

(一) 风险的一般含义

风险一般含义是指某种事件发生的不确定性。

（二）风险的特定含义

风险的特定含义是指某种损失发生的不确定性。这种不确定性表现在：发生与否不确定，发生的时间不确定，发生的状况不确定，发生的后果不确定。

（三）风险的构成要素

风险是由风险因素、风险事故和损失三要素构成。

1. 风险因素

风险因素，是指某一特定损失发生或增加其发生的可能性或扩大其损失程度的原因。它是风险事故发生的潜在原因，是造成损失的内在或间接原因。

根据性质不同风险因素分为实质风险因素、道德风险因素、心理风险因素三种。

（1）实质风险因素。实质风险因素是指有形的并能直接影响事物物理功能的因素，即指某一标的本身所具有的足以引起或增加损失机会和加重损失程度的客观原因和条件，如人体生理器官功能；建筑物所在地、建材等；汽车的生产厂家、规格、刹车系统；地壳的异常变化、恶劣的气候、疾病传染等。

（2）道德风险因素。道德风险因素是与人的品德修养有关的无形的因素，是指由于个人的不诚实、不正直或不轨企图，故意促使风险事故发生，以致引起社会财富损毁和人身伤亡的原因或条件，如欺诈、纵火等。在保险业务中，保险人不承保此类风险因素造成的损失责任，不承担因道德风险因素所引起的损失、赔偿或给付责任。

（3）心理风险因素。心理风险因素又叫风纪风险因素，是与人的心理状态有关的无形的因素，是指由于人们不注意、不关心、侥幸，或存在依赖保险心理，以致增加风险事故发生的机会和加大损失的严重性的因素。如企业或个人投保财产保险后放松对财物的保护，或者在火灾发生时不积极施救，任其损失扩大等，都属于心理风险因素。

2. 风险事故

风险事故是指造成生命、财产损失的偶发事件，是造成损失的直接的或外在的原因，是损失的媒介物。风险只有通过风险事故的发生，才能导致损失。

风险是损失发生的一种可能性，风险事故则意味着风险的可能性转化为现实。因而，风险事故是直接引起损失后果的意外事件。

3. 损失

损失是指非故意的、非预期的、非计划的经济价值的减少，即经济损失。这是狭义的损失定义，一般以丧失所有权或预期利益、支出费用、承担责任等形式表现，而像精神损失、政治迫害、折旧、馈赠等均不能作为损失。

在保险实务中，通常将损失分为两种形态，即直接损失和间接损失。直接损失是由风险事故导致的财产本身的损失和人身的伤害，间接损失则是由直接损失引起的额外费用损失、收入损失、责任赔偿损失等。

二、风险的分类

（一）按风险产生的原因分类，可以将风险划分为自然风险、社会风险、政治风险、经济风险和技术风险

自然风险是指因自然力的不规则变化引起的种种现象对人们的经济生活和物质生产及生命安全等产生威胁的风险。如地震、水灾、火灾、风灾等自然现象是经常的、大量发生的自然风险。自然风险是保险人承保最多的风险。

社会风险是指由于个人或团体的作为（包括过失行为、不当行为及故意行为）或不作为使社会生产及人们生活遭受威胁的风险。如盗窃、抢劫、玩忽职守及故意破坏等行为将可能对他人的财产或人身造成损失或损害。

政治风险又称为国家风险，是指在对外投资和贸易过程中，因政治原因或订约双方所不能控制的原因，使债权人可能遭受损失的风险。如因输入国发生战争、革命、内乱而中止货物进口，造成合同无法履行等。

经济风险是指在生产和销售等经营活动中由于受各种市场供求关系、经济贸易条件等因素变化的影响或经营者决策失误，对前景预期出现偏差等，导致经营失败的风险。比如生产的增减、价格的涨落、经营的盈亏等。

技术风险是指伴随着科学技术的发展，生产方式的改变而威胁人们的生产与生活的风险。如核辐射、空气污染等。

（二）按风险的性质分类，可以将风险划分为纯粹风险和投机风险

纯粹风险是指只有损失机会而无获利可能的风险。其所致结果有两种，即损失和无损失。

投机风险相对纯粹风险而言，是指既有损失机会又有获利可能的风险。其所致结果有三种，即损失、无损失和盈利。

（三）按风险产生的环境分类，可以将风险划分为静态风险和动态风险

静态风险是指在社会经济正常情况下，自然力的不规则变化或人们的过失行为所致损失或损害的风险。静态风险多属于纯粹风险的性质。

动态风险是指由于社会经济、政治、技术以及组织等方面发生变动所致损失或损害的风险。

（四）按损失的范围分类，可以将风险划分为基本风险和特定风险

基本风险是指非个人行为引起的损失或损害的风险，包括纯粹风险和投机风险。

特定风险是指风险的产生及造成的后果只与特定的人或部门相关的风险。通常是纯粹风险，只影响个人或个别企业和部门，且较易为人们所控制和防范。

（五）按风险的对象分类，可以将风险划分为财产风险、人身风险、责任风险和信用风险

财产风险是指导致一切有形财产的损毁、灭失或贬值的风险。包括直接损失和间接损失。

人身风险是指导致人伤残、死亡、丧失劳动能力以及增加费用支出的风险。

责任风险是指个人或团体的疏忽或过失行为,造成他人财产损失或人身伤亡,依照法律、契约或道义应负法律责任或契约责任的风险。

信用风险是指在经济交往中,权利人与义务人之间由于一方违约致使对方遭受经济损失的风险。

三、风险单位及其划分

(一)风险单位的定义

是指一次风险事故发生可能造成的最大损害范围。在保险实务中,风险单位是指保险标的发生一次保险事故可能造成的最大损失范围,是保险人确定其可以承担最高保险责任的计算基础。

(二)风险单位的划分

可以按地段划分,按投保单位划分,也可以按标的划分。

1. 按地段划分

由于标的之间在地理位置上相毗邻,具有不可分割性,当风险事故发生时,受损失的机会是相同的,故将一个地段作为一个风险单位。如在财产保险中,紧挨化工厂的宿舍区就视为同一个风险单位,宿舍区将使用同化工厂一样的火险费率。

2. 按投保单位划分

为简化手续,往往以一个投保单位作为一个风险单位。对于那些不需要勘察、制图的,只要投保单位将其全部财产按账面价值足额投保,该投保单位即作为一个风险单位,按其占用性质和建筑等级来确定费率。

3. 按标的划分

一个标的为一个风险单位。对于一些与其他标的无毗连关系,风险集中于一体的保险标的,可以视一个保险标的为一个风险单位。如一颗卫星、一架飞机等。

练一练 ||||

一、单项选择题

1. 不属于可保风险特征的有(　　)。
   A. 风险不是投机性的　　　　　　　　B. 风险必须具有不确定性
   C. 风险必须是意外的　　　　　　　　D. 风险必须是相同性质的

2. 保险基金的来源是(　　)。
   A. 保险费率　　　　B. 保险金额　　　　C. 保险费　　　　D. 营业收入

3. 风险损失的发生对(　　)投保人而言是偶然的和不确定的。
   A. 多数　　　　B. 全体　　　　C. 单个　　　　D. 团体

4. 股市的波动属于(　　)性质的风险。
   A. 自然风险　　　　B. 投机风险　　　　C. 社会风险　　　　D. 纯粹风险

5. 某建筑工程队在施工时偷工减料导致建筑物塌陷,则造成损失事故发生的风险因素是(　　)。

    A. 物质风险因素　　B. 心理风险因素　　C. 道德风险因素　　D. 思想风险因素

6. 某房东外出时忘记锁门,结果小偷进屋,家具被偷。则风险因素是(　　),属于(　　)。

    A. 小偷进屋　　　　　　　　　B. 家具被偷

    C. 外出时忘记锁门　　　　　　D. 房东外出

    A. 物质风险因素　　　　　　　B. 心理风险因素

    C. 道德风险因素　　　　　　　D. 思想风险因素

二、下列哪些为损失?

折旧、记忆力衰退、车祸撞死人、台风刮倒房屋、设备磨损、捐款。

第二节　风险管理

任务描述 ▮▮▮

某人的邻居家被盗,他担心自己家是否也会遇到同样的风险,所以针对这一风险,他有多少选择?

他的选择可能有以下几种:购买一个难以撬开的防盗门、窗户安装防护栏、购买家庭财产保险、雇佣保镖、养一条狗看门、家中准备防护用具、购买保险箱。请问这些方法分别属于哪一类风险管理技术?

知识平台 ▮▮▮

一、风险管理的含义

风险管理是研究风险发生规律和风险控制技术的一门新兴管理科学。它是指单位或个人通过风险识别、风险估测、风险评价,并在此基础上优化组合各种风险管理技术,对风险实施有效的控制和妥善处理风险所致损失的后果,期望达到以最小的成本获得最大安全保障的目标。

二、风险管理程序

(一)风险识别

风险识别是风险管理的第一步,是指对企业、家庭或个人面临的和潜在的风险加以判断、归类和对风险性质进行鉴定的过程。

（二）风险估测

风险估测是在风险识别的基础上，通过对所收集的大量资料进行分析，利用概率统计理论，估计和预测风险发生的概率和损失幅度。

（三）风险评价

风险评价是指在风险识别和风险估测的基础上，对风险发生的概率和损失程度，结合其他因素全面进行考虑，评估发生风险的可能性及其危害程度，并与公认的安全指标相比较，以衡量风险的程度，并决定是否需要采取相应的措施。

（四）选择风险管理技术

风险管理技术分为控制型和财务型两大类。前者的目的是降低损失频率和减少损失幅度，后者的目的是以提供基金的方式，对无法控制的风险作财务上的安排。

（五）风险管理效果评价

即对风险管理技术适用性及收益性情况的分析、检查、修正和评估。

三、风险管理的目标

风险管理的基本目标是以最小成本，获得最大安全保障效益。风险管理具体目标可以概括为损失前目标和损失后目标。

损失前目标是指通过风险管理消除和减少风险发生的可能性，为人们提供较安全的生产和生活环境。

损失后目标是指通过风险管理在损失出现后及时采取措施组织经济补偿，帮助企业迅速恢复生产和生活秩序。

四、风险管理方法

风险管理的一般方法主要有控制型风险管理和财务型风险管理两种技术。

（一）控制型风险管理技术

控制型风险管理技术，即采取控制技术，达到避免和消除风险，或减少风险因素危害的目的的方法。控制型风险管理技术可以适用于灾前灾后。事故发生前，降低事故发生频率；事故发生后，降低损失程度。

主要包括避免风险、预防风险、分散风险、抑制风险四种方法。

1. 避免风险

避免风险是指设法回避损失发生的可能性，即从根本上消除特定的风险单位和中途放弃某些既存的风险单位，采取主动放弃或改变该项活动的方式。避免风险的方法一般在某特定风险所致损失频率和损失幅度相当高或处理风险的成本大于其产生的效益时采用，它是一种最彻底、最简单的方法，但却也是消极的方法。

2. 预防风险

预防风险是指在风险事故发生前为了消除或减少可能引起损失的各种因素而采取的处

理风险的具体措施,其目的在于通过消除或减少风险因素而降低损失发生频率。这是事前的措施,即所谓"防患于未然"。如定期体检,虽不能消除癌症的风险,但可获得医生的有效建议或及早防治。

3. 分散风险

分散风险是指增加同类风险单位的数目来提高未来损失的可预测性,以达到降低风险发生可能性的目的。如发展连锁店、跨国公司、集团公司等。

4. 抑制风险

抑制风险是指在损失发生时或损失发生之后为减小损失程度而采取的各项措施。它是处理风险的有效技术。如安装自动喷淋设备,堵修决口的堤坝等。

(二)财务型风险管理技术

财务型风险管理技术,即以提供基金的方式,减低发生损失的成本的主要方法。

主要包括自留风险和转移风险两种方法。自留风险有主动自留和被动自留之分。转移风险有非保险转移和保险转移两种方法。

1. 自留风险

自留风险是指对风险的自我承担,即企业或单位自我承受风险损害后果的方法。自留风险是一种非常重要的财务型风险管理技术。自留风险有主动自留和被动自留之分。通常在风险所致损失频率和幅度低、损失在短期内可以预测以及最大损失不影响企业或单位财务稳定时采用自留风险的方法。

2. 转移风险

转移风险是指一些单位或个人为避免承担风险损失,而有意识地将损失或与损失有关的财务后果转嫁给另一些单位或个人去承担的一种风险管理方式。转移又有非保险转移和保险转移两种方法。

(1)财务型非保险转移。是指单位或个人通过订立经济合同,将损失或与损失有关的财务后果,转移给另一些单位或个人去承担,如保证互助、基金制度等,或人们可以利用合同的方式,将不确定事件造成的损失责任,从合同一方当事人转移给另一方,如销售、建筑、运输合同和其他类似合同的除外责任和赔偿条款等。

(2)财务型保险转移。是指单位或个人通过订立保险合同,将其面临的财产风险、人身风险和责任风险等转嫁给保险人的一种风险管理技术。投保人缴纳保费,将风险转嫁给保险公司,保险公司则在合同规定的责任范围内承担补偿或给付责任。保险作为风险转移方式之一,有很多的优越之处,在社会上得到了广泛的运用。

练一练

请分析人的一生要面临哪些风险,可以采用什么样的风险管理技术去应对这些风险?

第三节　保险的特征与类别

任务描述 ‖‖

在欧美一些国家,人身保险五花八门,只要你舍得花钱,身体上的任何一个部位都可以投保。

头发保险。美国歌星约翰·丹华与保险公司签订了防止秀发脱落的保险合同,每年交纳保险费 19 万元,直到 45 岁为止。到那时,他可以从保险公司拿到 1 000 万美元的保险赔偿金。

嘴唇保险。英国的密利斯·戴维斯,是世界上著名的小号演奏家。他把自己的双唇看作是一宝,于是他向保险公司买了 50 万美元的保险。

脑子保险。英国著名的喜剧演员伯利斯,为使自己专管记忆台词的脑器官永远不出毛病,向保险公司投了极高的保险费。

鼻子保险。英国著名的香水配制专家菲利朗,可以分辨出 2 500 种不同的香味,即使在空旷的森林里,他也可以闻出 3 小时前有人吸烟的味道,能准确地说出是何种香烟的烟味。当他为世界社会名流、大富豪配制香水时,还分析他们喜爱的花朵、食物的气味,以配制出最能适合其性格、气质的香水。为此,他向伦敦一家保险公司为自己的鼻子投保,保险金额高达 500 万美元。

眼睛保险。一双天生美丽的眼睛,能为她的主人带来许多机遇和运气。好莱坞明星伊丽莎白·泰勒有一双紫色的眼睛,被人们认为足以"倾国倾城"。她很钟爱自己的眼睛,因为这双眼睛不仅带来了观众,还带来了金钱。为了保护它们,她为自己的眼睛买了 100 万美金的保险。

请问相对于普通商品而言,保险具有哪些特征?你还了解哪些特殊的险种?

知识平台 ‖‖

一、保险的概念

保险特指商业保险。一般从经济与法律两个方面来解释保险的定义。

从经济角度来看,保险是分摊意外事故损失的一种财务安排。投保人通过交纳保险费购买保险,实际上是将他的不确定的大额损失变成固定的小额支出。而保险人由于集中了大量同质风险,所以能借助大数法则来正确预见未来损失的发生额,并据此制定保险费率,通过向所有投保人收取保险费建立保险基金,来补偿少数被保险人遭受的意外事故损失。

从法律角度来看,保险是一种合同行为,是一方同意补偿另一方损失的一种合同安排,同意提供损失赔偿的一方是保险人,接受损失赔偿的另一方是被保险人。投保人通过承担支付保险费的义务,换取保险人为其提供保险经济保障(赔偿或给付)的权利,这正体现了民事法律关系主体之间的权利和义务关系。

《中华人民共和国保险法》(以下简称《保险法》)将保险的定义表述为:"保险,是指投保人根据合同约定,向保险人支付保险费,保险人对于合同约定的可能发生的事故因其发生所造成的财产损失承担赔偿保险金责任,或者当被保险人死亡、伤残、疾病或者达到合同约定的年龄、期限时承担给付保险金责任的商业保险行为"。

二、保险的特征

(一)保险的特性

1. 经济性

保险是一种经济保障活动。保险经济保障活动是整个国民经济活动的一个有机组成部分,其保障的财产和人身都直接或间接属于社会再生产中的生产资料和劳动力两大经济要素;其实现保障的手段,大多最终都必须采取支付货币的形式进行补偿或给付;其保障的根本目的,无论从宏观的角度还是微观的角度,都是为了发展经济。

2. 商品性

保险体现了一种等价交换的经济关系,也就是商品经济关系。这种商品经济关系直接表现为个别保险人与个别投保人之间的交换关系,间接表现为在一定时期内全部保险人与全部投保人之间的交换关系,即保险人出售保险,投保人购买保险的关系。具体表现为保险人通过提供保险保障,保障社会生产的正常进行和人们生活的安定。

3. 互助性

保险具有"一人为众,众为一人"的互助特性。保险在一定条件下,分担了个别单位和个人所不能承担的风险,从而形成了一种经济互助关系。这种经济互助关系通过保险人用多数投保人缴纳的保险费建立的保险基金对少数遭受损失的被保险人提供补偿或给付而得以体现。

4. 契约性

从法律角度看,保险是一种契约行为。保险双方当事人要建立保险关系,其形式是保险合同;要履行其权利和义务,其依据也是保险合同。

5. 科学性

现代保险经营以概率论和大数法则等科学的数理理论为基础。保险费率的厘订,保险准备金的提存等都是以精密的数理计算为依据的。

(二)保险与其他相类似行为的比较

1. 保险与赌博的比较

相似点:基于偶然事件的发生。

区别:

(1)应对的风险不同:保险应对的是纯粹风险,只有损失机会而无获利可能。赌博应对的是投机风险,既有损失机会也有获利可能。

（2）运用的手段不同:保险经营运用风险分散原则,以科学为依据合理分摊损失,利人利己。赌博是基于偶然的因素,冒险获利,损人利己。

（3）最终目的不同:保险的目的是通过保险人提供的保险保障安定社会经济生活。赌博的目的是侥幸获利,制造不安定。

（4）导致的结果不同:保险可以使被保险人大额不定的损失变为小额固定的保费支出,即保险可以化不定为一定,转移、减少甚至排除风险。赌博是以一定的赌注变成不定的输与赢,变一定为不定。

2. 保险与储蓄的比较

相同点:均以现在的剩余作未来的准备,体现一种有备无患的思想。

区别:

（1）对象不同:保险的对象需符合承保条件。储蓄的对象没有特殊条件限制。

（2）技术要求不同:保险需要特殊的分摊计算技术。储蓄的计算技术是本金加利息。

（3）受益期限不同:保险的受益受保险合同的限制。储蓄则以本息还返为受益期限。

（4）行为性质不同:保险是一种互助行为。储蓄是一种自助行为。

（5）目的不同:保险的目的是为了应对各种事故造成的经济损失。储蓄是为了获得利息收入。

3. 保险与救济的比较

相同点:均为借助他人安定自身经济生活的一种方法。

区别:

（1）提供保障的主体不同:保险保障由商业保险公司提供,是一种商业行为。救济由个人、单位及社会提供。

（2）提供保障的资金来源不同:保险保障以保险基金为基础。救济资金取决于救济方自身的财力。

（3）提供保障的可靠性不同:保险的保障受合同保护,故保障及时可靠。救济是一种单纯的临时施舍,故不可靠。

（4）提供保障水平不同:保险保障水平基于双方当事人的权利与义务。救济是一种单方的无偿的授予行为。

4. 保险与自保的比较

相同点:目的都是为了风险分散。

区别:

（1）处理风险的方式不同:保险是多数人同质风险的集合与分散。自保是个别人的风险分散,是一种个别行为。

（2）提供保障的可靠性不同:保险提供保障的依据是保险合同的规定,是可靠的。自保提供的保障取决于自身的财力。

（3）自主性、灵活性不同:投保人能否收回保费取决于保险期限内保险事故是否发生。自保积累的准备金随时可自由支配。

三、保险的要素

保险关系的确立必须具备以下五大要素。

（一）可保风险的存在

风险的客观存在是保险产生和存在的前提条件。保险人承保的风险必须是符合保险人承保条件的特定风险即可保风险。一般来讲,可保风险应具备以下条件:

1. 风险必须是纯粹风险

即风险一旦发生成为现实的风险事故,就只有损失的机会,而无获利的可能。

2. 风险必须具有不确定性

风险的不确定性至少包含三层含义:

(1) 风险发生与否是不确定的。

(2) 风险发生的时间是不确定的。

(3) 风险发生的原因和结果是不确定的。

3. 风险必须使大量标的均有遭受损失的可能

风险为大量标的所拥有,是可保风险的一个基本条件。它要求大量的性质相近,价值也大体相近的风险单位面临同样的风险。

4. 风险必须有导致重大损失的可能

风险的发生必须有导致重大损失的可能性,而这种损失是被保险人无力承担的。

5. 风险不能使大多数的保险对象同时遭受损失

这一条件要求损失的发生具有分散性。因为保险的目的,是以多数人支付的小额保费,赔付少数人遭遇的大额损失。

6. 风险必须具有现实的可测性

保险经营中,要求制订出准确的费率,而费率的计算依据是风险发生的概率及其所致标的损失的概率,这就要求风险具有可测性。

（二）大量同质风险的集合与分散

保险的过程,既是风险的集合过程,又是风险的分散过程。保险风险的集合与分散应具备两个前提条件:

1. 大量风险的集合体

一方面是基于风险分散的技术要求,另一方面也是概率论和大数法则的原理在保险经营中得以运用的条件。

2. 同质风险的集合体

所谓同质风险,是指风险单位在种类、品质、性能、价值等方面大体相近。如果风险为不同质风险,那么损失发生的概率就不相同,风险也无法进行统一集合与分散。

（三）保险费率的厘定

保险在形式上是一种经济保障活动,而实质上是一种商品交换行为,因此,制定保险商品的价格,即厘定保险费率,便构成了保险的基本要素。为保证保险双方当事人的利益,保险费率的厘定要遵循公平合理,保证保障,稳定灵活,促进防损的基本原则。保险费率的厘定还应以完备的统计资料为基础,运用科学的计算方法。

(四) 保险基金的建立

保险赔偿与给付的基础是保险基金。保险基金是用以补偿或给付因自然灾害、意外事故和人体自然规律所致的经济损失和人身损害的专项货币基金。

保险基金是以各种准备金的形式存在的。就财产保险与责任保险准备金而言,表现为未到期责任准备金、赔款准备金、总准备金和其他准备金几种形式;就人身保险准备金而言,主要以未到期责任准备金形式存在。

(五) 保险合同的订立

保险合同是体现保险经济关系存在的形式。保险作为一种经济关系,是投保人与保险人之间的商品经济交换关系,这种经济关系需要有法律关系对其进行保护和约束,订立保险合同是保险经济关系得以成立的基本要素。

保险合同是保险双方当事人履行各自权利与义务的依据。为了获得保险保障,投保人要承担缴纳保险费的义务;保险人收取保险费的权利就是以承担赔偿或给付被保险人的经济损失的义务为前提的。这要求保险人与投保人应在确定的法律或契约关系约束下履行各自的权利与义务。

四、保险的分类

保险分类是指保险种类的划分,即按照一定的标准对保险业务进行归类。

(一) 按保险标的分类

这种分类方法是一种最常见、最普遍的分类方法,按照这一标准可将保险分为财产保险、人身保险、责任保险和信用保证保险四大类。

1. 财产保险

财产保险是以财产及其有关利益为保险标的的一种保险。当保险财产遭受保险责任范围内的损失时,由保险人提供经济补偿。

2. 人身保险

人身保险是以人的寿命和身体为保险标的的保险。保险人对被保险人在保险期间因意外事故、疾病等原因导致死亡、伤残,或者在保险期满后,根据保险条款的规定给付保险金。

3. 责任保险

责任保险是以被保险人依法应负的民事损害赔偿责任或经过特别约定的合同责任作为保险标的的保险。即对被保险人由于疏忽、过失行为造成他人的财产损失或人身伤亡,根据法律或合同的规定,应对受害者承担的经济赔偿责任,由保险人提供经济赔偿。

4. 信用保证保险

信用保证保险是以各种信用行为为保险标的的保险。当义务人不履约而使权利人遭受损失时,由保险人提供经济赔偿。凡义务人应权利人的要求向保险人投保自己的信用的保险属于保证保险;凡保险人应权利人的要求担保义务人的信用的保险属于信用保险。

（二）按风险转嫁形式分类

按风险转嫁形式分类,可将保险划分为原保险、再保险、共同保险和重复保险。

1. 原保险

原保险是投保人与保险人之间直接签订保险合同而建立保险关系的一种保险。在原保险关系中,保险需求者将其风险转嫁给保险人,当保险标的遭受保险责任范围内的损失时,保险人直接对被保险人承担损失赔偿责任。

2. 再保险

再保险也称分保,是保险人将其所承保的风险和责任的一部分或全部,转移给其他的保险人的一种保险。转让业务的是原保险人,接受分保业务的是再保险人。这种风险转嫁方式是保险人对原始风险的纵向转嫁即第二次风险转嫁。

3. 共同保险

共同保险也称共保,是由几个保险人联合直接承保同一标的或同一风险而保险金额不超过保险标的的价值的保险,在发生赔偿责任时,其赔偿按照保险人各自承保的金额比例分摊。与再保险不同,这种风险转嫁方式是保险人对原始风险的横向转嫁,它仍属于风险的第一次转嫁。

4. 重复保险

重复保险是指投保人以同一保险标的、同一保险利益、同一保险事故分别与两个以上保险人订立保险合同的一种保险。与共同保险相同,重复保险也是保险人对原始风险的横向转嫁,也属于风险的第一次转嫁。只不过在大多数情况下,重复保险的保险金额总和超过保险价值,因此,这时各保险人的赔偿金额要按一定标准进行分摊。

（三）按投保单位分类

按投保单位分类,保险可分为团体保险和个人保险。

1. 团体保险

团体保险是以集体名义签订保险合同,由保险人向团体内的成员提供保险保障的保险。

2. 个人保险

个人保险是以个人的名义向保险人投保的保险。

（四）按实施方式分类

按实施方式分类,保险可分为法定保险和自愿保险。

1. 法定保险

法定保险又称强制保险,它是由国家（政府）通过法律或行政手段强制实施的一种保险。法定保险的保险关系不是产生于投保人与保险人之间的合同行为,而是产生于国家或政府的法律效力。

2. 自愿保险

自愿保险是在自愿原则下,投保人与保险人双方在平等原则的基础上,通过订立保险合同而建立的保险关系。

练一练

一、单项选择题

1. 依承保方式分类,保险的种类有(   )。

    A. 原保险、再保险、重复保险、损失保险

    B. 自愿保险、法定保险、社会保险、商业保险

    C. 原保险、再保险、重复保险、共同保险

    D. 原保险、再保险、共同保险、损失保险

2. 保险是指投保人根据合同的约定,向保险人支付保险费,保险人对于合同约定的事项承担(   )保险金责任的商业保险行为。

    A. 赔偿和给付   B. 赔偿和分摊   C. 分摊和分散   D. 分散和给付

3. 保险的基本特性是保险的(   )。

    A. 经济性   B. 互助性   C. 法律性   D. 科学性

4. 从法学的角度看,保险是一种(   )。

    A. 合同行为   B. 经济制度   C. 风险转移机制   D. 保险行为

二、多项选择题

1. 按照保险保障的主体分类,商业保险分为(   )。

    A. 个体保险   B. 团体保险   C. 企业保险   D. 个人保险   E. 年金保险

2. 按照保险标的分类,商业保险分为(   )。

    A. 人身保险   B. 财产保险   C. 人寿保险   D. 责任保险   E. 健康保险

第四节　保险产生与发展

任务描述

你相信吗？亚洲有望成为"全球保险革命"的发源地,根据美国福布斯的报道,主要对美国和欧洲市场的保险科技创业公司的投资,有向亚洲快速转移的趋势。

为什么是亚洲？首先,亚洲地区最具魅力的地方在于其广阔的市场前景。亚洲约有44亿人口,其中中产阶级的人口数量正在飞速增加。根据布鲁金斯学会的调查,目前,全球约有40%的中产阶级居住在亚洲地区,预计到2030年,亚洲中产阶级人口会占全球中产阶级人口约64%。

保险技术在亚洲备受瞩目的第二个原因是,以往传统的保险销售方式在亚洲地区并不

"吃得开"。亚洲地域广阔,人口广泛分布,传统的保险设计师以"人对人"的方式进行保险销售,不仅增加销售难度,还增加了销售成本。而保险技术智能产业灵活运用数字科技,通过移动手机应用软件即可解决这一难题。消费者可以在保险技术应用软件上直接选择自己需要的保险产品,比起以往的通过中间介绍人的方式,能够选择更加适合自己的保险产品。

最后,亚洲地区智能手机的飞速普及,也是保险技术企业发展事业的一项有利因素。根据 GSM 协会 2016 年度报告,亚太地区有 62% 的人口使用移动电话,预计到 2020 年,还会再增加 6 亿人。

阅读以上短文,请登录互联网,查找保险业创新方面的案例,并以小组的形式进行 PPT 展示与汇报。

知识平台 ||||

一、古代的保险思想和保险雏形

人类社会从开始就面临着自然灾害和意外事故的侵扰,在与大自然抗争的过程中,古代人们就萌生了对付灾害事故的保险思想和原始形态的保险方法。在我国,古代保险思想由来已久。早在夏商后期,人们就认识到自然灾害何时发生难以预料,须随时储备粮食以济灾荒。我国历代王朝都非常重视积谷备荒。春秋时期孔子的"拼三余一"的思想是颇有代表性的见解。孔子认为,每年如能将收获粮食的三分之一积储起来,这样连续积储 3 年,便可存足 1 年的粮食,即"余一"。如果不断地积储粮食,经过 27 年可积存 9 年的粮食,就可达到太平盛世。

据传说,5 000 多年前的一天正午,一支横越埃及沙漠的骆驼商队正艰难地在沙丘间跋涉。酷热的太阳烘烤着毫无遮掩的沙漠,仿佛要把一切生命烤干,一只粗糙的水壶在商人间传递。突然,天空一下子变暗,乌云像横泻的浊浪在天空中翻滚,一场大风暴要降临了。商人们顾不得骆驼了,拼命地往沙丘高处爬去。风暴过后,原来他们丢弃骆驼和货物的地方已经堆起了几座新沙丘,30 只骆驼只有 8 只跑得快的幸免于难,其余的无影无踪了。

要是在从前,损失货物、骆驼的商人就要面临破产了。但这次的情况有些不同,因为在商队出发前,精明的商队领队就将商人们召集到一块,通过了一个共同承担风险的互助共济办法。这个办法规定,如果旅途中有商人的货物或骆驼遇到不测而损失或死亡,由未受损的商人从其获利中拿出一部分来分摊救济受难者;如果大家都平安,则从每个人的获利中提取一部分留存,作为下次运输补充损失的资金。由于有了这个约定,这次损失事故没有在商队中造成太大的波动,因为全商队还有 8 只骆驼和它们所载的货物,贸易所得的利润分摊下去,至少可以使商人们购置新的骆驼,以求东山再起。这种互助共济法,经过不断的完善后,被收入到汉谟拉比法典中。

此外,在我国漫长的封建社会里,民间曾流传着名目繁多的丧葬互助组织,如长生会、长寿会、老人会等,入会者相互约定,如入会者本人或其亲人死亡,其他入会者要各出一定的金钱作为丧葬费用。由此可见,保险思想及保险雏形在古代社会出现绝非偶然,而是当时社会发展的必然产物。

二、现代保险的形成与发展

保险业真正起源于海上保险,近代保险首先是从海上保险发展而来的。从保险发展的历史来看,财产保险先于人身保险,海上保险先于陆上保险。随着各种保险的产生和发展,完整的保险制度逐步形成了。

（一）海上保险

海上保险是一种最古老的保险,近代保险首先是从海上保险发展起来的。关于海上保险的产生,保险理论界有四种不同的观点:即共同海损说、合伙经营说、家庭团体说和海上借贷说,其中,公元前 2000 年,出现于地中海沿岸的"共同海损分摊原则",是海上保险的萌芽;公元前 800～公元前 700 年,盛行于古希腊雅典的"船舶抵押借款制度",是海上保险的雏形,大多数学者认为海上借贷是海上保险的前身。

英国民间的保险交易中心的形成对海上保险的完善起到了很大的促进作用。17 世纪,欧洲文艺复兴后,英国资本主义有了较大发展,经过大规模的殖民掠夺,英国日益发展成为占世界贸易和航运业垄断优势的大英帝国,为英国商人开展世界性的海上保险业务提供了条件。保险经纪人制度也随之产生。在英国乃至世界海上保险中占有特殊地位的劳合社始于 1688 年,爱德华·劳埃德先生在伦敦塔街附近开设了一家以自己名字命名的咖啡馆;为在竞争中取胜,劳埃德慧眼独具,发现可以利用国外归来的船员经常在咖啡馆歇脚的机会,打听最新的海外新闻,进而将咖啡馆办成一个发布航讯消息的中心。由于这里海事消息灵通,每天富商满座,保险经纪人利用这一时机,将承保便条递给每个饮咖啡的保险商,由他们在便条末尾按顺序签署自己的姓名及承保金额,直到承保额总数与便条所填保险金额相符为止。随海上保险不断发展,劳埃德承保人的队伍日益壮大,影响不断扩大。1871 年英国议会正式通过一项法案,使它成为一个社团组织——劳合社。到目前为止,劳合社的承保人队伍达到 14 000 人,现今其承保范围已不仅是单纯的海上保险。1969 年劳合咖啡馆迁至伦敦金融中心,成为现在的劳合社的前身。

（二）火灾保险

继海上保险之后形成的是火灾保险。火灾保险是财产保险的前身。

现行火灾保险制度起源于英国。它晚于海上保险出现。似乎可以这么说,近现代保险制度的形成,与一场特大的火灾关系非常大。这场火灾就是震惊世界的那场伦敦特大火灾。1666 年 9 月 2 日,英国伦敦皇家面包店因烘炉过热起火,火势失去控制,连烧了 5 天,烧毁了伦敦全市房屋的 85％以上,受灾者达 13 000 多户,20 万人无家可归,损失惨重(估计为1 000 万～1 200 万英镑)。由于这次大火的教训,保险思想逐渐深入人心。火灾发生后的第二年,医学博士牙科医生尼古拉·巴蓬在伦敦开办了第一家专门承保房屋火灾保险的商行,经营房屋火灾保险。1680 年,巴蓬得到了赞助者的资助,创办拥有 40 000 英镑的合股公司,命名为火灾保险公司。该公司的保险费是以房租标准决定的,并实行按照房屋的危险等级差别收取保险费的方式,即对木造房屋课以砖瓦结构房屋两倍的保险费。这个火灾保险公司的业务持续一个世纪后解散。1710 年,以发明灭火器而闻名的查理士·波文创立了"伦敦保险人公司"(后改为"太阳火灾保险公司"),这是英国现存保险公司中最老的公司,也是现代火灾保险的基础。后来英国的火灾保险公司逐渐增多,1861 年—1911 年间,英国登记在册的火灾保险公司达到 567 家。1909 年,英国政府以法律的形式对火灾保险进行制约和监督,促进了火灾保险业务的正常发展。

（三）人身保险

在海上保险的产生和发展过程中,一度包括人身保险。中世纪欧洲的"基尔特"行会对成员的死亡、疾病、伤残、年老等给予补偿,这应该说是最初的人身保险了。15 世纪后期,欧洲的奴隶贩子把运往美洲的非洲奴隶当作货物进行投保,后来船上的船员也可投保;如遇到意外伤害,由保险人给予经济补偿,这些应该是人身保险的早期形式。

公元前 133 年,在古罗马成立的"格雷吉亚"(共济组织),最初仅为宗教团体,后来开始向加入该组织的人收取 100 泽司和一瓶敬人的清酒,另外每个月收取 5 泽司,积累起来成为公积金,用于丧葬的补助费,这是人寿保险的萌芽。

17 世纪中叶,意大利银行家伦佐·佟蒂提出了一项联合养老办法,这个办法后来被称为"佟蒂法",并于 1689 年正式实行。"佟蒂法"的特点就是把利息付给该群体的生存者。

在中世纪,各种行会盛行,德国的"扶助金库",美国的"友爱社",荷兰和法国的"年金制度"等以集资的形式开始了人寿保险业。

英国在 1688 年建立的"寡妇年金制"和"孤寡保险会"等保险组织,使人寿保险企业化。

现代人寿保险的发展对计算技术要求较高,1671 年,荷兰政治家维德倡导终身年金现值的计算,为国家的年金公债做出了一大贡献,但其计算方法并不十分完善;到 17 世纪末,英国著名的天文学家哈雷,研究人的死亡率,在 1693 年编制了第一张生命表,精确表示了每个年龄的死亡率,提供了寿险计算的依据;18 世纪 40—50 年代,辛普森根据哈雷的生命表,做成依死亡率增加而递增的费率表;之后,陶德森依照年龄差等计算保费,并提出了"均衡保险费"的理论,从而促进了人身保险的发展。1762 年成立的伦敦公平保险社才是真正根据保险技术基础而设立的人身保险组织。

（四）责任保险

责任保险是对无辜受害者的一种经济保障,相对于其他保险业务而言,其发展历史较短,只有近百年。替肇事者赔偿受害者的财产或人身伤亡损失,曾被认为是违反公共道德标准的,这种观点直到 19 世纪中叶,在工人为获得自身保障而进行斗争,迫使统治者制定保护劳工的法律后才有所改变。1855 年,英国铁路乘客保险公司首次向铁路部门提供铁路承运人责任保险,开辟了责任保险的先河。进入 20 世纪以后,责任保险发展迅速,大部分西方国家对多种公共责任规定了强制性投保,如机动车第三者责任险、雇主责任险等。

第二次世界大战以后,责任保险的种类越来越多,如产品责任险以及各种职业过失责任险在发达国家已经成为制造商和自由职业者不可缺少的保险。

（五）信用保证保险

信用保证保险是随着资本主义商业信用风险和道德危险的频繁发生而发展起来的。1702 年英国开设"主人损失保险公司",承办诚实保险。1842 年英国保证公司成立,美国则于 1876 年在纽约开办了"确实保证业务",1893 年,美国成立了专门经营商业信用保险的保险公司。

保险从萌芽时期的互助形式逐渐发展成为冒险借贷,发展到海上保险合约,发展到海上保险、火灾保险、人寿保险和其他保险,并逐渐发展成为现代保险。

三、中国保险业的发展现状

（一）综合实力显著增强

我国保费收入从 2010 年的 1.3 万亿元,增长到 2015 年的 2.4 万亿元,年均增长 13.4%。保险业总资产从 2010 年的 5 万亿元,增长到 2015 年的 12 万亿元,成功实现翻番。全行业净资产达到 1.6 万亿元,保险行业偿付能力总体充足。行业利润从 2010 年的 837 亿元,增长到 2015 年的 2824 亿元,增加 2.4 倍,保险深度达到 3.6%,保险密度达到 1768 元/人。我国保险市场规模先后赶超德国、法国、英国,全球排名由第六位升至第三位。

（二）保险改革全面推进

保险改革全面突破,市场准入退出机制不断优化,综合性、专业性、区域性和集团化保险机构齐头并进,8 家保险机构在境内外实现上市,自保、相互、互联网等新型主体创新发展,统一、开放、协调发展、充满活力的现代保险市场体系日益完善。全面实施寿险产品费率市场化改革,稳步推进商业车险条款、费率管理制度改革,市场配置资源的决定性作用得到有效发挥。保险资金运用体制改革深入推进,保险资金配置多元化格局初步形成。

（三）服务能力不断提升

十二五期间,保险业为全社会提供保险赔款与给付 3.1 万亿元,较好地发挥了经济补偿和社会风险管理作用。大病保险覆盖全国 31 个省（区、市）,覆盖人口达 9.2 亿。农业保险累计为 10.4 亿户次农户提供风险保障 6.5 万亿元,向 1.2 亿户次农户支付赔款 914 亿元。责任保险涵盖公共服务各领域,交强险投保率从 2010 年的 79% 提升至 2015 年的 92%。出口信用保险累计提供风险保障近 1.6 万亿美元,有力促进了外向型经济发展。保险业共发起债权股权和项目资产支持计划 499 项,合计备案注册规模 1.3 万亿元。

（四）发展环境不断优化

国务院发布《关于加快发展现代保险服务业的若干意见》、《关于加快发展商业健康保险的若干意见》,把保险业的战略定位提升到了前所未有的历史新高度,35 个省（区、市）出台了促进保险业发展的文件,中国保监会与 26 个地方政府签署合作备忘录,在深圳、宁波等 6 个地方建立保险创新综合示范区,政府推动和政策支持的力度空前提升。推动修订保险法,正式实施农业保险条例,巨灾保险制度建设取得突破性进展,保险业发展的制度基础进一步夯实。

（五）监管创新深入推进

初步构建中国特色的保险公司治理监管制度体系,公司治理监管进入量化评级新阶段,引领国际监管规则新趋势。建成第二代偿付能力监管制度体系,对全球保险市场发展和国际保险监管规则建设产生重要影响。不断加强市场行为监管力度,开通 12378 维权热线,开展诉调对接,推进行业信用体系建设,综合治理车险理赔难和人身险销售误导,消费者权益得到有效保护。多边和双边国际保险监管合作不断推进,当选亚洲保险监督官论坛轮值,主导通过科伦坡宣言,我国在国际保险监管领域的话语权不断增强。构建全面立体高效的风险防范体系,守住了不发生系统性、区域性风险的底线。

四、中国保险业未来发展趋势

2014 年,国务院《关于加快发展现代保险服务的若干意见》确定了现代保险服务业的发展目标:到 2020 年,我国基本建成保障全面、功能完善、安全稳健、诚信规范,具有较强服务能力、创新能力和国际竞争力,与我国经济社会发展需求相适应的现代保险服务业。实现这个目标需要大力推动保险业的创新发展。

专业型保险公司将会快速发展。在技术保险、专利保险、新型业态等保险需求不断产生的情况下,应鼓励成立一些具有特定风险管理能力的专业型保险公司,开展试点经营。我国现有的一百多家保险公司业务雷同程度过高,形成了同质化、低水平竞争,不利于保险市场发展。美国有几千家保险公司,大多数保险公司是专业类保险企业,对特定风险的专业管理能力强,形成了错位经营,拓展了保险市场的宽度,而且更大限度地满足了市场的专业化保险需求。

保险产品动态定价将得到市场认可。随着智能可穿戴技术的普及,个性化保险需求可以采取动态定价和行为定价方式,根据个人生活习惯数据,比如喝酒、抽烟、作息时间、运动情况、体检情况、生病服药情况以及经验出险概率等数据,进行保险定价,将保险产品的定价模式由静态定价转为动态定价。

保险经营向平台化方向发展。我国《保险法》修改草案新增了"保险公司发行次级债"等内容,增加了改善保险公司资本充足率的途径。同时,保险企业经营更多地与资本运作相联系,保险业务跨界发展和跨界保险产品越来越多,保险企业的客户资源迁移开发,将推动保险经营向金融平台化方向发展,形成金融业综合经营的发展趋势。

保险市场信用环境将得到改善。当前,我国保险业发展最重要的环节是诚信建设,只有让消费者普遍信任保险,才会使保险消费普遍化。应通过立法确定保险维权举证责任倒置规则,加大打击误导消费的力度,实现保险消费环境日趋公平化。应建设全国统一的消费者维权服务网络信息平台,加强对违法失信行为信息的在线披露,依法严惩欺诈失信行为。加强保险知识普及和教育,提高人们的风险意识,引导人们养成正确的保险消费习惯,使保险成为一种自觉行为,促进保险业的持续、健康、稳定发展。

拓展阅读 ▮▮▮

保险深度是指保费收入占国内生产总值(GDP)的比例,它是反映一个国家的保险业在其国民经济中的地位的一个重要指标。保险密度是指按照一个国家的全国人口计算的人均保费收入,它反映了一个国家保险的普及程度和保险业的发展水平。

第五节 保险功能与作用

阅读胡适博士发表于二十世纪三十年代的一句至理名言：

保险的意义，只是今日做明日的准备，生时做死时的准备，父母做儿女的准备，儿女幼小时做儿女长大时准备，如此而已。今天预备明天，这是真稳健；生时预备死时，这是真旷达；父母预备儿女，这是真慈爱；不能做到这三步，不能算作现代人！

思考，保险的意义与作用是什么？

一、保险的职能

保险的职能有基本职能与派生职能之分，基本职能是保险的原始与固有的职能，不因时间的变化和社会形态的不同而改变。派生职能是随着保险内容的丰富和保险种类的发展，在保险基本职能的基础上产生的新职能。

（一）保险的基本职能

保险的基本职能即保险的经济保障功能，具体表现为保险补偿的职能和保险给付的职能。

1. 保险补偿的职能

保险是在特定灾害事故发生时，在保险的有效期和保险合同约定的责任范围以及保险金额内，按其实际损失数额给予赔付。这种赔付原则使得已经存在的社会财富因灾害事故所致的实际损失在价值上得到了补偿，在使用价值上得以恢复，从而使社会再生产过程得以连续进行。

2. 保险给付的职能

由于人的价值是很难用货币来计价的，人身保险是经过保险人和投保人双方约定进行给付的保险。因此，人身保险的职能不是损失补偿，而是定额给付。

（二）保险的派生职能

保险的派生职能主要是指保险的投资职能与防灾防损职能。

1. 保险的投资职能

保险的投资职能，就是保险融通资金的职能或保险资金运用的职能。由于保险的补偿与给付的发生具有一定的时差性，这就为保险人进行资金运用提供了可能。同时，保险人为了使保险经营稳定,必须保证保险基金的保值与增值,这也要求保险人对保险资金进行运用。

2. 保险的防灾防损职能

防灾防损是风险管理的重要内容,保险本身就是风险管理的一项重要措施。保险企业为了稳定经营,要对风险进行分析、预测和评估,通过人为的事前预防,可以减少损失的发生。而且,防灾防损作为保险业务操作的环节之一,始终贯穿在整个保险工作之中。

二、保险的作用

(一)保险的宏观作用

保险的宏观作用是指保险对全社会,对国民经济总体所产生的经济效应。

1. 保障社会再生产的正常运行

保险的经济补偿不仅使发生保险事故而受损的企业受益,而且保障了其上下游企业生产经营正常运行,对整个社会生产的正常运行起到了保障作用。

2. 推动商品的流通和消费

保险不仅提供物质损失的补偿,对信用风险和产品的质量风险也提供保障,使得交易双方能够克服信任方面的障碍,商品的流通和消费可以在更大、更广范围内实现。

3. 强化金融的市场功能

保险资金的聚集和运用大大拓展了金融市场的广度和深度,优化了金融市场结构,其资金的长期性也促进了金融市场的稳定运行。

4. 促进社会创新机制的建立

通过损失补偿,保险可以带动其他资金对创新的投入,促进技术创新机制的建立,有助于缩短新技术、新产品从研发到市场化转化周期,提升整个社会的技术水平。

(二)保险的微观作用

保险的微观作用,是指保险对企业、家庭和个人所起的保障作用。

1. 有助于受灾企业及时恢复生产

当投保企业或个人遭受自然灾害和意外事故发生损失时,保险人在约定的责任范围内,给予其经济赔付,使其能够迅速恢复生产,发展经济。

2. 有利于敦促经济主体加强风险管理

保险公司的承保、理赔工作有利于帮助企业做好安全管理,建立健全防灾防损的制度和手段,消除灾害隐患。

3. 保障家庭生活安定

当家庭成员,特别是家庭经济支柱发生死亡、伤残等意外事故或患病时,保险金的给付可以帮助投保人或被保险人的家庭维持正常的生活,有利于其劳动能力的恢复和子女的健康成长。

4. 推动民事赔偿责任的履行

企业和个人在社会活动中由于意外或疏忽可能导致侵权责任的发生,其承担责任的能力有可能不足,通过购买保险的方式可以将风险转嫁给保险公司,既减轻了侵权人的负担,又保障了被侵权人的权益。

拓展阅读 ▌▌▌

国家质检总局官方网站的信息显示,截至2014年底,我国电梯总量已达360万台,并以每年20%左右的速度增长,电梯保有量、年产量、年增长量均为世界第一,电梯安全事故却时有发生。其中,维护保养和管理的问题多多。

国家质检总局有关负责人介绍,2014年全国共发生49起电梯事故,37人死亡,其中18人是电梯的作业人员和管理人员,其余为电梯乘客。梳理事故原因发现,当中21起事故是违规使用造成的,比如违规使用三角钥匙;比如对儿童监护不力;还有就是违规救援——乘客要在箱体里等待救援,但乘客自救,违规扒开轿厢。由于设备本身造成的事故8起,集中在制动器、扶梯驱动链条发生失效等。电梯就像人的生命,得不到好的维护保养,如同雪上加霜,容易加速老化。

记者采访了解到,电梯运营是"分段式"的,所有权、使用权、物业管理权、技术管理权和具体使用者涉及多个主体,往往造成安全责任链条不明晰。一旦发生电梯伤人事故,围绕谁来赔付伤者的医疗费的问题,物业、开发商及维保公司便会陷入互相扯皮、推诿的困境。

国家质检总局有关负责人认为,针对电梯里发生的人员伤害,可推广电梯责任保险制,由保险公司垫付赔偿,然后向责任方追偿。另外,为改变维保低价竞争的现状,要提高市场准入门槛。以市场手段推动制造企业向服务业发展,转为"原厂维保",提倡维保企业连锁化发展;设立首要责任人,要建立清晰的责任链条。

练一练 ▌▌▌

两人一组,模拟保险业务员与客户,演练以下关于保险的意义与功能的话术。

1. 陈先生,谁都希望快快乐乐出门,平平安安回家,其实它不是必然的事,每天早上出门上班的时候,我的家人一定叮嘱我要小心,要早点回来。我当然会很小心,因为我一个人倒下全家都得倒,但是,会不会有那种概率,我有一天不能平安回家?陈先生,万一我永远没有收入了,我老婆孩子谁养?是我爸爸?妈妈?哥哥?姐姐?弟弟?妹妹?他们可以帮我一阵子,但不可能帮我一辈子!而参加保险就可以让您自豪地说:我的妻小我照顾,这是责无旁贷的事。

2. 陈先生,俗话说:家有一老,如有一宝。如果没有钱,我真不知道将来您老了是不是个宝?

人一定有不能挣钱的那一天,而这一天的来临,我们又不晓得是什么时候,但是,没有一个人能保证当他不能挣钱的那一天,他一定有钱。参加保险,就可以保证您永远有钱用,让您一生无忧,养老不愁,让您活得越老越有尊严,身价越高。快乐的老年生活,正等着您去享受。

3. 人生其实是拉着车走上坡路。年龄越大,家庭之车的分量就越沉重,一不小心,拉车的绳子断了,家庭将会受到很大的震动,甚至会急速下滑。如果事先花一点小钱雇一个人帮忙推车,在车下滑的时候,他就可以伸出有力之手,帮助你渡过难关。钱也是暂时给他,到了约定的时间,你如果不需要他推车,他还会把钱全部奉还,再加上并不低于银行的利息。这个好人就叫保险。

4. 俗话说得好:人有旦夕祸福。人的一生中无法避免疾病,年迈和死亡,人身保险可以起到有备无患的作用,无论对家庭还是个人,都可以提供各种保障。解决经济上的困难,解除后顾之忧,使人民安居乐业。

课后练习

一、单项选择题

1. 因冰雹使得路滑而发生车祸,并造成人员伤亡,该事件中冰雹是(   )。
   A. 风险媒介　　　B. 风险物质　　　C. 风险因素　　　D. 风险事故
2. 社会风险能够造成多种损失,下列风险事件中属于社会风险损失的是(   )。
   A. 由环境污染而造成的损失
   B. 由于抢劫造成的财产损失和人身伤害
   C. 由于对前景预期出现偏差而导致经营失败
   D. 由本国变更法律而造成的财产损失
3. 在风险管理中,以下具体方式中属于财务型风险管理技术的是(   )。
   A. 自留　　　　　B. 预防　　　　　C. 抑制　　　　　D. 避免
4. 在人身保险合同中,保险人给付保险金额最高限额是(   )。
   A. 合同约定的保险金额　　　　　B. 被保险人的收入损失
   C. 政府具体确定的金额　　　　　D. 被保险人的实际损失
5. 某企业以其固定资产1 000万元的财产为保险对象,向甲保险公司投保了500万元的财产损失保险,与此同时,该企业又以同样的固定资产向乙保险公司投保1 000万元财产损失保险,该企业的这一保险方式属于(   )。
   A. 重复保险　　　B. 共同保险　　　C. 再保险　　　D. 原保险
6. 通过保险内在的特性,促进经济社会的协调以及社会各领域的正常运转和有序发展,这一保险作用所体现的保险功能是(   )。
   A. 风险管理功能　B. 保险保障功能　C. 社会管理功能　D. 资金融通功能
7. 两个或两个以上的保险人共同承保同一保险责任,同一保险利益,同一保险事故的保险称为(   )。
   A. 重复保险　　　B. 再保险　　　C. 共同保险　　　D. 综合保险
8. 保费收入总额占国内生产总值的比重是指(   )。
   A. 保险密度　　　B. 保险深度　　　C. 保险金额　　　D. 保险价值
9. 投保人对同一保险标的、同一保险利益、同一保险事故同时分别向两个以上保险人订立合同,其保险金额超过保险价值的保险是(　　　)。

    A. 重复保险   B. 再保险   C. 共同保险   D. 综合保险

10. 因侵权或违约依法对他人遭受的人身伤亡或财产损失应负赔偿责任的风险是(　　　)。

    A. 财产风险   B. 人身风险   C. 责任风险   D. 信用风险

11. 汽车刹车失灵会引起意外事故,这属于(　　·　)。

    A. 主观风险因素   B. 客观风险因素   C. 心理风险因素   D. 实质风险因素

12. 按风险的性质分类,风险可分为(　　　)。

    A. 人身风险与财产风险   B. 纯粹风险与投机风险

    C. 经济风险与技术风险   D. 自然风险与社会风险

13. 保险中的风险是指(　　　)的不确定性。

    A. 发生的结果   B. 损失发生   C. 损失程度   D. 损失补偿

14. 保险是一种(　　　)风险的办法。

    A. 降低   B. 集中   C. 分散   D. 转移

15. 保险合同是(　　　)和保险人的约定保险权利与义务关系的协议。

    A. 被保险人   B. 投保人   C. 保险代理人   D. 受益人

16. 只有(　　　)的存在,才有风险发生的可能性。

    A. 风险因素   B. 风险损失   C. 风险事故   D. 风险变化

17. 纯粹风险损失,对整个社会而言它是一种社会的(　　　)。

    A. 损害   B. 损失   C. 净损失   D. 净资产

18. (　　　)是指保险双方以法律、法规或行政命令为依据建立的保险关系。

    A. 社会保险   B. 强制保险   C. 政策性保险   D. 商业保险

19. 保险金额是保险人承担赔偿或给付保险金的(　　　)。

    A. 最高限额   B. 最低限额   C. 损失金额   D. 赔付金额

20. 驾驶机动车不慎撞人,属于(　　　)。

    A. 财产风险   B. 责任风险   C. 自然风险   D. 信用风险

二、思考题

1. 简述商业保险和社会保险的区别。

2. 以保险标的为分类标准,将保险业务分为哪些类别?

3. 简述原保险与再保险的关系。

4. 简述共同保险与重复保险的关系。

5. 保险的特征有哪些?

6. 有人说保险是骗人的,你怎么看待这个问题?

微信扫码查看

第二章 保险合同业务处理

学习目标

- 掌握保险合同的概念,理解保险合同的特征
- 掌握保险合同的构成要素,理解合同主体的权利和义务
- 掌握保险合同订立、生效的区别与联系及保险合同变更、终止的情况
- 理解保险合同的履行
- 熟悉保险合同的主要形式,理解其法律效力
- 了解保险合同的客体与内容
- 能合理解释保险合同的主要条款

第一节 保险合同的特征与分类

任务描述

　　上网搜索不同类型的保险合同,试对照商品买卖合同,思考:保险合同与普通交易合同相比,有什么特征? 在此基础上,深入了解保险合同的类别。

知识平台

一、保险合同的概念

　　合同是平等主体的当事人为了实现一定的目的,以双方或多方意思表示一致为基础设立、变更和终止权利义务关系的协议。《中华人民共和国保险法》第十条规定"保险合同是投保人与保险人约定保险权利义务关系的协议。"根据保险合同的约定,收取保险费是保险人的基本权利,赔偿或给付保险金是保险人的基本义务;与此相对应的,交付保险费是投保人的基本义务,请求赔偿或给付保险金是被保险人的基本权利。

二、保险合同的特性

　　与一般的合同相比,保险合同具有与一般合同共同的法律特点。

　　第一,它是双方或者多方的当事人意思表示一致的法律行为。合同当事人双方的法律地位一律平等,任何一方不能把自己的意志强加给对方。第三者对保险合同当事人的意思表示也不能进行非法干预。第二,保险合同是当事人借以达到一定的经济目的的协议。投保人签订保险合同的目的是在于取得对意外损失的经济补偿,或特殊需要时的经济补救,保险人承保危险的目的是通过危险分担取得经营利润和社会效益。第三,保险合同是当事人的合法行为。当事人在订立保险合同时其合同内容及程序均必须合法,才能得到国家法律的保护。在合同成立生效后,双方必须依约定履行,否则要承担相应法律责任。

　　与此同时,保险合同也具有特殊性:

　　(一) 保险合同是双务合同

　　合同当事人双方的权利义务关系区分,可分为双务合同和单务合同。双务合同是指当事人双方均享有权利,同时承担义务的合同。一方的权利就是另一方的义务,权利与义务相对应。反之,只有合同一方享有权利,而他方仅负有义务的合同叫单务合同。保险合同是双务合同。在保险合同成立生效后,投保方与保险方均须履行约定义务。投保方的义务是支付保险费,防灾防损,危险增加的通知等,保险方的义务是提供经济保障,发生约定事故时履行赔偿责任,协助被保险人防灾防损等。

　　(二) 保险合同为有偿合同

　　根据合同当事人双方的受益情况,可将合同分为有偿合同和无偿合同。因享有合同权利而必须偿付相应代价的称为有偿合同。享有合同权利而不必偿付代价的,称为无偿合同。保险合同是有偿合同,即投保人要取得保险的经济保障,必须支付相应的代价,即保险费。

　　在一般的有偿合同中,是以"等价有偿"为原则,即给付与反给付一致。但保险合同的有偿性,只要求合同双方的权利义务间存在对应关系即可,并不要求双方所负的给付义务平衡一致。因此,投保人不能因为自己支付过保险费,就要求保险人给予相等的给付,长期人寿保险除外。同时保险人根据数理基础,准确计算,使所收取保险费与其提供的经济保障的程度相适应,也不能高收费低保障。

　　(三) 保险合同是要式合同

　　要式合同是指以履行特定方式为合同成立的要件的合同,非要式合同是指不以履行特定方式为合同成立的要件。根据我国目前有关财产保险合同的规定,保险合同是要式合同。《中华人民共和国经济合同法》第二十五年条规定"财产保险合同,采用保险单或保险凭证的形式签订"。《中华人民共和国财产保险合同条例》第五条规定"投保方提出投保要求,填具投保单,经与保险方商定交付保险费办法,并经保险方签章承保后,保险合同即告成立,保险方并应根据保险合同及时向投保方出具保险单或者保险凭证。"

　　上述两个规定,对财产保险合同的成立形式要求稍有不同,《经济合同法》要求出立保险单,《财产保险合同条例》要求保险方在投保单上签章,但两者都是一种特定形式的规定。

　　保险合同是否要式,其实质意义是涉及合同的效力,非要式合同则在当事人意思表示一致时合同即成立。要式合同则在特定形式成就时才成立生效。

（四）保险合同是射幸合同

这是由保险的射幸性决定的。所谓射幸合同，就是指合同当事人一方支付的代价所获得的只是一个机会，对投保人而言，他有可能获得远远大于所支付的保险费的效益，但也可能没有利益可获；对保险人而言，他所赔付的保险金可能远远大于其所收取的保险费，但也可能只收取保险费而不承担支付保险金的责任。保险合同的这种射幸性质是由保险事故的发生具有偶然性的特点决定的，即保险人承保的危险或者保险合同约定的给付保险金的条件发生与否，均为不确定。

（五）保险合同是最大诚信合同

诚实信用是社会成员在市场经济活动中都应遵循的基本原则。任何合同的订立都要基于合同当事人的诚信。保险合同较一般合同对当事人的诚实信用有更严格的要求。保险合同是约定保险人对未来可能发生的保险事故进行损失补偿或保险金给付的合同。保险合同的订立，在很大程度上依赖于合同双方的诚实信用，它一方面要求投保人在订立合同时，对保险人的询问及有关标的的情况如实告知保险人，在保险标的风险增加时通知保险人，并履行对保险标的的过去情况、未来事项与保险人的约定保证；另一方面，它要求保险人在订立保险合同时，向投保人说明保险合同的内容，在约定的保险事故发生时，履行赔偿或者给付保险金的义务。

三、保险合同的分类

保险合同纷繁复杂，根据不同的标准可以将其进行归类。

（一）补偿性保险合同与给付性保险合同

按照合同的性质分类，保险合同可以分为补偿性保险合同与给付性保险合同。补偿性保险合同是指保险人的责任，以补偿被保险人的经济损失为限并不得超过保险金额的合同。各类财产保险合同和人身保险中的医疗费用保险合同都属于补偿性保险合同。

给付性保险合同是指保险金额由双方事先约定，在保险事件发生或约定的期限届满时，保险人按合同规定的标准金额给付的合同。各类寿险合同属于给付性保险合同。

（二）定值保险合同与不定值保险合同

在各类财产保险中，依据保险价值经投保人或被保险人与保险人约定并记载于保险单中的保险标的的价值或保险事故发生时按保单载明的估价方法确定的保险标的的实际价值。在订立合同时是否确定，保险合同分为定值保险合同与不定值保险合同。

定值保险合同是指在订立保险合同时，投保人和保险人即已确定保险标的的保险价值，并将其载明于合同中的保险合同。定值保险合同成立后，一旦发生保险事故，保险合同当事人应以事先确定的保险价值作为保险人确定赔偿金数额的计算依据。如果保险事故造成保险标的的全部损失，无论该保险标的的实际损失如何，保险人均应支付合同所约定的保险金额的全部，不必对保险标的重新估价；如果保险事故仅造成保险标的的部分损失，则只需要确定损失的比例。该比例与保险价值的乘积，即为保险人应支付的赔偿金额，同样无须重新对保险标的的实际损失的价值进行估量。在保险实务中，定值保险合同多适用于某些不易确定价值的财产,如农作物保险、货物运输保险以及以字画、古玩等为保险标的的财产保险合同。

不定值保险合同是指订立保险合同时不预先约定保险标的的保险价值,仅载明保险金额作为保险事故发生后赔偿最高限额的保险合同。在不定值保险合同条件下,一旦发生保险事故,保险合同当事人需确定保险价值,并以此作为保险人确定赔偿金数额的计算依据。通常情况下,受损保险标的的保险价值以保险事故发生时当地同类财产的市场价格来确定,但保险人对保险标的所遭受损失的赔偿不得超过合同所约定的保险金额。如果实际损失大于保险金额,保险人的赔偿责任仅以保险金额为限;如果实际损失小于保险金额,则保险人的赔偿不会超过实际损失。大多数财产保险业务均采用不定值保险合同的形式。

(三)单一风险合同、综合风险合同与一切险合同

按照承担风险责任的方式分类,保险合同可分为单一风险合同、综合风险合同与一切险合同。

单一风险合同是指只承保一种风险责任的保险合同。如农作物雹灾保险合同,只对于冰雹造成的农作物损失负责赔偿。

综合风险合同是指承保两种以上的多种特定风险责任的保险合同。这种保险合同必须一一列明承保的各项风险责任,只要损失是由于所保风险造成,保险人就负责赔偿。

一切险合同是指保险人承保合同中列明的除外不保风险以外的一切风险,由此可见,所谓一切险合同并非意味着保险人承保一切风险,即保险人承保的风险仍然是有限制的,但这种限制通过列明除外不保风险的方式来设立。在一切险合同中,保险人并不列举规定承保的具体风险,而是以"责任免除"条款确定其不承保的风险。也就是说,凡未列入责任免除条款中的风险均属于保险人承保的范围。

(四)足额保险合同、不足额保险合同与超额保险合同

根据保险金额与出险时保险价值对比关系,保险合同可分为足额保险合同、不足额保险合同和超额保险合同。

足额保险合同指保险金额等于保险事故发生时的保险价值的保险合同。

不足额保险合同指保险金额小于保险事故发生时的保险价值的保险合同。

超额保险合同指保险金额大于保险事故发生时的保险价值的保险合同。

对于上述三种不同类型的保险合同,若一旦发生保险事故而需要进行保险理赔时,保险人通常采取的处理方式分别可简单归纳为:足额保险,十足赔偿;不足额保险,按照保险金额与保险价值的比例承担赔偿责任;超额保险,超过部分则无效。

(五)财产保险合同与人身保险合同

按照保险标的分类,保险合同可分为财产保险合同与人身保险合同。

财产保险合同是以财产及其有关的经济利益为保险标的的保险合同。财产保险合同通常又可分为财产损失保险合同、责任保险合同、信用保险合同等。

人身保险合同是以人的寿命和身体为保险标的的保险合同。人身保险合同又可分为人寿保险合同、人身意外伤害保险合同、健康保险合同等。

（六）原保险合同与再保险合同

按照保险承保方式分类，保险合同可分为原保险合同与再保险合同。

原保险合同是指保险人与投保人直接订立的保险合同，合同保障的对象是被保险人。

再保险合同是指保险人为了将其所承担的保险责任转移给其他的保险人而订立的保险合同，合同直接保障的对象是原保险合同的保险人。

练一练

1. 按照合同的性质分类，保险合同的种类分为（　　）。
   A. 定值保险合同和定量保险合同　　　B. 补偿性保险合同与给付性保险合同
   C. 定值保险合同和不定值保险合同　　D. 个别保险合同和集体保险合同

2. 某一定值保险合同的保险金额为 100 万元，在发生保险事故导致全损时，该保险标的的市场价值为 80 万元，对此保险公司的赔付金额是（　　）。
   A. 80 万元　　　　B. 64 万元　　　　C. 90 万元　　　　D. 100 万元

3. 在保险实务中，大多数财产保险业务采用的保险合同形式属于（　　）。
   A. 定额保险合同　　　　　　　　　　B. 不定值保险合同
   C. 定值保险合同　　　　　　　　　　D. 重置价值保险合同

4. 由于农作物雹灾保险合同只对冰雹造成的农作物损失负赔偿责任，因而该合同类型属于（　　）。
   A. 特定风险保险合同　　　　　　　　B. 单一风险保险合同
   C. 特约式保险合同　　　　　　　　　D. 特定式保险合同

5. 一切险合同中，保险人承保的风险是指（　　）。
   A. 被保险人所遇到的一切特殊风险
   B. 被保险人所遇到的一切特定责任风险
   C. 被保险人所遇到的一切风险
   D. 保险合同中列明的除外不保风险之外的一切风险

第二节　保险合同的构成要素

任务描述

在"万名网友评保险"活动中，也有网友反馈，"保险合同后面的条款规定就有好多页纸，一般人很难一一去看。保险合同就像'天书'，里面许多专业术语和法律条文，让人感到阅读和理解十分困难，导致买前看不懂，买后理赔难。"面对"天书条款"等调侃，保险公司颇感无奈。"保险条款不同于一般的条款，作为格式合同，具有法律效力，必须具备严谨性。因此条款中使用专业化的术语在所难免。"天安保险一名业务员介绍，"保险公司在为客户带来收益的同时,也必须要保障自己的利益,因而保单里的条款就必须要严谨了。"2014 年 8 月,国务院颁布"保险业新国十条",再次提出将大力推进条款通俗化。

如何理解天书般的保险合同,保护客户利益,解决保险纠纷?

知识平台 ||||

保险合同构成要素包括保险合同的主体、客体和内容。保险合同的主体是保险合同订立、履行过程中的参与者,也就是根据保险合同的约定,享有相关权利并承担相应义务的人。根据参与者在保险合同订立、履行过程中所发挥作用的不同,通常又将保险合同的主体分为保险合同的当事人、关系人和辅助人。保险合同客体是合同主体的权利和义务共同指向的对象,指投保人对保险标的的保险利益。保险合同的内容指保险合同的条款,即规定双方当事人的权利和义务及其他有关事项的文字条文。

一、保险合同的主体

(一)保险合同的当事人

保险合同的当事人是保险合同订立的直接参与者,包括保险人和投保人。

1. 保险人

保险人又称承保人,是从事保险业务经营的法人,即保险公司。保险人享有收取保险费的权利,同时当约定的保险事故发生时,承担损失赔偿或给付保险金的责任。由于保险人的特殊地位和作用,各国政府对保险公司的设立和业务经营都做了严格规定,以确保保险公司经营的稳定性,保证社会公众利益。设立保险公司的条件包括以下几个方面。

(1)保险公司必须是股份有限公司或者国有独资公司。

(2)保险公司的设立,必须经保险监督管理机构批准。

(3)有符合保险法和公司法规定的公司章程。

(4)符合保险法规定的注册资本最低限额。设立保险公司,其注册资本的最低限额为人民币 2 亿元,并且最低限额必须为实缴货币资本。保险监督管理机构根据保险公司业务范围、经营规模,可以调整其注册资本的最低限额。但是,不能低于 2 亿元的最低限额。

(5)有具备任职资格的高级管理人员。

(6)有健全的组织机构和管理制度。

(7)有符合要求的营业场所和必要的营业设施。

依据我国保险法的规定,保险公司实行分业经营,同一保险人不得同时经营财产保险业务和人身保险业务。为此,中国平安单设寿险公司(独立法人)经营人身保险业务,又单设财险公司(也是独立法人)经营财产保险业务。

2. 投保人

投保人又称要保人,是对保险标的具有保险利益,与保险人订立保险合同,并按照保险合同规定,负有支付保险费义务的自然人或法人。保险人的义务正是投保人的权利,但投保人要获得权利是以履行义务和满足一定的条件为前提的。

投保人通常应具备以下条件。

（1）投保人必须具备相应的民事行为能力。限制行为能力和无行为能力的人不能作为投保人签订保险合同；未取得法人资格的组织也不能成为保险合同的当事人。

（2）投保人对保险标的必须具有保险利益。投保人如对保险标的不具有保险利益则不能申请订立保险合同；已订立的合同也为无效合同。

保险利益，是指投保人或者被保险人对保险标的具有的法律上承认的利益，又称可保利益。保险利益产生于投保人或被保险人与保险标的之间的经济联系，它是投保人或被保险人可以向保险公司投保的利益，体现了投保人或被保险人对保险标的所具有的法律上承认的利害关系，即投保人或被保险人因保险标的的遭受风险事故而受损失，因保险标的的未发生风险事故而受益。

（3）投保人负有缴纳保险费的义务。保险合同是有偿合同，无论投保人是为自己的利益，为他人的利益，或是为自己兼顾他人的利益订立保险合同时都要承担支付保险费的义务。

拓展阅读 ▮▮▮

完全民事行为能力：是指可完全独立地进行民事活动，通过自己的行为取得民事权利和承担民事义务的资格。

中华人民共和国《民法通则》规定：18 周岁以上的公民是成年人，具有完全民事行为能力，可以独立进行民事活动，是完全民事行为能力人。16 周岁以上不满 18 周岁的公民，以自己的劳动收入为主要生活来源的，视为完全民事行为能力人。按照最高人民法院的解释，16 周岁以上不满 18 周岁的自然人，能够以自己的劳动收入维持当地群众一般生活水平的，可以认定为以自己的劳动收入为主要生活来源的完全民事行为能力人。

练一练 ▮▮▮

1. 小学二年级学生刘晓琪春节时收到了 2 000 多元压岁钱，想用 100 元为自己买一份外伤害保险。请问他可以为自己投保吗？

2. 2015 年 7 月，郭某打算在生日前偷偷地为女友张某准备一份惊喜，便在保险公司购买了一份意外险，保险金额为 10 万元，因为不想让女友知道，便自己替她签了名字，受益人写成了自己。天有不测风云，令小郭万万没想到的是，在生日的前两天，女友突遭横祸，失去了宝贵的生命。一周后，经历悲痛后的小郭想起了当初的保单，便向该保险公司提出索赔申请，请问保险公司应该赔付吗？

（二）保险合同的关系人

1. 被保险人

被保险人是指其财产或者人身受保险合同保障，享有保险金请求权的人。投保人可以为被保险人。当投保人为自己利益投保时，投保人、被保险人为同一人。当投保人为他人利益投保时,须遵守以下规定:被保险人应是投保人在保险合同中指定的人;投保人要征得被保险人同意;投保人不得为无民事行为能力人投保以死亡为给付保险金条件的人身保险。但父母为未成年子女投保的人身保险不受此限制,只是死亡给付保险金额总和不得超过保险监督管理机构规定的限额。被保险人的成立应具备以下条件。

(1) 被保险人必须是财产或人身受保险合同保障的人。在财产保险合同中,当发生保险事故致使被保财产遭受损失后,被保险人可依照保险合同获得补偿;在人身保险合同中,当被保险人死亡、伤残、疾病或达到约定年龄期限时,保险人要根据保险合同赔偿或给付保险金。

(2) 被保险人必须享有保险金请求权。保险金请求权的享有以保险合同的订立为前提,其行使则以保险事故或事件的发生为条件。在财产保险合同中,保险事故发生后,未造成被保险人死亡的,保险金请求权由被保险人本人行使;造成被保险人死亡的,保险金请求权由其继承人依继承法继承。在人身保险合同中,保险事故或事件发生后,被保险人仍然生存的,保险金请求权由被保险人本人行使;被保险人死亡的,保险金请求权由被保险人或者投保人指定的受益人行使;未指定受益人的,保险金请求权由被保险人的继承人行使。

2. 受益人

受益人是保险合同的重要关系人之一。我国《保险法》第二十二条规定:"受益人是指人身保险合同中由被保险人或者投保人指定的享有保险金请求权的人,投保人、被保险人可以为受益人。"受益人的成立应具备以下条件。

(1) 受益人须经被保险人或投保人指定。受益人可以是自然人,也可以是法人。受益人如果不是被保险人、投保人,则多为与其有利害关系的自然人。胎儿也可以为受益人,但须以出生时存活为必要条件。

人身保险合同中因投保人订立合同的目的不同,合同约定的受益人也有所不同:投保人以自己的生命、身体为他人利益订立保险合同的,投保人是被保险人,受益人是其指定的人;投保人以自己的生命、身体为自己利益而订立保险合同的,投保人既是被保险人,也是受益人;投保人以他人的生命、身体为他人利益而订立保险合同的,受益人经被保险人同意后,可以是第三人;投保人以他人的生命、身体为自己利益而订立保险合同的,经被保险人同意后,投保人是受益人。投保人指定或变更受益人时,须经被保险人同意。受益人可以是被保险人或投保人指定的一人或数人。被保险人为无民事行为能力人或者限制民事行为能力人的,可以由其监护人指定受益人。

(2) 受益人必须是具有保险金请求权的人。保险金请求权是受益人依照保险合同享有的基本权利。当被保险人与受益人不是同一人时,保险事故或事件发生后,如果被保险人死亡,则受益人能够从保险人处获得保险金。人身保险合同中被指定的受益人是一人时,保险金请求权由该人行使,并获得全部保险金。受益人是数人的,保险金请求权由该数人行使,其受益顺序和受益份额由被保险人或投保人确定;未确定的,受益人按照相等份额享有受益权。

受益人的保险金请求权来自人身保险合同的规定,故受益人获得的保险金不属于被保险人的遗产,既不纳入遗产分配,也不用于清偿被保险人生前债务。但是,《保险法》第六十四条规定:"被保险人死亡后,遇有下列情形之一的,保险金作为被保险人的遗产,由保险人向被保险人的继承人履行给付保险金的义务:第一,没有指定受益人;第二,受益人先于被保险人死亡,没有其他受益人的;第三,受益人依法丧失受益权或者放弃受益权,没有其他受益人的。"此时,保险金应按《继承法》的规定分配。根据《保险法》规定:"投保人、受益人故意造成被保险人死亡、伤残或者疾病的,保险人不承担给付保险金的责任。投保人已交足2年以上保险费的,保险人应当按照合同约定向其他享有权利的受益人退还保险单的现金价值。受益人故意造成被保险人死亡或者伤残的,或者故意杀害被保险人未遂的,丧失受益权。"

拓展阅读

受益人是每份保险合同中必不可少的一项,非常重要,却往往无法得到投保人足够的重视,甚至很多投保人在填写投保单时会忽略这一项,由此也引发了不少关于保单继承的纠纷。近年来,家庭结构变化增多,也趋向复杂,离婚、非婚生子等情况对保险利益继承的影响也开始受到更多关注。

保单是可以继承的。但很多消费者在投保时,"受益人"一栏是空白的,也就是不明确指定受益人。我国《保险法》规定,没有指定受益人,或者受益人指定不明无法确定的,保险金将作为被保险人的遗产,由保险人依照《中华人民共和国继承法》的规定履行给付保险金的义务。"也就是说被保险人的法定继承人将有权共同分割保险金。"中德安联人寿法律合规部的金律师解释道。

近年来,家庭结构变化增多,也趋向复杂,离婚、非婚生子等情况对保险利益继承的影响也开始受到关注。被保险人去世,当没有明确的受益人时,待被保险人的家人到保险公司申请保险金时,被保险人非婚生子女同样现身要求申请领取保险金,这样的情况虽不常见,但也确实发生过。

由于非婚生子女作为法定继承人同样享有继承权,因此在保单未指定受益人的情况下,其也同样享有保险金的领取权,并不受父母之间婚姻关系变化的影响。事实上,无论是婚生子女、非婚生子女,还是有法律认可抚养关系的养子女、有抚养关系的继子女,在法律上都具有相同的地位,具有平等的继承权,故在保单未指定受益人的情况下,也享有平等的保险金领取权。

金律师提醒消费者,如果投保人十分明确想让某个人或某些人成为保单的受益人,那避免纠纷最好的方式就是明确指定受益人。以中德安联的投保规则为例,允许投保人指定一个或多个受益人,只需要明确写明受益人的姓名,与投保人关系及身份证号码等信息即可;对于指定多个受益人的情况,还可以设置不同的受益比例。另外需要注意的是,投保人指定受益人需要同时征得被保险人的同意。

练一练

1. 2012年2月28日,某中外合资石化公司向某保险公司投保平安福寿险。徐女士是该公司的职工,受益人为徐女士的丈夫。2014年8月22日晚上,徐女士与丈夫发生争吵,最后被丈夫扼死。徐女士新婚不久,无子女,父母均健在。第二天,犯罪嫌疑人自首。问徐女士的继承人能否领取保险金及如何分配?

2. 赵某是昆明市某房地产公司老总,于 2010 年投保人寿保险,保险金额 1 000 万。赵某曾于 2003 年第一次结婚,婚后育有一子。2009 年赵某再婚后,现在与父母、妻子、未出生的腹中胎、前妻之子一起共同生活。因难以平衡复杂的家庭关系,受益人没有指定。

2012 年赵某在一次交通意外中身故,其妻子向保险公司提出索赔。但同时,被保险人赵某生前的债务人向法院提出申请,要求冻结其保险金账户,待清偿程序结束后,如有剩余方可支付保险金。请问:这笔保险金应该给付给谁?

(三) 保险合同的辅助人

保险合同的辅助人包括保险代理人、保险经纪人和保险公估人。

1. 保险代理人

保险代理人即保险人的代理人,指依保险代理合同或授权书向保险人收取报酬,并在规定范围内,以保险人名义代理经营保险业务的人。

保险代理是一种特殊的代理制度,表现在:第一,保险代理人与保险人在法律上视为一人。第二,保险代理人所知道的事情,都假定为保险人所知的。第三,保险代理必须采用书面形式。保险代理人既可以是单位也可以是个人,但须经国家主管机关核准具有代理人资格。

2. 保险经纪人

保险经纪人是基于投保人的利益,为投保人和保险人订立合同提供中介服务,收取劳务报酬的人。保险经纪人的劳务报酬由保险公司按保险费的一定比例支付。

保险经纪人与保险代理人都是保险中介、保险合同订立的辅助人。但两者相比较,有很大的区别:

(1) 两者代表的利益主体不同。

保险经纪人代表投保人的利益,而保险代理则根据保险人的委托从事保险代理活动,代表保险人的利益。

(2) 业务范围不同。

代理人的业务经营受其与保险人签订的代理合同或授权契约的限制,只能销售成型的产品,选择与其签订代理合同的保险公司。而经纪人则可根据客户的需要设计个性化的保险方案,并在国内外安排保险。

(3) 收费方式不同。

保险代理人的代理手续费按保监会规定的比例收取。保险经纪人则根据每笔业务的性质不同向保险人收取佣金。

(4) 法律责任不同。

保险代理人的过失导致投保人的损失,由保险人责任。保险经纪若人因自己的过失造成投保人的损失,由自己承担责任。

3. 保险公估人

保险公估人是指依照法律规定设立,受保险公司、投保人或被保险人委托办理保险标的的查勘、鉴定、估损以及赔款的理算,并向委托人收取酬金的公司。公估人的主要职能是按照委托人的委托要求,对保险标的进行检验、鉴定和理算,并出具保险公估报告,其地位超然,不代表任何一方的利益,使保险赔付趋于公平、合理,有利于调停保险当事人之间关于保险理赔方面的矛盾。

二、保险合同客体

保险合同的客体是指在民事法律关系中主体享有权利和履行义务时共同的指向。保险合同客体在一般合同中称标的,即成果物、行为、智力等。保险合同虽属民事法律关系范畴,但它的保险合同客体不是保险标的本身,而是投保人对保险标的所具有的法律上承认的利益,即保险利益。

根据《保险法》第十二条规定:"投保人对保险标的应当具有保险利益。投保人对保险标的不具有保险利益的,保险合同无效。"因此,投保人必须凭借保险利益投保,而保险人必须凭借投保人对保险标的的保险利益才可以接受投保人的投保申请,并以保险利益作为保险金额的确定依据和赔偿依据。保险合同不能保障保险标的的不受损失,而只能是保障投保人的利益不变。保险合同成立后,因某种原因保险利益消失,保险合同也随之失效。所以,保险利益是保险合同的保险合同客体,是保险合同成立的要素之一,如果缺少了这一要素,保险合同就不能成立。

三、保险合同的内容

保险合同的内容即保险合同的条款,是当事人双方履行合同义务、承担法律责任的依据。保险合同一般包括下列事项:

（一）当事人和关系人的名称和住所

当事人的名称是某一主体区别于其他主体的符号。住所是法律确认的自然人的主要生活场所及法人的主要办事机构所在地。明确名称和住所对合同的履行,如保费的催缴、提出索赔、给付保险金均十分重要。因此,在保险合同中,要载明保险人、投保人、被保险人及受益人的名称和住所。

（二）保险标的

保险标的是指保险合同双方当事人的权利与义务所共同指向的对象,即作为保险对象的财产及其有关利益或者人的寿命和身体。财产保险合同的保险标的是各种财产及其有关利益;人身保险合同的保险标的是人的寿命及身体。保险标的是确定保险金额的重要依据。

（三）保险责任和责任免除

保险责任是指保险人承担赔偿或给付保险金责任的风险项目。保险责任因保险种类的不同而有所差异,通常由保险人确定保险责任的范围并作为合同的一部分内容载于合同中。如我国财产保险基本险的保险责任主要包括:火灾、爆炸、雷电、空中运行物体的坠落。责任免除又称除外责任,是保险人不承担赔偿或给付保险金责任的风险项目,如被保险人的故意行为所致保险标的的损失属于责任免除。作为责任免除的风险通常有:道德风险、损失巨大并且无法计算的风险项目。责任免除涉及被保险人或受益人的切身利益,所以,在保险合同中应载明。在保险合同中载明保险责任和责任免除,目的在于明确保险人的赔付范围。

（四）保险期间和保险责任开始的时间

保险期间是保险人和投保人约定的保险责任的有效期限，又称保险期限。它既是计算保费的依据，又是界定保险人和被保险人享有权利和承担义务的有关时限的依据。保险期间是保险人承担保险责任的起讫期间，保险人仅对承保期间内发生的保险事故承担赔偿或者给付保险金的义务。由于保险事故的发生是非确定性的，因而，明确保险期间是十分重要的。确定保险期限通常有两种方式：自然时间期限和行为时间期限。前者是根据保险标的保障的自然时间所确定的保险期限，常以年为计算单位，如企财险等；后者是根据保险标的保障的运动时间所确定的保险期限，常以保险标的的运动过程为计算单位，如建筑工程保险、航空运输保险分别以工程时间和航程时间作为保险期限。保险期限必须在条款中予以明确。

保险责任开始的时间是保险人开始承担赔偿或给付保险金责任的时间，如我国企财险的保险责任开始的时间一般为起始日的零时。值得注意的是，保险责任开始的时间未必与保险期限的起始时间完全一致，当事人可以就保险责任开始的时间做出特别约定，但保险责任开始的时间必须在保险期限之内。

（五）保险价值

保险价值是投保人与保险人订立保险合同时作为约定保险金额基础的保险标的的价值。它是财产保险合同的基本条款之一。通常保险标的的保险价值应相当于保险标的的实际价值。根据承保方式的不同，保险金额与保险价值的关系也不同。在定值保险的情况下，保险金额等于保险价值。在不定值保险的情况下，当保险金额小于保险价值时，该保险为不足额保险；当保险金额大于保险价值时，该保险为超额保险。

（六）保险金额

保险金额简称"保额"，是指保险人承担赔偿或者给付保险金责任的最高限额。保险金额是计算保费的依据，是双方享有权利和承担义务的重要依据。财产保险的保险金额根据保险价值确定，人身保险的保险金额则由投保人和保险人双方约定。

（七）保险费

保险费简称"保费"，是保险金额与保险费率的乘积，即保险人为被保险人提供保险保障而向投保人收取的费用，作为保险人根据保险合同的内容承担给付责任的代价。保险费率通常用百分比或者千分比来表示。保费及保险费率由保险人预先计算并载明于合同中。

（八）保险金赔偿或者给付办法

在保险合同中，还应载明保险金赔偿或者给付的办法，包括赔偿或给付的标准和方式。原则上，保险人以现金方式进行支付，不负责以实物进行补偿或者负责恢复原状，但是合同当事人有约定的除外，如现金赔付、修复等方式。约定赔偿或给付时一般还规定免赔额（或免赔率），免赔分为相对免赔和绝对免赔，设置前者主要是为了减少小额赔付手续，设置后者主要是为了控制保险人的责任。

（九）违约责任和争议处理

违约责任是合同当事人未履行合同义务所应当承担的法律责任。有关违约责任的内容,当事人可以自行约定,也可以直接载明按照法律的有关规定处理。争议处理是发生保险合同争议时采用的处理方式,对于合同争议,当事人可以约定解决的方式,包括仲裁或诉讼。

（十）特约条款

此外,在合同的基本条款之外,当事人可以另外约定具有某些特定内容的条款,以使基本条款中具有弹性的条款所涉及的权利与义务更加明确。

拓展阅读

随着社会的发展,商业保险已成为众多家庭的必备品。保险合同是消费者与保险公司签订的合同,事关消费者的个人权益,一定要认真阅读保险合同。保险合同并非难懂的"天书",消费者只要抓住以下四要点,即可快速看懂合同。

（1）核实保单个人信息。

消费者在投保时一般需要填写"投保单"以及其他一些函件,保险公司一般会在正式的保险合同中列出上述材料的复印件。因此,消费者需详细核实这部分内容,如合同中的投保人、被保人和受益人的姓名、身份证号码是否有误;保险品种与保险金额、每期保费是否与自己的要求相一致;投保单等资料的签名是不是自己亲笔签名。

（2）细读保险责任条款。

俗话说"买保险就是买保障",而保障具体是怎么样的,包含哪些方面,就看保险责任条款约定了。此部分需详细阅读,了解是否与前期销售人员介绍的一致。如普通医疗报销保险,针对每次住院花费的报销比例是多少? 每一份(或每档)的封顶额度是多少? 重大疾病险,要看看包含多少种疾病,而且一般而言重大疾病有"程度"的要求,都需要了解。

（3）看清责任免除条款。

保险责任条款划定了保障范围,同时也约定极少数情况是保险公司不承担责任的,如被保险人醉酒驾驶、无证驾驶等,犯罪行为,以及攀岩、跳伞等高风险运动,这些即"责任免除条款"约定内容。对此条款消费者应详细阅读了解,在购买保险后也要尽可能避免这些状况的出现。

（4）了解关键的时间点。

首先是保险期间,如生效日期,即保险公司从何时开始承担责任;终止日期,即到何时保险效力终止。其次是等待期或观察期,即在保险合同生效后的一定时期内(一般为30～90天),保险公司不承担责任,通常大部分医疗保险及重大疾病保险均有观察期的约定。再次是宽限期,即在首次缴纳保险费后,如果投保人在以后某期没有及时缴费,保险公司将给予投保人60天的宽限期,投保人只要在宽限期内缴纳了保险费,保险合同就继续有效。

此外,消费者还要清楚自己的义务,比如,每年要交多少保费? 保费交几年? 不按时交保费有哪些后果? 终止合同(退保)时自己是否有损失?

练一练

上网搜索手机碎屏险条款,试着将其保险合同介绍给客户。

第三节　保险合同的形式

任务描述 ▮▮▮

搜集保单、投保单、暂保单、保险凭证等不同形式的保险合同,说说这些合同的法律效力有哪些不同。

知识平台 ▮▮▮

在保险实务中,为了便于当事人双方履行合同,特别是在保险事故或事件发生后,能够为被保险人、受益人索赔和为保险人承担保险责任提供法律依据,避免日后发生纠纷,也为了便于举证,如无特殊情况,保险合同通常采用书面形式。书面形式的保险合同包括保险单、保险凭证和暂保单等。

一、保险单

保险单是投保人与保险人之间订立保险合同的正式书面凭证。一般由保险人在保险合同成立时签发,并将正本交由投保人收执,表明保险人已接受投保人的投保申请。保险单签发后,即为保险合同最主要的组成部分,是保险合同存在的重要凭证,是保险双方当事人享有权利与承担义务的最重要的凭证和依据。

保险单的内容要完整具体,文义要清楚准确,一般应详细列明保险人与投保人的权利、义务及各种证明双方权利、义务的重要事项。根据各类保险业务的特点,保险单的设计风格各有特色。但是作为保险合同的正式书面凭证,保险单都应包含如下重要事项:声明事项、保险事项、除外事项和条件事项。

保险单在特定的条件下,有类似有价证券的作用,常被称为"保险证券"。如长期寿险保单具有现金价值,投保人可以以保单作质押向其投保的保险人或第三者申请贷款。但应注意,保单出质后,投保人不得再转让或解除。另外,以死亡为给付保险金条件的保险合同,未经被保险人同意,投保人不得将保单进行质押。

二、暂保单

暂保单(又称"临时保单")是保险人签发正式保险单之前发出的临时凭证,证明保险人已经接受投保人投保,是一个临时保险合同。财产保险的暂保单又称暂保条;人身保险的暂保单也称暂保收据。但它们的法律效力与正式保险单完全相同,只是有效期较短,一般为30天,正式保险单签发后暂保单则自动失效。暂保单签发后,保险人若确定不予承保,应按约定终止暂保单的效力,解除临时保险合同。

暂保单的内容非常简单,一般载明投保人与被保险人的姓名、投保险别、保险标的、保险金额、责任范围等重要事项。需要注意的是签发暂保单并不是订立保险合同的必经程序,暂保单也不是保险合同必不可少的法律文件。

三、保险凭证

保险凭证又称"小保单",实际上是一种简化了的保险单。凭证上不印保险条款,只有有关项目,但其与保险单具有同样的法律效力。凡保险凭证上未列明的内容均以相应的保险单的条款为准,两者有抵触时以保险凭证上的内容为准。我国的货物运输保险、团体人寿保险和机动车辆第三者责任保险中,大量使用了保险凭证。

四、其他书面形式

除了以上印刷的书面形式外,保险合同也可以采取其他书面协议形式,如保险协议书、电报、电传等形式。《中华人民共和国保险法》第十三条规定:"当事人也可以约定采用其他书面形式载明合同内容。"

在保险合同其他书面形式中,保险协议书是重要的书面形式。当保险标的较为特殊或投保人的要求较为特殊,不能采用标准化的保险单或保险凭证时,可以采用保险协议书的形式。保险协议书是投保人与保险人经协商后共同拟定的书面协议,当事人的权利、义务在协议书中载明,并由当事人双方盖章或签字。

练一练

1. 保险合同成立后,保险人向投保人签发的正式书面凭证是( )。
   A. 小保单　　　　B. 投保单　　　　C. 暂保单　　　　D. 保险单
2. 在各类保险单证中,保险双方当事人享有权利与义务的最重要凭证和依据是( )。
   A. 投保单　　　　B. 暂保单　　　　C. 小保单　　　　D. 保险单
3. 保险人向投保人签发的证明保险合同已经成立的一种简化的保单是( )。
   A. 保险凭证　　　B. 投保单　　　　C. 暂保单　　　　D. 临时保单
4. 保险凭证的法律效力与保险单的法律效力相比较,两者的关系是( )。
   A. 保险凭证的法律效力等于保险单的法律效力
   B. 保险凭证的法律效力大于等于保险单的法律效力
   C. 保险凭证的法律效力小于等于保险单的法律效力
   D. 保险凭证的法律效力小于保险单的法律效力
5. 投保人向保险人申请订立保险合同的书面要约是( )。
   A. 投保单　　　　B. 小保单　　　　C. 保险单　　　　D. 暂保单

第四节　保险合同的成立与生效

任务描述 ▎▎▎

2001 年 10 月 5 日,谢某向信诚人寿申请投保人寿保险 100 万元,附加长期意外伤害保险 200 万元,填写了投保书。10 月 6 日信诚人寿向谢某提交了盖有其总经理李源祥印章的《信诚运筹建议书》,谢某按信诚的要求及该建议书的规定,缴纳了首期保险费共计11 944 元。

10 月 10 日信诚人寿向谢某发出照会通知书,要求谢某 10 天内补充提供有关财务状况的证明,并按核保程序要求进行身体检查。

10 月 17 日,谢某到信诚人寿公司进行了身体检查,10 月 18 日凌晨谢某在其女友家中被其女友前男友刺杀致死。

10 月 18 日上午 8 时,信诚人寿接到医院的体检结果,因谢某身体问题,需增加保险费,才能承保。信诚人寿再次发出书面照会,通知谢某需增加保费,提交财务证明,才能承保,请谢某决定是否接受以新的保费条件投保。

谢某家人称谢某已经出国,无法联络。2001 年 11 月 13 日谢母向信诚人寿方面告知保险事故并提出索赔申请。学习保险合同成立与生效相关知识,思考保险合同成立与生效的区别在哪里? 在此案例中,保险公司是否应该赔付。

知识平台 ▎▎▎

一、保险合同订立的程序

保险合同订立是指投保人与保险人之间基于意思一致而进行的法律行为。《保险法》第十三条规定:"投保人提出保险要求,经保险人同意承保,并就合同条款达成协议,保险合同成立。"因此,保险合同的成立,须经过投保人提出保险要求和保险人同意承保两个阶段,也就是合同实践中的要约和承诺阶段,通常是由投保人提出投保申请书,保险人同意后签发保险单或其他保险凭证。

保险合同与其他合同一样,其订立过程往往是一个反复要约(协商)的过程,最终达成协议,即一方(通常是保险人)做出承诺,保险合同成立。保险合同成立后,保险人应及时签发保险单或其他保险凭证。

（一）要约

要约就是以缔结合同为目的,希望相对人予以承诺的意思表示。在订立保险合同的过程中,一般先由投保人向保险人提出要约,即投保申请。投保人首先对自己面临的风险以及所需要的风险保障进行全面的评估,然后通过咨询或保险业务人员的宣传,结合自身的财务计划安排明确所要投保的保险险种,并以填写投保单的方式向保险人或保险代理人提出投保的申请。

（二）承诺

承诺是指受约人在收到要约后,对要约的全部内容表示同意并做出愿意订立合同的意思表示。在投保人提出投保申请后,保险人通过对投保单的审核、对保险标的的查勘以及对投保人的询问,确定承保的具体条件,对投保人做出承保的承诺,保险合同正式成立。

判断保险人的承诺是否具有法律效力,关键是看保险人的承诺内容是否包括了保险合同的实质内容,如保险标的、保险金额、保险险种等,并且双方就这些内容完全协商一致。

二、保险合同生效

保险合同生效是指保险合同对保险双方当事人产生法律约束力。保险合同的生效意味着保险合同具有了法律效力,保险合同的双方当事人、关系人都应按照保险合同的约定承担义务或享有权利,否则将承担相应的法律后果。

当保险人审核投保人填具的投保单后,并在投保单上签单表示同意承保时,即保险合同成立。但是,保险合同的成立不一定标志着保险合同的生效,因为保险合同较为特殊,往往是在合同成立后的某一时间生效。如保险条款可能特别约定,保险费的交纳是合同生效的条件,保险合同生效前发生的保险事故,保险人不承担赔偿或者给付保险金的责任。

《保险法》第十三条规定:"投保人提出保险要求,经保险人同意承保,保险合同成立。保险人应当及时向投保人签发保险单或者其他保险凭证。保险单或者其他保险凭证应当载明当事人双方约定的合同内容。当事人也可以约定采用其他书面形式载明合同内容。依法成立的保险合同,自成立时生效。投保人和保险人可以对合同的效力约定附条件或者附期限。"

《保险法》第十四条规定:保险合同成立后,投保人按照约定支付保险费;保险人按照约定的时间开始承担保险责任。

保险合同的成立的时间和生效的时间并不一致。一般情况下,合同的成立即开始生效,但是保险合同并不是这样,需要投保人支付保险费（包括按照约定支付部分保险费,下同）后,在保险合同成立的情况下,保险人才能开始承担保险责任。在实际中,由于投保人交付保险费的时间不尽相同,保险合同生效的时间也就不相同,一般会有以下三种情况:一是投保人在保险公司审核同意之前已经支付了保险费,在保险公司将保险单或者其他保险凭证交付给投保人后,保险公司开始承担保险责任,保险合同生效;二是投保人交付保险费和保险公司交付保险单或者其他保险凭证同时发生,保险公司在此时开始承担保险责任,保险合同生效;三是保险公司交付了保险单或者其他保险凭证,投保人在收到保险单或者其他保险凭证后一段时间支付保险费,保险公司按照约定开始承担保险责任,保险合同在投保人支付保险费后开始生效。

练一练

1. 2009 年 6 月 5 日下午 2:50,顾某与保险公司达成了一份机动车辆保险的合同,并缴纳了全部保费。当晚 10:30 左右在行驶过程中由于下雨路滑,不小心撞上了护栏,车被撞坏,支付了修理费 1.2 万元。请问这起保险事故,保险人是否应该承担赔偿责任?为什么?

2. 某企业于 2008 年 11 月 1 日投保企业财产保险,起保时间 11 月 2 日零时,保险金额 560 万元。约定投保人在起保日后的 15 天内缴纳全部保费。11 月 13 日该企业发生火灾,损失 232 万元。

问:保险公司是否应该承担赔偿责任?

第五节　保险合同的履行、中止与终止

任务描述

某企业将其出租的厂房及货物投保财产保险,保险金额为 130 万元,保险期限从 2010 年 1 月 1 日至 2010 年 12 月 31 日。投保时存放的是设备和器材,投保 5 个月后,增加存放了一些油漆等化工产品。2010 年 8 月 12 日,由于油漆着火导致了火灾,财产损失 95 万元。

学习保险合同履行相关知识,思考该企业的这笔损失能否获得保险公司的赔偿?在保险合同履行的过程中,投保人与保险公司还应该承担哪些义务?

知识平台

一、保险合同履行

保险合同履行是指保险合同当事人双方依法全面完成合同约定义务的行为。

（一）投保人义务的履行

1. 如实告知义务

如实告知是指投保人在订立保险合同时将保险标的重要事实,以口头或书面形式向保险人作真实陈述。所谓保险标的重要事实,是指对保险人决定是否承保及影响保险费率的事实。如实告知是投保人必须履行的基本义务,也是保险人实现其权利的必要条件。《保险法》实行"询问告知"的原则,即投保人只要如实回答了保险人的询问,就履行了如实告知义务。

2. 交付保险费义务

交付保险费是投保人的最基本的义务,也是保险合同生效的必要条件。《保险法》要求:

保险合同成立后，投保人按照约定交付保险费。并应根据合同约定，一次交付或分期交付。

3. 维护保险标的安全义务

保险合同订立后，财产保险合同的投保人、被保险人应当遵守国家有关消防、安全、生产操作、劳动保护等方面的规定，维护保险标的安全。保险人有权对保险标的安全工作进行检查，经被保险人同意，可以对保险标的采取安全防范措施。投保人、被保险人未按约定维护保险标的安全的，保险人有权要求增加保险费或解除保险合同。

4. 危险增加通知义务

按照权利义务对等和公平原则，被保险人在保险标的危险程度增加时，应及时通知保险人，保险人则可以根据保险标的危险增加的程度决定是否提高保险费和是否继续承保。被保险人未履行危险增加通知义务的，保险标的因危险程度增加而发生的保险事故，保险人不负赔偿责任。

5. 保险事故发生通知义务

《保险法》第21条第一款规定："投保人被保险人或者受益人知道保险事故发生后，应当及时通知保险人。"履行保险事故发生通知义务，是被保险人或受益人获得保险赔偿或给付的必要程序。保险事故发生后的通知可以采取书面或口头形式，法律要求采取书面形式的应当采取书面形式。

6. 出险施救义务

《保险法》第41条第一款规定："保险事故发生时，被保险人有责任尽力采取必要的措施，防止或者减少损失。"为鼓励投保人、被保险人积极履行施救义务，《保险法》第41条还规定，被保险人为防止或者减少保险标的的损失所支付的必要的、合理的费用，由保险人承担。

7. 提供单证义务

《保险法》第22条规定，保险事故发生后，向保险人提供单证是投保人、被保险人或受益人的一项法定义务。向保险人索赔应当提供的单证，是指与确认保险事故的性质、原因、损失程度等有关的证明和资料，包括保险单、批单、检验报告、证明材料等。财产保险合同、人身保险合同的保险金请求均应履行该项义务。

8. 协助追偿义务

在财产保险中由第三人行为造成保险事故的保险人在向被保险人履行赔偿保险金后，享有代位求偿权，即保险人有权以被保险人名义向第三人索赔。《保险法》第47条规定："在保险人向第三者行使代位请求赔偿权力时，被保险人应当向保险人提供必要的文件和其所知道的有关情况。"《保险法》第45条第三款还规定："由于被保险人的过错致使保险人不能行使代位请求赔偿的权利的，保险人可以相应扣减保险赔偿金。"

（二）保险人义务的履行

1. 承担保险责任

承担保险责任是保险人依照法律规定和合同约定所应承担的最重要、最基本的义务。被保险人签订保险合同并交付保险费后，保险合同条款中规定的责任范围，即成为保险人承担的责任。在保险责任范围内发生财产损失或人身保险事故,保险人均要负责赔偿或给付保险金。

(1)保险人承担保险责任的范围。

① 保险金。财产保险合同中,根据保险标的的实际损失确定,但最高不得超过合同约定的保险标的的保险价值。人身保险合同中,即为合同约定的保险金额。

② 施救费用。《保险法》第42条第二款规定:"保险事故发生后,被保险人为防止或者减少保险标的的损失所支付的必要的合理的费用,由保险人承担;保险人所承担的数额在保险标的的损失赔偿金额以外另行计算,最高不超过保险金额的数额。"

③ 争议处理费用。争议处理费用是指责任保险的被保险人因给第三人造成损害的保险事故而被提起仲裁或诉讼的应由被保险人支付的费用,即责任保险中应由被保险人支付的仲裁费、鉴定费等。依照《保险法》第50条规定,除合同另有约定外,由被保险人支付的上述费用,由保险人承担。

④ 检验费用。依照《保险法》第48条规定,必要的合理的检验费,由保险人承担。

(2)承担保险责任的时限。

① 保险人在收到被保险人或者受益人的赔偿或者给付保险金的请求后,应当及时做出核定,对于属于保险责任的,在与被保险人或者受益人达成有关赔偿或者给付保险金额的协议后10日内,履行赔偿或者给付保险金义务。

② 保险合同对保险金额及赔付期限有约定的,保险人应依照合同的约定,履行赔偿或者给付保险金义务。

③ 保险人对其赔偿或者付赔偿金的数额不能确定的,保险人自收到赔偿或者给付保险金的请求和有关证明、资料之日起60日内,确定最低数额先予支付;待赔偿或者给付保险金的最终数额确定后,支付相应差额。

(3)索赔时效。

《保险法》第26条对索赔时效作了明确规定:

① 人寿保险的索赔时效。被保险人或受益人对保险人请求给付保险金的权利,自其知道保险事故发生之日起5年不行使而自动消灭。

② 人寿保险以外的其他保险的索赔时效。被保险人或者受益人对保险人请求保险金赔偿或给付的权利,自其知道保险事故发生之日起2年不行使而消灭。

2. 说明义务

《保险法》第16条规定:"订立保险合同,保险人应当向投保人说明保险合同的条款内容,并可以就保险标的或者被保险人的有关情况提出询问,投保人应当如实告知。"保险人承担条款说明义务的原因是:保险人因其从事保险业经营而熟悉保险业务,精通保险合同条款,并且保险合同条款大都由保险人制定,而投保人则常常受到专业知识的限制,对保险业务和保险合同条款多不甚熟悉,加之对合同条款内容的理解亦可能存在偏差、误解,均可能导致被保险人、受益人在保险事故或事件发生后,得不到预期的保险保障。

《保险法》第17条规定:"保险合同中规定有关于保险人责任免除条款的,保险人在订立保险合同时应当向投保人明确说明,未明确说明的,该条款不产生效力。"由于免责条款是当事人双方约定的免除保险人责任的条款,直接影响投保人、被保险人或者受益人的利益,被保险人、受益人可能因免责条款而在保险事故或事件发生后得不到预期的保险保障。因此，保险人在订立保险合同时，必须向投保人明确说明。否则，免责条款不发生法律效力。

3. 及时签发保险单证义务

《保险法》第 12 条规定，保险合同成立后，"保险人应当及时向投保人签发保险单或者其他保险凭证。并在保险单或者其他保险凭证中载明当事人双方约定的合同内容。"保险合同成立后，及时签发保险单证是保险人的法定义务。保险单证即保险单或者其他保险凭证是保险合同成立的证明，也是履行保险合同的依据。

4. 保密义务

保险人或者再保险接受人对在办理保险业务中，对投保人、被保险人或者再保险分出人的业务和财产情况，负有保密的义务。因此，为投保人被保险人或者再保险分出人保密是保险人或者再保险接受人的一项法定义务。

练一练

2015 年 1 月 2 日，赵先生购买了定期人寿保险和附加住院补偿医疗险，并交纳了首期保费。当第二期缴费日临近时，由于赵先生业务繁忙，收到缴费通知书后，未去缴费。

2016 年 1 月 18 日，赵先生骑摩托车不慎导致手臂粉碎性骨折，经过近 1 个月住院治疗，赵先生想起去年曾买过保险，但第二年保险费至今未缴。赵先生担心起这次事故能否得到保险公司的理赔。学习保险合同履行、中止与终止相关知识，思考保险公司是否应该赔付赵先生的损失？假如赵先生骑摩托车致手臂粉碎性骨折的时间是 2016 年 6 月 12 日，请问保险公司是否要承担保险责任？

二、保险合同中止、复效与终止

保险合同的中止与复效仅适用于人身保险合同。

（一）保险合同的中止

保险合同的中止是指保险合同暂时失去效力。人身保险的保险合同生效后，如果投保人未按期缴纳保险费，并超过了 60 天的宽限期，保险合同的效力中止。在保险合同中止前的宽限期内如果发生了保险事故，保险人应承担赔付责任；但是如果是在保险合同中止后发生的保险事故，保险人不承担赔付责任。保险合同的中止并不意味着保险合同的解除，经过一定的程序仍然可以恢复法律效力。

（二）保险合同的复效

保险合同的复效是指保险合同效力的恢复。保险合同效力中止后，经保险人与投保人协商并达成协议，在投保人补交保险费后，可以恢复保险合同的效力。但是按照《保险法》的规定，自合同效力中止之日起两年内双方未达成协议的保险人有权解除合同。

（三）保险合同的终止

保险合同终止是指保险合同成立后因法定或约定事由发生，使合同确定的权利义务关系消灭,法律效力完全消失的事实。保险合同终止的主要原因有合同的期限届满、履行完毕、主体消灭等法定或约定事由,其结果是合同权利义务的消灭。

第六节 保险合同争议的处理

任务描述 ▮▮▮

某乡砖瓦厂投保了企业财产保险,保险合同的基本责任条款为:"保险人对于下列自然灾害和意外事故造成保险财产的损失,承担保险责任:① 火灾;② 爆炸……⑥ 暴雨;⑦ 洪水……"在保险责任期间内,当地下了一场大雨,将一批砖胚泡损,被保险人提出索赔。被保险人提出两点理由:

① 大雨是自然灾害的一种;② 大雨亦是暴雨。认为损失为保险责任范围。对此保险公司指出保险条款的含义应作整体解释,并不是说所有的自然灾害造成的损害保险公司都要赔,只有因条款中列明的自然灾害遭受的损失,保险公司才赔付。而该案中大雨未构成暴雨,不是条款中列明赔偿的保险事故,所以保险公司拒赔。被保险人诉至法院。

请问此案应该怎样处理? 这里能用按有益于被保险人和受益人的原则来解决保险纠纷吗?

知识平台 ▮▮▮

一、保险合同的解释原则

当发生纠纷时,保险合同的解释一般遵循以下原则:

（一）文义解释原则

即按照保险合同条款通常的文字含义并结合上下文解释的原则。如果同一词语出现在不同地方,前后解释应一致,专门术语应按本行业的通用含义解释。

（二）意图解释原则

指必须尊重双方当事人在订约时的真实意图进行解释的原则。这一原则一般只能适用于文义不清,条款用词不准确、混乱模糊的情形,解释时要根据保险合同的文字、订约时的背景、客观实际情况进行分析推定。

（三）有益于被保险人和受益人原则

鉴于保险条款是由保险公司单方拟订的格式条款,为充分保护被保险人利益,保险条款解释的一个重要原则就是有利于非起草方的解释原则。关于这一规定的适用应当注意:并非双方当事人对保险条款的任何争议都必须作有利于被保险人和受益人的解释。当双方当事人对保险条款的内容理解不一致时,应当遵循公平和诚实信用原则,首先按照通常理解,结合条文词句的含义、逻辑关系以及保险交易惯例等进行合理解释,有专业解释的,应按照专业术语的理解来解释。只有当保险条款的含义含混不清或产生多种理解时,才应当援引上述规定,作有利于被保险人和受益人的解释。

（四）批注优于正文,后批优于先批的解释原则

保险合同双方当事人往往会就各种条件变化进行磋商,对此大多采用批注、附加条款、加贴批单等形式对原合同条款进行修正。当修改与原合同条款相矛盾时,采用批注优于正文、后批优于先批、书写优于打印、加贴批注优于正文批注的解释原则。

（五）补充解释原则

补充解释原则指当保险合同条款约定内容有遗漏或不完整时,借助商业习惯、国际惯例、公平原则等对保险合同的内容进行务实、合理的补充解释,以便合同的继续执行。

二、保险合同纠纷的处理方式

如果保险合同有争议,用下面四种方法可解决。

（一）协商

协商是指合同双方在自愿、互谅、实事求是的基础上,对出现的争议直接沟通,友好磋商,消除纠纷,求大同存小异,对所争议问题达成一致意见,自行解决争议的办法。

协商解决争议不仅可以节约时间、节约费用,更重要的是可以在协商过程中,增进彼此了解,强化双方互相信任,有利于圆满解决纠纷,并继续执行合同。

（二）调解

当保险合同双方当事人自行协商无法达成一致时,客户可以书面方式向"当地保险行业协会保险合同争议人民调解委员会"提出调解申请,提供相关证据材料和调解所要求的其他材料。人民调解委员会根据争议具体情况将启动相关程序,在自愿、平等、公正的原则和基础上组织双方进行调解。

（三）仲裁

仲裁指由仲裁机构的仲裁员对当事人双方发生的争执、纠纷进行居中调解,并做出裁决。仲裁做出的裁决,由国家法律规定的专门的仲裁机构制作仲裁裁决书。申请仲裁必须以双方自愿基础上达成的仲裁协议为前提。仲裁协议可以是订立保险合同时列明的仲裁条款,也可以是在争议发生前、发生时或发生后达成的仲裁协议。

（四）诉讼

诉讼是指保险合同当事人的任何一方按法律程序,通过法院对另一方当事人提出权益主张,由人民法院依法定程序解决争议、进行裁判的一种争议解决方式。这也是解决争议最激烈的方式。

在我国,保险合同纠纷诉讼案属民事诉讼法调整的范畴。与仲裁不同,法院在受理案件时,实行级别管辖和地域管辖、专属管辖和选择管辖相结合的方式。《中华人民共和国民事诉讼法》第二十六条规定:"因保险合同纠纷提起的诉讼,由被告住所地或者保险标的物所在地人民法院管辖。"

课后练习 ▐▐▐

一、单项选择题

1. 根据我国《保险法》，与保险人订立保险合同，并按照保险合同负有支付保险费的义务人是（　　）。

  A. 被保险人   B. 受益人   C. 投保人   D. 代理人

2. 在人寿保险合同中，如果投保人、被保险人和受益人为三个不同的人，则该保险合同的当事人是（　　）。

  A. 投保人和被保险人   B. 保险人和投保人

  C. 投保人和受益人   D. 保险人和被保险人

3. 下列有关受益人的陈述错误的是（　　）。

  A. 受益人的资格通常并无特别限制

  B. 受益人取得受益权的唯一方式是被保险人与投保人通过保险合同指定

  C. 投保人指定或变更受益人须先经被保险人同意

  D. 受益人除及时通知保险人的义务外，不承担任何其他义务

4. 我国《保险法》规定，合同约定分期支付保险费，投保人交付首期保费后，除合同另有约定外，投保人超过规定的期限（　　）未支付当期保费的，合同效力终止。

  A. 30 日   B. 60 日   C. 90 日   D. 180 日

5. 下列哪一项不属于保险人承担责任的范围（　　）。

  A. 施救费用   B. 争议处理费用

  C. 保险赔偿   D. 生活费用

6. （　　）是载明保险双方约定的保险标的价值的保险合同。

  A. 定值合同   B. 定额合同   C. 不定额合同   D. 不定值合同

7. 因保险合同纠纷提起诉讼，通常由（　　）法院管辖。

  A. 保险标的所在地   B. 保险事故发生地

  C. 被保险人所在地   D. 原告所在地

8. 当受益人先于被保险人死亡，又没有其他受益人的，保险金由（　　）领取。

  A. 被保险人   B. 投保人

  C. 受益人   D. 被保险人的法定继承人

9. 人身保险合同特有的主体是（　　）。

  A. 保险人   B. 被保险人   C. 受益人   D. 保险经纪人

10. 保险合同成立后，保险人向投保人签发的正式书面凭证被称为（　　）。

  A. 投保单   B. 保险单   C. 暂保单   D. 保费收据

11. 善意超额保险所导致的无效属于保险合同无效类型中的（　　）。

  A. 全部无效   B. 部分有效   C. 自始无效   D. 绝对无效

12. 某厂 2001 年 5 月 1 日将可投保的 100 万元财产投保了一年期的财产基本险，2001 年 8 月 8 日因火灾致标的全部损失，保险人赔偿 100 万元，保险合同终止。该财产保险合同

终止属于(　　)而终止。

  A. 保险期间届满   B. 因履行而终止

  C. 双方约定   D. 法定裁决

二、多项选择题

1. 按照目前我国《保险法》,保险公司的组织形式有(　　)。

  A. 外资公司   B. 国有独资公司   C. 私营公司   D. 相互保险公司

  E. 股份制公司

2. 保险合同的辅助人为(　　)。

  A. 保险人   B. 保险代理人   C. 被保险人   D. 保险经纪人

  E. 保险公估人

3. 按承保方式划分,保险合同分为(　　)。

  A. 重复保险   B. 共同保险   C. 再保险   D. 财产保险

  E. 原保险

4. 在人身保险合同中,享有保险金请求权的是(　　)。

  A. 投保人   B. 被保险人   C. 受益人   D. 保险人

  E. 保险经纪人

5. 按照相关法律法规,(　　)可以为受益人。

  A. 自然人   B. 法人   C. 无民事行为能力人

  D. 限制民事行为能力人   E. 完全民事行为能力人

6. 保险人的义务包括(　　)。

  A. 条款说明   B. 承担保险责任   C. 协助追偿

  D. 及时签单义务   E. 为被保险人保密

三、简答题

1. 重复保险成立的要件包括哪些?

2. 在哪些情形之下,保险金将作为被保险人的遗产?

3. 保险合同终止的原因包括哪些?

4. 如何认定无效保险合同?

四、案例分析

1. 2001 年 1 月 19 日,谢某向某汽车销售公司(该汽车销售公司接受了保险公司委托,为客户代办机动车辆保险)购买了一辆轿车,业务员季某当即为谢某向保险公司投保了车辆损失险、第三者责任险和不计免赔特约险。

  买车后不久,谢某驾车在高速公路上出了事故,车辆损坏严重,为此要求保险公司理赔汽车修理费、拖车费等财产损失 53 840 元。保险公司认为,按照保险合同约定,驾驶员驾龄未满一年在高速公路上出险的,保险公司不负赔偿责任。因保险公司拒赔且双方协商未果,谢某便以保险公司未明确说明免责条款为由,一纸诉状将保险公司告上了法庭。请问,该如何处理?

  2. 2000 年 3 月,某保险公司的保户王某在驾驶摩托车外出办事时,与一辆汽车发生交通事故,身受重伤的王某最终抢救无效死亡。经过交管部门的调解,肇事司机承担了相应的损害赔偿。

由于王某生前曾购买过人身保险和财产保险，其妻和其父母因为保险赔付金的分配发生了争执。根据保险合同，保险公司赔偿了 2.6 万元人身保险金及 3 200 元财产保险金。当年王某投保人身保险时，指定的受益人为妻子范某，因此范某认为这 2.6 万元归她个人所有，而王某父母认为这笔钱是儿子用命换来的，和 3 200 元一样都是儿子的遗产，做父母的享有继承权，应当和范某平分这部分钱。保险金该如何分配？

微信扫码查看

第三章　保险经营的基本原则

```
学习目标
```

- 了解保险四个基本原则的概念含义
- 掌握汽车保险利益形成的条件和保险利益存在的意义
- 掌握最大诚信原则的基本内容
- 掌握近因的认定情况和保险责任的确定情况
- 掌握最大诚信原则的实施限度、意义和赔偿方法
- 掌握补偿原则的两个派生原则——保险代位原则和损失分摊原则
- 学会利用保险的基本原则分析实际案例

第一节　保险利益原则

任务描述 ▮▮▮

　　刘某陪其表姐到医院检查身体,得知其表姐已怀孕。刘某感到非常高兴,于是在未经其表姐同意的情况下,自己花钱为其表姐购买一份"母婴安康保险"以示庆祝。试问保险公司是否承保? 为什么?

　　投保人对保险标的具有保险利益是保险合同生效的要件之一。在保险实务中,应如何判定保险利益?

知识平台 ▮▮▮

一、保险利益原则的含义

（一）保险利益及其确立

1. 保险利益的含义

保险利益,是指投保人对投保标的的所具有的法律上承认的利益。它体现了投保人或被保险人与保险标的之间存在的利害关系,倘若保险标的安全,投保人可以从中获益;倘若保

险标的受损,被保险人必然会蒙受经济损失。

2. 保险利益确立的条件

确认某一项利益是否构成保险利益必须具备三个条件:

(1)必须是法律认可的利益。

保险利益必须是被法律认可并受到法律保护的利益,它必须符合法律规定,与社会公共利益相一致。它产生于国家制定的相关法律或法规以及法律所承认的有效合同。凡是违法或损害社会公共利益而产生的利益都是非法利益,不能作为保险利益。

(2)必须是客观存在的利益。

保险利益必须是客观上或事实上的利益,包括现有利益和预期利益。

现有利益是指在客观上或事实上已经存在的经济利益;

预期利益是指在客观上或事实上尚不存在,但据有关法律或有效合同的约定可以确定在今后一段时间内将会产生的经济利益。如,预期的营业利润。

(3)必须是经济上可确定的利益。

保险利益必须是经济上已经确定的利益或者能够确定的利益,即必须是能够以货币来计算、衡量和估价的利益。如人的精神创伤是无法以货币来衡量的,所以通常不作为保险利益。

(二)保险利益原则的含义

保险利益原则是保险的基本原则,它的本质内容是投保人以不具有保险利益的标的投保,保险人可单方面宣布合同无效;保险标的发生保险责任事故,被保险人不得因保险而获得不属于保险利益限度内的额外利益。

我国《保险法》第 12 条第 1 款明确规定:"投保人对保险标的应当具有保险利益。"同条第 2 款规定"投保人对保险标的不具有保险利益的,保险合同无效"。

练一练 ▌▌▌

1. 一游客到北京旅游,在游览了故宫博物院后,出于爱护国家财产的动机,自愿交付保险费为故宫投保。请问该游客对故宫是否具有保险利益?

2. 某商贩最近走私了一批高档手表,价值不菲,为防止损失,向保险公司投保,请问该商贩对这批高档手表是否具有保险利益?

3. 某洗衣机厂为防止其新研制的"龙卷风"牌洗衣机遭遇仿冒的风险,欲向某保险公司投保 78 亿元的天价保险,请问保险公司能否承保?

(三)保险利益原则对保险经营的意义

1. 防止赌博行为的发生

保险利益的确立从根本上划清了保险与赌博的界线,对维护社会公共利益,保证保险经营的科学性具有重要意义。

2. 防止道德风险的发生

保险利益原则的限定，杜绝了无保险利益保单的出现，从而有效地控制了道德风险的诱因，保护了被保险人的生命安全与被保险财产的安全。

3. 界定保险人承担赔偿或给付责任的最高限额

保险利益是保险人进行赔偿、被保险人获得赔偿的质与量的根据与准绳。保险人的赔偿金额不能超过保险利益。

二、保险利益原则的应用

（一）保险利益原则在财产保险中的应用

1. 财产保险保险利益的形成条件

凡因财产发生风险事故将蒙受经济损失或因财产安全而得到利益或预期利益者，均具有财产保险的保险利益。具体包括：

（1）财产所有人、经营管理人对其所有经营管理的财产具有保险利益。

（2）财产的抵押权人对抵押财产具有保险利益。

（3）财产的保管人、货物的承运人、各种承包人、承租人等对其保管、占用、使用的财产，在负有经济责任的条件下具有保险利益。

（4）经营者对其合法的预期利益具有保险利益。

2. 财产保险保险利益的时效规定

一般情况下，财产保险的保险利益必须在保险合同订立时到损失发生时的全过程中存在。但是在海上货物运输保险中，保险利益不必在保险合同订立时存在，但当损失发生时被保险人必须具有保险利益。

3. 财产保险保险利益的变动

保险利益的存在并非一成不变，由于各种原因常使保险利益发生转移和消失等变化。当被保险人死亡时，除保险合同中另有规定外，原则上保险利益因继承而转移给继承人；当保险标的所有权发生转移时，除保险合同中另有规定外，保险利益亦随之同时转移，即受让人对该标的具有保险利益；当被保险人破产时，其财产便转移给破产债权人，破产债权人对该财产具有保险利益。此外，在财产保险中，保险利益随保险标的的消失而消失。

练一练

2012年1月16日，王某为所拥有的房屋向A保险公司购买了家庭财产保险，保险期限1年。当年4月26日，王某将房屋出租给张某作商店，租赁合同上载明："承租人必须合理使用、妥善保管房屋，但地震、洪水等自然灾害及不能归咎于承租人的火灾造成房屋损失时，承租人可以免责。"

不久张某向B保险公司投保企业财产基本险。11月29日当地发生洪水，张某的财物也泡了汤。请问保险公司是否应该承担赔偿责任？

（二）保险利益原则在人身保险中的应用

1. 人身保险保险利益的形成条件

人身保险的保险标的是人的寿命或身体。只有当投保人对被保险人的寿命或身体具有某种利害关系时，他才对被保险人具有保险利益。即被保险人的生存及身体健康能保证其投保人原有的经济利益；反之，如果被保险人死亡或伤残，将使其遭受经济损失。具体包括：

（1）为自己投保。投保人对自己的寿命或身体具有保险利益。

（2）为他人投保。投保人以他人的生命或身体为保险标的进行投保时，保险利益的形成通常基于以下两种关系，这两种关系都可构成人身保险的保险利益。

一是亲密的血缘或法律关系。投保人对与其具有婚姻或亲密的血缘关系的人具有保险利益。如夫妻之间、父母与子女之间。

二是经济利益关系。如果投保人与他人之间存在着经济上的利害关系，投保人对该人就具有人身保险的保险利益。为防止不良行为的发生，一般由国家规定，以他人为被保险人进行投保时，除要求投保人对被保险人具有保险利益外，还必须征得被保险人的同意，该保险合同方能生效。

我国《保险法》第53条规定，投保人对下列人员具有保险利益："（一）本人；（二）配偶、子女、父母；（三）前项以外与投保人有抚养、赡养或者扶养关系的家庭其他成员、近亲属。除上述规定外，被保险人同意投保人为其订立合同的，视为投保人对被保险人具有保险利益。"另外，为了保证被保险人的人身安全，我国的《保险法》还严格限定了人身保险利益。《保险法》第56条第1款规定："以死亡为给付保险金条件的合同，未经被保险人书面同意并认可保险金额，合同无效。"

2. 人身保险保险利益的时间规定

与财产保险不同，人身保险的保险利益必须在保险合同订立时存在，而保险事故发生时是否具有保险利益并不重要。之所以必须在保险合同订立时存在保险利益，是为了防止投保人对被保险人无利害关系而诱发道德风险，进而危及被保险人生命或身体的安全。而且领取保险金的受益人是由被保险人指定的，如果合同订立之后，因保险利益的消失，而使受益人丧失了在保险事故发生时所应获得的保险金，无疑会使该权益处于不稳定的状态之中。故此，人身保险的保险利益的时间规定与财产保险有所不同。

3. 人身保险保险利益的变动

在人身保险中，保险利益的变动涉及保险利益的转移和消失。在人身保险中，如果被保险人死亡，则意味着保险标的消灭，该保险合同终止，而并不是保险利益的转移。关于保险利益的转移问题，在人身保险中，如果被保险人的利益专属于投保人，就不能转移，若不是专属者，那么该保险利益可由继承人继承。关于保险利益的消失问题，在人身保险中，如投保人与被保险人之间丧失了构成保险利益的各种利害关系，原则上保险利益也就随之而消失。

（三）保险利益原则在责任保险与信用保证保险中的应用

责任保险中投保人与其所应负的民事损害的经济赔偿责任之间的法律关系构成了责任保险的保险利益。即凡是法律或行政法规所规定的应对他人的财产损失或人身伤亡负有经济赔偿责任者,都可以投保责任保险。

信用保证保险是以各种信用行为为保险标的的保险,属于担保性质的保险。经济合同中的当事人一方对合同中的预期财产及利润具有保险利益。

练一练

女会计赵某为其公公投保简身险若干份,指定受益人为被保险人的孙子即赵某之子。在保险期间,赵某与被保险人的儿子离婚,受益人判给赵某原丈夫抚养。离婚后赵某仍照常缴纳保险费。又一年后,被保险人身故。赵某向保险公司申请给付,而其原夫也提请给付。请问保险公司应该如何处理?

第二节　最大诚信原则

任务描述

2007年5月,某公司42岁的员工丁力因胃痛入院治疗,医院确诊他患了胃癌,但家属因害怕他知情后情绪波动,没有将实情告诉他,假称是胃病。丁力手术后出院,回单位正常上班。7月22日,丁力在保险代理人的鼓动下,向某保险公司投保了一份保险费为2万元的重大疾病和住院医疗保险。丁力在填写投保单时没有告知曾经因病住院的事实。2008年1月,丁力旧病复发,医治无效死亡。后来,丁力的妻子以指定受益人的身份,到保险公司请求给付保险金。保险公司通过到医院调查并调阅丁力病历档案,发现丁力在投保前就已患胃癌并动过手术,于是拒绝给付保险金。丁妻以丈夫投保时不知自己患癌症因此没有违反告知义务为由,要求保险公司支付保险金。双方争执不下,丁妻将保险公司告上法庭。法院经审理认为,投保人违反了如实告知义务,驳回了原告的诉讼请求。

结合上述案例,学习最大诚信原则的内容及违反最大诚信原则的法律后果,思考保险公司是否应该赔付。

知识平台

一、最大诚信原则的含义

(一)诚信原则

诚信原则是世界各国立法对民事、商事活动的基本要求。诚信就是讲诚实与守信用。诚实是指一方当事人不得隐瞒、欺骗;守信用是指任何一方当事人都应善意地、全面地履行自己的义务。

我国《保险法》第 4 条规定:"从事保险活动必须遵守法律、行政法规,遵循自愿和诚实信用原则。"

(二)最大诚信原则

在保险合同关系中对当事人诚信的要求严格于一般民事活动,要求当事人具有"最大诚信"。

最大诚信原则可表述为:保险合同当事人订立合同及在合同有效期内,应向对方提供影响对方做出订约与履约决定的全部实质性重要事实;同时绝对信守合同订立的约定与承诺。否则,受到损害的一方,可以此为由宣布合同无效或不履行合同的约定义务或责任,甚至对因此而受到的损害还可要求对方予以赔偿。

(三)规定最大诚信原则的原因

1. 保险经营的特殊性

在保险经济活动中之所以将诚信原则作为重要原则加以强调,是因为保险的特殊性。保险人主要也只能根据投保人的告知与陈述来决定是否承保、如何承保以及费率的确定,而投保方的告知与陈述是否属实和准确直接影响着保险人的决定。于是要求投保方基于最大诚信原则履行告知与保证义务。

2. 保险合同的附和性

保险合同是典型的附合合同,合同中的内容都是由保险方单方制定的,而保险合同条款又较为复杂,专业性强,一般的投保人或被保险人不易理解与掌握,保险费率是否合理,承保条件及赔偿方式是否苛刻等投保方是难以了解的,最大诚信原则要求保险人基于最大诚信,履行其应尽的义务与责任。

3. 保险合同的射幸性

保险合同是一种典型的射幸合同。保险合同是约定未来保险事故发生时,由保险人承担赔偿损失或给付保险责任的合同。从个体保障角度看,保险人的保险责任远远高于其所收取的保费。倘若投保方不诚实(欺骗与隐瞒)或不守信用(不遵守承诺),保险人将无法经营。

最大诚信原则是调整保险合同当事人双方利益的重要原则。

二、最大诚信原则的内容

最大诚信原则的内容包括告知、保证、弃权与禁止反言。

(一)告知

1. 告知的含义

告知也称披露或陈述,是指合同订立前、订立时及在合同有效期内,要求当事人按照法律实事求是,尽自己所知,毫无保留地向对方所做的口头或书面的陈述。具体而言,投保方对已知或应知的与风险和标的有关的实质性重要事实向保险方作口头或书面的申报;保险方也应将对投保方利害相关的实质性重要事实据实通告投保方。

所谓实质性重要事实,是指那些影响谨慎的保险人确定保险费或影响其是否承保以及确定承保条件的每一项事实。同样,作为保险人应告知投保人有关保险条款、费率以及其他条件等可能会影响其做出投保决定的事实。

由于告知的内容和形式对双方当事人要求有所不同,对投保人来说,通常称为如实告知,对保险人来说一般称为说明。

2. 告知的内容

(1) 投保方应告知的内容:① 在保险合同订立时根据保险人的询问,对已知或应知的与保险标的及其危险有关的重要事实作如实回答。② 保险合同订立后保险标的危险增加应及时通知保险人。③ 保险标的转移时或保险合同有关事项有变动时投保人或被保险人应通知保险人,经保险人的确认后,方可变更合同并保证合同的效力。④ 保险事故发生后投保方应及时通知保险人。⑤ 有重复保险的投保人应将重复保险的有关情况通知保险人。

(2) 保险人应告知的内容:保险人应告知的内容主要是保险合同条款的内容,尤其是免责条款。即保险合同订立时保险人应主动地向投保人说明保险合同条款的内容,尤其是免责条款,在订立保险合同时应当向投保方做明确说明。

3. 告知的形式

(1) 投保方的告知形式。

按照惯例,投保方的告知形式有无限告知和询问回答告知两种。

① 无限告知又称客观告知,是指法律或保险人对告知的内容没有明确性的规定,投保方应将与保险标的的危险状况及有关重要事实如实告知保险人。

② 询问回答告知又称主观告知,是指投保方只对保险人所询问的问题必须如实回答,而对询问以外的问题投保方可无须告知。

我国与许多国家一样,保险立法要求投保方采取询问回答即主观告知的形式履行其告知义务。(我国《保险法》第17条规定,"订立保险合同,保险人应当向投保人说明保险合同的条款内容,并可以就保险标的或者被保险人的有关情况提出询问,投保人应当如实告知。")

(2) 保险人的告知形式。

保险人的告知形式有两种,即明确列明和明确说明。

① 明确列明是指保险人只需将保险的主要内容明确列明在保险合同之中,即视为已告知投保人。

② 明确说明是指保险人不仅应将保险的主要内容明确列明在保险合同之中,还必须对投保人进行正确的解释。

(二) 保证

1. 保证的含义

保证是指保险人和投保人在保险合同中约定,投保人或被保险人在保险期限内担保对某种特定事项的作为或不作为或担保其真实性。

保证是保险人接受承保或承担保险责任所需投保方履行某种义务的条件。保证是影响保险合同效力的重要因素,保险保证的内容属于合同的组成部分。

2. 保证的形式

保证通常分为明示保证和默示保证。

明示保证是在保险单中订明的保证。明示保证又可分为确认保证和承诺保证。确认保证事项涉及过去与现在，它是投保人对过去或现在某一特定事实存在或不存在的保证。

承诺保证是指投保人对将来某一特定事项的作为或不作为，其保证事项涉及现在与将来，但不包括过去。

默示保证则是指一些重要保证并未在保单中订明，但却为订约双方在订约时都清楚的保证。默示保证是根据有关的法律、惯例及行业习惯来决定。实际上是法庭判例影响的结果，也是某行业习惯的合法化。

默示保证与明示保证具有同等的法律效力，对被保险人具有同等的约束力。

（三）弃权与禁止反言

随着商业保险业的发展，产生了约束保险人的"弃权与禁止反言"的最大诚信原则的内容。由此，最大诚信原则内容包含了约束保险当事人双方的规定。

1. 弃权

弃权是保险合同一方当事人放弃他在保险合同中可以主张的某种权利，通常是指保险人放弃合同解除权与抗辩权。

构成弃权必须具备两个要件：首先，保险人需有弃权的意思表示。其次，保险人必须知道有权利存在。

2. 禁止反言

禁止反言也称禁止抗辩，是指保险合同一方既然已放弃他在合同中的某种权利，将来不得再向他方主张这种权利。

弃权与禁止反言往往产生于保险代理人与投保人之间的关系上。弃权与禁止反言的限定，不仅可约束保险人的行为，要求保险人为其行为及其代理人的行为负责，同时也维护了被保险人的权益，有利于保险双方权利义务关系的平衡。

三、违反最大诚信原则法律后果

（一）违反告知的法律后果

1. 投保方违反告知的法律后果

在保险经营活动中，投保方违反告知义务的情况有告知不实即误告；不予告知即隐瞒；虚假告知等等。不同的违反形式，导致的法律后果不尽相同。

（1）投保人故意不履行如实告知义务的法律后果。

如果投保人故意隐瞒事实，不履行告知义务，其法律后果是：保险人有权解除保险合同。若在保险人解约之前发生保险事故造成保险标的损失，保险人可不承担赔偿或给付责任，同时也不退还保险费。

我国《保险法》第17条第2款规定，"投保人故意隐瞒事实，不履行如实告知义务的，或者因过失未履行如实告知义务，足以影响保险人决定是否同意承保或者提高保险费率的，保险人有权解除保险合同。"

第 3 款规定"投保人故意不履行如实告知义务的,保险人对于保险合同解除前发生的保险事故,不承担赔偿或者给付保险金的责任,并不退还保险费。"

(2) 投保人过失不履行如实告知义务的法律后果。

如果投保人违反告知义务的行为是因过失、疏忽而致,保险人可以解除保险合同;对在合同解除之前发生保险事故所致损失,不承担赔偿或给付责任但可以退还保险费。

我国《保险法》第 17 条第 4 款规定"投保人因过失未履行如实告和义务,对保险事故的发生有严重影响的,保险人对于保险合同解除前发生的保险事故,不承担赔偿或者给付保险金的责任,但可以退还保险费。"

(3) 投保方未就保险标的危险程度增加的情况通知保险人的法律后果。

对财产保险而言。当财产保险的保险标的危险增加时,被保险人应及时通知保险人,保险人有增费权即有权要求增加保险费,或者有解约权即有权解除保险合同;但是,若被保险人未及时通知保险人,其法律后果是:对危险程度增加而导致的保险事故,保险人可以不承担赔偿责任。

我国《保险法》第 37 条第 1 款规定:"在合同有效期内,保险标的危险程度增加的,被保险人按照合同约定应当及时通知保险人,保险人有权要求增加保险费或者解除合同。"第 2 款规定:"被保险人未履行前款规定的告知义务的,因保险标的危险程度增加而发生的保险事故,保险人不承担赔偿责任。"

(4) 投保方谎称发生了保险事故的法律后果。

投保方在未发生保险事故的情况下,谎称发生了保险事故,向保险人提出赔偿或者给付保险金的请求的,保险人有权解除保险合同,并不退还保险费。

我国《保险法》第 28 条第 1 款规定:"被保险人或者受益人,在未发生保险事故的情况下,谎称发生了保险事故,向保险人提出赔偿或者给付保险金的请求的,保险人有权解除保险合同,并不退还保险费。"

2. 保险人未尽告知义务的法律后果

在保险经营活动中,保险人未尽告知义务的情况主要有未对责任免除条款予以明确说明;隐瞒与保险合同有关的重要情况,欺骗投保方,或者拒不履行保险赔付义务等等。由此导致的法律后果也不尽相同,具体如下:

(1) 未尽责任免除条款明确说明义务的法律后果:如果保险人在订立合同时未履行责任免除条款的明确说明义务,该责任免除条款无效。

我国《保险法》第 17 条规定:"保险合同中规定有关于保险人责任免除条款的,保险人在订立保险合同时应当向投保人明确说明,未明确说明的,该条款不产生效力。"

(2) 保险人如果在保险业务活动中隐瞒与保险合同有关的重要情况,欺骗投保方,或者拒不履行保险赔付义务,或者阻碍投保方履行如实告知义务;或者诱导投保方不履行如实告知义务,或承诺给投保方以非法保险费回扣或其他利益,构成犯罪的,依法追究刑事责任;不构成犯罪的,由保险监督管理机构对保险公司处以 5 万元以上 30 万元以下的罚款;对有违法行为的工作人员给予 2 万元以上 10 万元以下的罚款;情节严重的,限制保险公司业务范围或者责令停止接受新业务。

（二）违反保证的法律后果

任何不遵守保证条款或保证约定、不信守合同约定的承诺或担保的行为，均属于破坏保证。投保人与被保险人都必须严格遵守，如若有所违背与破坏，其后果一般有两种情况：一是保险人不承担赔偿或给付保险金的保险责任；二是保险人解除保险合同。

保证是对某个特定事项的作为与不作为，不是对整个保险合同的保证，因此，在某种情况下，违反保证条件只部分地损害了保险人的利益，保险人只应就违反保证部分拒绝承担履行赔偿义务。违反确认保证，保险合同自始无效，违反承诺保证，保险合同自违背之时起归于无效。被保险人破坏保证而使合同无效时，保险人无须退还保险费。

练一练

1. 某宾馆投保火险附加盗窃险，在投保单上写明能做到全天有警卫值班，保险公司予以承保并以此作为减费的条件。后宾馆于某日被盗，经调查，该日值班警卫因正当理由离开岗位仅 10 分钟。试问宾馆所做的保证是一种什么保证？保险公司是否能借此拒赔？为什么？

2. 某房主将其所有用于居住的房屋向保险公司投保财产保险，保险有效期为 1998 年 10 月 2 日零时至 1999 年 10 月 1 日二十四时。1999 年 1 月 1 日投保人将其房屋用于制作加工烟花的小作坊，并没有通知保险公司。1 月 10 日保险公司派员到被保险的房屋进行安全检查，得知房屋已做他用，但保险公司工作人员未提出异议。房屋不幸于 1 月 15 日因发生火灾而全部烧毁。有人认为被保险人将房屋由投保时的居住改为制作烟花，风险明显增加。而被保险人既未向保险公司申报又未增加保费，没有履行告知义务，保险公司不应负担赔偿责任。请问这种观点是否正确？

第三节　损失补偿原则

任务描述

某企业以价值 200 万元的厂房作为银行抵押贷款 100 万元，后发生保险事故，厂房全损，银行从保险人处获得的最高赔偿金额为多少？若在保险期限内银行贷款本息已经收回，则银行可以从保险人处获得的赔偿金额为多少？

知识平台 ▌▌▌

一、损失补偿原则的概念

（一）损失补偿原则的含义

损失补偿原则是指在补偿性的保险合同中，当保险事故发生造成保险标的毁损致使被保险人遭受经济损失时，保险人给予被保险人的经济赔偿数额，恰好弥补其因保险事故所造成的经济损失。

损失补偿原则包含两层含义：一是质的规定，即只有保险事故发生造成保险标的毁损致使被保险人遭受经济损失时保险人才承担损失补偿的责任；二是量的限定，即被保险人可获得的赔偿数额，仅以其保险标的遭受的实际损失为限，即赔偿恰好可以使保险标的在经济上恢复到受损以前的状态。

损失补偿原则主要适用于财产保险以及其他补偿性保险合同。

（二）坚持损失补偿原则的意义

1. 有利于保障保险关系的实现

补偿损失是保险的基本职能之一。损失补偿原则恰好体现了保险的基本职能，损失补偿原则的质的规定和量的限定都是保险基本职能的具体反映。如果被保险人由于保险事故遭受的经济损失不能得到补偿，就违背了保险的职能与宗旨。

2. 有利于防止被保险人从保险中赢利，从而减少道德风险

损失补偿原则的质的规定性在于有损失则赔偿，无损失则不赔偿，被保险人并不能因投保而得到超过损失的补偿，即被保险人只能得到恢复到与损失发生前相同的财务状况的赔偿，所以，被保险人并不能通过保险赔偿而获得额外的利益。因此有利于防止甚至避免了被保险人利用保险而额外获利的可能，抑制了道德风险的增加。

二、损失补偿的范围与实现方式

（一）保险补偿范围

保险补偿首先必须以保险事故发生为前提，以造成保险标的的损失为结果。补偿既包括保险标的的损失，也包括保险标的损失的各种费用。具体内容如下：

对被保险人因自然灾害或意外事故造成的经济损失的补偿；

对被保险人依法应对第三者承担的经济赔偿责任的经济损失的补偿；

对商业信用中违约行为造成的经济损失的补偿；

对被保险人支付的必要的合理的费用的补偿：包括损失施救费用、查勘检验鉴定费用及诉讼仲裁费用。

（二）保险补偿的实现方式

选择保险补偿方式的主要依据是受损标的性质以及受损状况。通常采用的保险补偿方

式有：

1. 现金赔付

现金赔付方式是保险人最常用的一种方式。尤其是财产损失保险、责任保险等，通常都采用现金赔付的方式。

2. 修理

当保险标的发生部分损失或部分零部件的残损时，通常保险人委托有关维修部门，对受损标的物予以修理，修理费用由保险人予以承担。如汽车保险。

3. 更换

更换作为一种损失补偿方式，在个别情况下也是有效的。当受损标的物的零部件因保险事故灭失而无法修复时，保险人通常采用替代、更换的方式进行补偿，如玻璃保险。

4. 重置

重置是当被保险标的损毁或灭失时，保险人负责重新购置与原被保险标的等价的标的，以恢复被保险人财产的原来面目。因风险较大，除有特殊规定，保险人一般不采取这种方式。

三、影响保险补偿的因素

保险人在履行损失补偿义务过程中，会受到各种因素的制约，这些因素主要有：

（一）实际损失

以被保险人的实际损失为限进行保险补偿，即当被保险人的财产遭受损失后，保险赔偿应以被保险人所遭受的实际损失为限。在实际赔付中，由于财产的价值经常发生变动，所以，在处理赔案时，应以财产损失当时的实际价值或市价为准，按照被保险人的实际损失进行赔付。

例如：企业投保财产综合险，确定某类固定资产保险金额 30 万元，一起重大火灾事故发生使其全部毁损，损失时该类固定资产的市价为 25 万元，保险人按实际损失赔偿被保险人25 万元。

（二）保险金额

保险金额是保险人承担赔偿或给付责任的最高限额，赔偿金额不能高于保险金额。另外，保险金额是保险人收取保险费的基础和依据。即使在通货膨胀的条件下，被保险人的实际损失往往会超过保险金额，也必须受此因素的制约。

例如：一栋新房屋刚投保不久便被全部焚毁，其保险金额为 50 万元，而房屋遭毁时的市价 60 万元。虽然被保险人的实际损失为 60 万元，但因保单上的保险金额为 50 万元，所以被保险人只能得到 50 万元的赔偿。

（三）保险利益

发生保险事故造成损失后，被保险人在索赔时，首先必须对受损的标的具有保险利益，而保险人的赔付金额也必须以被保险人对该标的所具有的保险利益为限。

例如：某银行开展住房抵押贷款，向某贷款人贷出款额 30 万元，同时，将抵押的房屋投保了 30 万元的一年期房屋火险，按照约定，贷款人半年后偿还了一半贷款，不幸的是不久该保险房屋发生火灾而全焚，贷款人也无力偿还剩余款额，这时由于银行在该房屋上的保险利益只有 15 万元，尽管房屋的实际损失及保险金额均为 30 元，但银行也只能得到 15 万元的赔偿。

（四）赔偿方法

在保险赔偿中，有些方法会使被保险人得到的赔偿金额小于实际损失或得不到赔偿。

1. 限额责任赔偿方法

采用限额赔偿方法，保险人只承担事先约定的损失额以内的赔偿，超过损失限额部分，保险人不负赔偿责任。

2. 免责限度赔偿方法

采取免责限度赔偿方法，对免责限度内的损失保险人不予负责，而仅在损失超过免责限度时才承担责任。特别是采用绝对免责限度赔偿方法时，免责限度内的损失被保险人根本得不到赔偿。

四、保险赔偿计算方式

价值补偿性保险在我国主要采用比例赔偿、第一危险赔偿与限额赔偿三种方式。

（一）比例赔偿方式

（1）在不定值保险情况下，保险赔偿金额按保险保障程度计算，其计算公式为：

$$保险赔偿额＝保险财产实际损失额 \times 保险保障程度$$

$$保险保障程度 ＝ \frac{保险金额}{标的受损时完好价值额} \times 100\%$$

（2）在定值保险情况下，保险赔偿按财产受损的损失程度来计算，其计算公式为：

$$保险赔偿额＝保险金额 \times 损失程度$$

$$损失程度 ＝ \frac{保险财产的受损价值}{保险财产的完好价值} \times 100\%$$

$$＝ \frac{保险财产的完好价值－残值}{保险财产的完好价值} \times 100\%$$

（二）第一危险赔偿方式

第一危险赔偿方式，又称第一损失赔偿方式，是把保险财产价值分为两部分：第一部分价值是与保险金额相等的部分，称其为第一危险责任，发生的损失称为第一损失；第二部分价值是超过保险金额的部分，称其为第二危险责任，发生的损失称为第二损失。保险人只对第一危险责任负责，只赔偿第一损失。即只要损失金额在保险金额之内，保险人都负赔偿责任。根据第一危险赔偿方式，赔偿金额的多少，只取决于保险金额与损失价值，而不考虑保险金额与财产价值之间的比例关系。我国家庭财产保险采用此方式。

（三）限额赔偿方式

限额赔偿方式有限额责任赔偿方法和免责限度赔偿方法两种。

1. 限额责任赔偿方法

限额责任赔偿方法,是指保险人只承担事先约定的损失额以内的赔偿,超过损失限额部分,保险人不负赔偿责任。这种赔偿方法多应用于农业保险中的种植业与养殖业保险。

2. 免责限度赔偿方法

免责限度赔偿方法,是指损失在限度内时保险人不负赔偿责任,超过限度时保险人才承担赔偿或给付责任。免责限度可分为相对免责限度和绝对免责限度两种。

(1) 相对免责限度,是指保险人规定一个免赔额或免赔率,当保险财产受损程度超过免赔限度时,保险人按全部损失赔付,不作任何扣除。其计算公式是:赔偿金额＝保险金额×损失率

例如:一批酒具共 5 箱,每箱价值 200 元,投保平安险,加保破碎险,约定相对免赔率为 2%,后发现第一货箱无损,第二货箱损失 2%,第三、四、五货箱各损失 5%、4% 和 3%。保险人支付被保险人的赔偿金额为:

赔偿金额＝(200×5%)＋(200×4%)＋(200×3%)＝24(元)

(2) 绝对免责限度,是指保险人规定一个免赔额或免赔率,当保险财产受损程度超过免赔限度时,保险人扣除免赔额(率)后,只对超过部分负赔偿责任。其计算公式是:赔偿金额＝保险金额×(损失率－免赔率)

上例中,若约定的是绝对免赔率为 2%,保险人支付被保险人的赔偿金额为:

赔偿金额＝200×(5%－2%)＋200×(4%－2%)＋200×(3%－2%)＝12(元)

练一练

1. 陈某拥有 80 万元的家庭财产,向保险公司投保家庭财产保险,保险金额为 50 万元。在保险期间张某家中失火,若:① 损失金额为 30 万元;② 损失金额为 60 万元,保险公司应如何赔偿?(请用第一损失赔款方式计算)

2. 某不定值保险,保险金额 30 万元,保险期限内因保险事故导致损失 A 全损,B 损失 10 万元,事故发生时保险标的的价值为:① 30 万元;② 40 万元;③ 20 万元。试用比例赔偿方式计算各种情况下的赔偿金额。

3. 某幅字画,原来价值 100 万元,画主为其购买了定值保险,保额为 100 万元,其后该字画价值上涨至 140 万元,若发生全损,保险公司赔款金额应为多少?

五、损失补偿原则的派生原则

(一) 代位原则

1. 代位原则的含义及意义

(1) 代位原则的含义。

代位原则是指保险人依照法律或保险合同约定,对被保险人所遭受的损失进行赔偿后,

依法取得向对财产损失负有责任的第三者进行求偿（或追偿）的权利或取得被保险人对保险标的的所有权。代位原则包括代位求偿权和物上代位权。

（2）规定代位原则的意义。

① 防止被保险人因损失而获取不当利益。

当被保险标的发生的损害是由第三者的疏忽、过失或故意行为所造成且该种损害的原因又属保险责任时,被保险人既可以依据民法向造成损害的第三者要求赔偿,也可以依据保险合同向保险人请求赔偿,会因同一损失而获得额外利益。代位原则的规定,目的就在于防止被保险人获得多重利益。

② 使肇事者承担其因疏忽或过失所负的法律责任。

③ 有利于被保险人及时获得经济补偿,尽快恢复正常生活或生产。

2. 代位原则的内容

（1）代位求偿权。

① 代位求偿权的含义。

代位求偿权又叫代位追偿权,是指当保险标的因遭受保险责任事故而造成损失,依法应当由第三者承担赔偿责任时,保险人自支付保险赔偿金之日起,在赔偿金额的限度内,相应取得向对此损失负有责任的第三者请求赔偿的权利。

我国《保险法》第45条第1款规定:"因第三者对保险标的的损害而造成保险事故的,保险人自向被保险人赔偿保险金之日起,在赔偿金额范围内代位行使被保险人对第三者请求赔偿的权利。"

② 行使代位求偿权的前提条件。

代位求偿权是一种权利即债权的代位。即保险人拥有代替被保险人向责任方请求赔偿的权利。保险人行施代位求偿权,应当具备两个前提条件:第一,保险标的损失的原因是保险责任事故,同时,又是由于第三者的行为所致。第二,保险人取得代位求偿权是在履行了赔偿责任之后。

③ 代位求偿权的行使。

行使代位求偿权对保险双方都有一定的要求。

就保险人而言,首先,其行使代位求偿权的权限只能限制在赔偿金额范围以内。即如果保险人向第三者追偿到的款额小于或等于赔付给被保险人的款额,那么追偿到的款额归保险人所有。如果追偿所得的款额大于赔付给被保险人的款额,其超过部分应归还给被保险人所有。

其次,保险人不得干预被保险人就未取得保险赔偿的部分向第三者请求赔偿。我国《保险法》第45条第3款规定:"保险人依照第一款行使代位请求赔偿的权利,不影响被保险人就未取得赔偿的部分向第三者请求赔偿的权利。"

再次,保险人为满足被保险人的特殊需要或者在法律的费用超过可能获得的赔偿额时,也会放弃代位求偿权。

就投保方而言,不能损害保险人的代位求偿权并要协助保险人行使代位求偿权。

首先,如果被保险人在获得保险人赔偿之前放弃了向第三者请求赔偿的权利,那么,就意味着他放弃了向保险人索赔的权利。

其次,如果被保险人在获得保险人赔偿之后未经保险人同意而放弃对第三者请求赔偿的权利,该行为无效。

再次,如果发生事故后,被保险人已经从第三者取得赔偿或者由于过错致使保险人不能行使代位求偿权,保险人可以相应扣减保险赔偿金。

最后,在保险人向第三者行使代位求偿权时,被保险人应当向保险人提供必要的文件和其所知道的有关情况。

④ 代位求偿原则的适用范围。

首先,代位求偿权一般不适用于人身保险。但是,在医疗保险中,保险人赔付的医疗费用保险金应属于对被保险人支出医疗费用的补偿,不仅有价值,而且还是可以确定的,因而,保险人对于因第三者责任而支付的保险金仍可以进行追偿。

其次,保险人一般不对自己的被保险人或者其组成人员行使代位求偿权(除非他们是故意行为)。如果允许保险人对自己的被保险人或者其组成人员行使代位求偿权,保险也就失去了其以保障为内涵的意义了。

(2) 物上代位。

① 物上代位的含义。物上代位是指保险标的因遭受保险事故而发生全损或推定全损,保险人在全额支付保险赔偿金之后,即拥有对该保险标的的物的所有权,即代位取得对受损保险标的的权利与义务。

② 海上保险中委付即物上代位的例证。委付是海上保险中的一种赔偿制度,是被保险人在保险标的处于推定全损状态时,用口头或书面形式提出申请,愿意将保险标的所有权转移给保险人,并请求保险人全部赔偿的行为。

③ 物上代位是一种所有权的代位。与代位求偿权不同,保险人一旦取得物上代位权,就拥有了该受损标的的所有权。处理该受损标所得的一切收益,归保险人所有,即使该利益超过保险赔款仍归保险人所有。

练一练

1. 中国联通某分公司的通信电缆,被农民王某不慎挖断。联通公司向保险公司报案并提出索赔 3 500 元。在保险公司受理尚未赔付之前,联通公司和王某达成协议,由于无力赔偿联通公司损失,王某同意做联通公司 7 个月的巡线员,月应付工资 500 元,共计 3 500 元,联通公司不付工资给王某。7 个月后,联通公司不再向王某要求赔偿。

请问保险公司是否会赔偿? 为什么?

2. 张平是某公司的电焊工,一天他在该公司作业时由于疏忽引燃了窗户上的窗帘,造成了火灾,导致该厂房内的两台设备损坏,维修费用价值 5 万元,由于该公司已经为设备购买了火灾险,保险公司扣除 20% 的绝对免赔后赔偿了 4 万元,然后保险公司通过诉讼的方式得到了张平的 5 万元赔款,请问这 5 万元赔款应如何分摊?

（二）分摊原则

1. 分摊原则的含义

分摊原则是在被保险人重复保险的情况下而产生的补偿原则的一个派生原则,即在重复保险情况下,被保险人所能得到的赔偿金由各保险人采用适当的方法进行分摊,从而所得到的总赔偿金不得超过实际损失额。

2. 坚持保险的分摊原则的意义

首先,有利于防止被保险人利用重复保险在保险人之间进行多次索赔,获得多于实际损失额的赔偿金。

其次,有利于维护社会公平原则,坚持被保险人的损失在保险人之间进行分摊,可以防止多个保险人就同一危险收取保费而由其中一个保险人承担全部损失赔偿的不公平现象,从而维护社会公平原则。

3. 分摊方法

在重复保险情况下,对于损失后的赔款保险人如何进行分摊,各国做法有所不同。主要有以下三种分摊方法:

（1）比例责任制。

比例责任制又称保险金额比例分摊制,该分摊方法是将各保险人所承保的保险金额进行加总,得出各保险人应分摊的比例,然后按比例分摊损失金额。公式为:

$$某保险人责任 = \frac{某保险人的保险金额}{所有保险人的保险金额之和} \times 损失额$$

例如:投保人以总价值 80 000 元的财产向甲乙保险人分别投保,甲保单保额为 40 000 元,乙保单保额为 60 000 元,损失额为 50 000 元。

$$甲保险人应赔付款额 = \frac{40\,000}{40\,000 + 60\,000} \times 50\,000 = 20\,000(元)$$

$$乙保险人应赔付款额 = \frac{60\,000}{40\,000 + 60\,000} \times 50\,000 = 30\,000(元)$$

（2）责任限额制。

责任限额制又称赔款额比例责任制,即保险人分摊赔款额不以保额为基础,而是按照在无他保的情况下各自单独应负的责任限额进行比例分摊赔款。公式为:

$$某保险人责任 = \frac{某保险人独立责任限额}{所有保险人独立责任之和} \times 损失额$$

例如,仍以上述例题为例,在采用第二种分摊法计赔时,

$$甲保险人应赔付款额 = \frac{40\,000}{40\,000 + 50\,000} \times 50\,000 \approx 22\,222(元)$$

$$乙保险人应赔付款额 = \frac{50\,000}{40\,000 + 50\,000} \times 50\,000 \approx 27\,778(元)$$

（3）顺序责任制。

顺序责任制又称主要保险制,该方法是各保险人所负责任依签订保单顺序而定,由其中先订立保单的保险人首先负责赔偿,当赔偿不足时再由其他保单依次承担不足的部分。

我国《保险法》第 41 条第 2 款："除合同另有约定外,各保险人按照其保险金额与保险金额总和的比例承担赔偿责任。"可见,我国一般采用比例责任制的分摊方法。

六、损失补偿原则的例外情况

(一)定值保险

定值保险中,在发生全部损失时,不论保险标的价值如何变化,保险人仍按保险合同上所约定的保险金额计算赔款。从以赔偿实际损失为本质的损失补偿原则的角度看,该保险是一种例外。

(二)重置成本保险

重置成本保险又称复旧保险或恢复保险,是按照重置成本确定损失额的保险。由于这种保险在确定损失赔付时不扣除折旧,而按重置成本确定损失额,所以,对于损失补偿原则而言,也是一种例外。

(三)人寿保险

人寿保险中的保险金额是由投保人或被保险人自行确定的,而且当被保险人残废或死亡时,倘若其持有多份保单,被保险人或受益人可获得多重给付。因此,人寿保险对损失补偿原则也是一种例外。

练一练 ▮▮▮

假定甲分别与 A、B、C 三个保险人签订火灾保险合同,保险金额分别为 4 万元,6 万元和 15 万元。现保险标的遭火灾受损,损失金额为 13 万元。则 A、B、C 三位保险人按照上述几种分摊方法各自承担的赔款如何计算?

第四节　近因原则

任务描述 ▮▮▮

某公司组织员工进行省内旅游。车在高速公路上飞速行驶时,发生车祸,公司员工张强和王成双双受了重伤,被送往医院。张强因颅脑受到重度损伤,且失血过多,抢救无效,于两小时后身亡。王成在车祸中丧失了一条腿,失血很多,在急救中因急性心肌梗死,于第二天死亡。事前公司为全体员工购买了人身意外伤害保险,保险金额 10 万元,意外发生后,该公司即向保险公司报案并提出理赔申请。请问保险公司应该怎样赔付?

知识平台 ▐▐▐

一、近因原则的含义

所谓近因并非指时间上或空间上与损失最接近的原因,而是指造成损失的最直接、最有效起主导性作用或支配性作用的原因。当在损失的原因有两个以上,且各个原因之间的因果关系尚未中断的情况下,其最先发生并造成一连串损失的原因即为近因。

近因原则是判明风险事故与保险标的损失之间因果关系,以确定保险责任的一项基本原则。按照这一原则,当被保险人的损失是直接由于保险责任范围内的事故造成时,保险人才给予赔付。即保险人的赔付限于以保险事故的发生为原因,造成保险标的损失为结果,只有在风险事故的发生与造成损失结果之间具有必然的因果关系时才构成保险人的赔付责任。

二、近因原则的分析和运用

(一)近因的认定方法

(1)从最初事件出发,按逻辑推理,判断下一事件可能是什么;在从可能发生的第二个事件按照逻辑推理判断最终事件即损失是什么。如果推理判断与实际发生的事实相符,那么,最初事件就是最后事件的近因。

(2)从损失开始,沿顺序自后向前溯,在每一个阶段上按照"为什么这一事件会发生?"的思考来找出前一个事件。如果追溯到最初的事件且没有中断,那么,最初事件即为近因。

例如,暴风吹倒了电线杆,电线短路引起火花,火花引燃房屋,导致财产损失。对此,我们会发现此案例中的暴风、电线杆被刮倒、电线短路、火花、起火之间具有必然的因果关系,因而,财产受损的原因是暴风,也就随之确定。

(二)近因的认定与保险责任的确定

从近因的认定与保险责任的确定来看,主要包括下列几种情况。

1. 单一原因

即损失由单一原因造成,此时该原因就是保险事故发生的近因。

2. 多种原因同时并存发生

即损失由多种原因造成,且这些原因几乎同时发生,无法区分时间上的先后顺序。如果损失的发生有同时存在的多种原因,且对损失都起决定性作用,则它们都是近因。而保险人是否承担赔付责任,应区分两种情况:第一,如果这些原因都属于保险风险,保险人则承担赔付责任,相反,如果这些原因都属于非保险风险,保险人则不承担赔付责任。第二,如果这些原因中既有保险风险,也有非保险风险,保险人是否承担赔付责任,则要看损失结果是否容易分析,对于损失结果可以分别计算的,保险人只负责保险风险所致损失的赔付;对于损失难以划分的,保险人一般不予负责赔付。

例如:某企业运输两批货物,第一批投保了水渍险,第二批投保了水渍险并加保了淡水雨淋险,两批货物在运输中均遭海水浸泡和雨淋而受损。显然,两批货物损失的近因都是海水浸泡和雨淋,但对第一批货物而言,由于损失结果难以划分,而其只投保了水渍险,因而得不到保险人的赔偿;而对第二批货物而言,虽然损失的结果也难以划分,但由于损失的原因都属于保险风险,所以保险人应予以赔偿。

3. 多种原因连续发生

多种原因连续发生即损失是由若干个连续发生的原因造成,且各原因之间的因果关系没有中断。如果损失的发生是由具有因果关系的连续事故所致,保险人是否承担赔付责任,也要区分两种情况:第一,如果这些原因中没有非保险风险,则这些保险风险即为损失的近因,保险人应负赔付责任。第二,如果这些原因中既有保险风险,也有非保险风险,则要看损失的前因是保险风险还是非保险风险。如果前因是保险风险,后因是非保险风险,且后因是前因的必然结果,则保险人应承担赔付责任;相反,如果前因是非保险风险,后因是保险风险,且后因是前因的必然结果,保险人则不承担赔付责任。

例如:一艘装有皮革与烟草的船舶遭遇海难,大量的海水侵入使皮革腐烂,海水虽未直接浸泡包装烟草的捆包,但由于腐烂皮革的恶臭气味,致使烟草变质而使被保险人受损。那么,保险人对烟草的损失是否负有赔偿之责?据上述情况可知,海难中海水侵入是损失的近因,对皮革的腐烂与烟草的变质并无两样,因而,海难与烟草的损失之间存在着必然的不可分割的因果关系,因此,保险人理应也对烟草的损失给予赔偿。

4. 多种原因间断发生

即损失是由间断发生的多种原因造成的。如果风险事故的发生与损失之间的因果关系由于另外独立的新原因介入而中断,则该新原因即为损失的近因。如果该新原因属于保险风险,则保险人应承担赔付责任;相反,如果该新原因属于非保险风险,则保险人不承担赔付责任。

例如:在人身意外伤害保险中,被保险人在交通事故中因严重的脑震荡而致癫狂与抑郁交替症,在治疗过程中,医生叮嘱在服用药物巴斯德林时切忌进食干酪,因二者之间相忌。但是,被保险人却未遵医嘱,服药时又进食了干酪,终因中风而亡,据查中风确系巴斯德林与干酪所致。在此案中,食品与药物的相忌已打断了车祸与死亡之间的因果关系,食用干酪为中风的近因,故保险人对被保险人中风死亡不承担任何责任。

练一练

1. 某面粉厂在2月向保险公司投保了企业财产综合险,期限一年。同年9月一天夜里下起了大雨,当晚的风力很大,某车间厂房的一角被破坏,雨水由破口淌进厂房。当时车间的一部分职工正在上夜班,由于噪音大,又为了赶任务,一时并没有注意到厂房进水,结果雨水淋入了正在高速运转的3台电机内部,导致电机组烧坏,生产被迫中断,造成了财产损失,该车间的电机厂属该厂投保的固定资产中的一项。

根据当天气象部门测定,出险当晚降雨一小时,降雨量12毫米,当晚最大风力为8级~

9 级。这次事故造成的保险财产损失是否构成保险责任?

2. 一英国居民投保了意外伤害保险。他在森林中打猎时不慎从树上掉下来,受伤后的被保险人爬到公路边等待救援,因夜间天冷又染上肺炎死亡。

你认为保险人是否承担给付责任?

课后练习

一、单选题

1. 保险合同对当事人双方诚信的要求远远高于其他合同,其主要原因( )。
    A. 保险标的的不确定性 　　　B. 保险双方的地位不平等
    C. 保险合同的复杂 　　　D. 保险双方信息的不对称

2. 最大诚信原则的基本内容一般是指( )。
    A. 告知、担保、弃权和合理反言 　　　B. 告知、保证、主张与禁止反言
    C. 告知、诚信、弃权与禁止反言 　　　D. 告知、保证、弃权与禁止反言

3. 在适用最大诚信原则时,保险人要求投保人或被保险人在保险期限内担保对某种特定事项的作为或不作为或担保其真实性。此行为称为( )。
    A. 告知 　　B. 保证 　　C. 说明 　　D. 陈述

4. 于某以 45 万元的房屋向银行抵押贷款 30 万,贷款合同为 10 年,每月偿还额为 3 500元,银行就该抵押房屋向保险公司购买了保险。在抵押保险 15 个月后,房屋遭受火灾全部损失。保险公司支付给银行赔款应是( )。
    A. 45 万元 　　B. 30 万元 　　C. 24.75 万元 　　D. 5.25 万元

5. 各国保险实践和法律中,投保人的告知形式包括( )。
    A. 无限告知和询问回答告知 　　　B. 保证告知和回答告知
    C. 确认告知和承诺告知 　　　D. 明示告知和默示告知

6. 按我国《保险法》规定,保险合同中规定的关于保险人责任免除条款的生效条件是( )。
    A. 保险人在事故发生时向投保人告知该条款
    B. 保险人在订立保险合同时向投保人明确说明该条款
    C. 保险人在保险合同中明确写明该条款
    D. 该条款应得到监管部门的批准

7. 根据有关的法律、惯例及行业习惯来决定的一些未在保单中列明的重要保证,称之为( )。
    A. 明示保证 　　B. 默示保证 　　C. 确定保证 　　D. 不确定保证

8. 在海上保险中,若保险人已知被保险船舶改变航道而没有提出解除保险合同,则保险人的行为属于( )。
    A. 确认保证 　　B. 承诺保证 　　C. 默示保证 　　D. 弃权保证

9. 投保人投保家庭财产盗窃险时,保证在家中无人时一定关好门窗,从保证形式看,该保证属于( )。

A. 确认保证　　　　B. 承诺保证　　　　C. 明示保证　　　　D. 默示保证

10. 在投保人或被保险人违反告知的各种形式中,投保人或被保险人对已知或应知的与风险和标的有关的实质性重要事实有意不报的行为叫作(　　)。

A. 漏报　　　　　B. 误告　　　　　C. 隐瞒　　　　　D. 欺诈

11. 如果保险人已知被保险船舶改变航道时没有发表异议,但事后因改变航道致使船舶发生保险事故并造成重大损失,保险人的正确做法是(　　)。

A. 解除合同　　　　　　　　　　B. 不放弃保险合同的约定

C. 退还保险费,不负赔偿责任　　　D. 负责赔偿损失

12. 根据我国《保险法》的规定,投保人因过失未履行告知义务,对保险事故的发生有严重影响的,保险人对于保险合同解除前发生的保险事故,正确的处理方式是(　　)。

A. 全部承担赔偿或给付保险金责任

B. 部分承担赔偿或给付保险金责任

C. 不承担赔偿或给付保险金责任,并不退还保险费

D. 不承担赔偿或给付保险金责任,但可退还保险费

13. 根据国际惯例,在投保时可以不具有保险利益,但是在索赔时被保险人对保险标的必须具有保险利益的财产保险险种是(　　)。

A. 海上货物运输保险　　　　　　B. 信用保险

C. 责任保险　　　　　　　　　　D. 企业财产保险

14. 在某些情况下,人身保险中的保险利益也可以计算和限定,这种情况主要是指(　　)。

A. 债权人对债务人的生命　　　　B. 雇主对雇员的生命

C. 子女对父母的生命　　　　　　D. 丈夫对妻子的生命

15. 在"保险利益应为确定的利益"的含义中,在客观上或事实上尚未存在,但根据法律法规,有效合同的约定在将来某一时期将会产生的经济利益叫作(　　)。

A. 期待利益　　　B. 现有利益　　　C. 合法利益　　　D. 责任利益

16. 保险合同生效后,投保人或被保险人失去了对保险标的的保险利益,保险合同随之失效,但例外的险种是(　　)。

A. 责任保险　　　B. 汽车保险　　　C. 企业保险　　　D. 人身保险

17. 由于人身保险的保险期限较长并具有储蓄性,因而强调人身保险利益存在的时间为(　　)。

A. 发生保险事故时　　　　　　　B. 出具保险批单时

C. 被保险人告知时　　　　　　　D. 订立保险合同时

18. 按照保险利益原则,制造商对因其制造的产品有缺陷,而使用户或消费者造成人身伤害或财产损失依法应承担的经济赔偿责任,具有保险利益,对此制造商可以投保的险种主要是(　　)。

A. 产品质量保险　　　　　　　　B. 财产损失保险

C. 职业责任保险　　　　　　　　D. 产品责任保险

19. 按照保险代位原则,保险公司按照合同约定赔偿损失后,依法取得对财产损失有责任的第三者进行求偿的权利.这种权利叫作(　　)。

A. 代位管理权　　　B. 代位受益权　　　C. 代位使用权　　　D. 代位求偿权

20. 当保险标的因遭受保险事故而发生全损或推定全损,保险人在支付保险赔偿金后,代位取得的是(　　)。

A. 对受损保险标的的所有权　　　　　B. 被保险人的所有权利
C. 对受损保险标的的义务　　　　　　D. 被保险人的所有权利和义务

21. 根据保险代位原则,保险人取得物上代位权的途径是(　　)。

A. 告知　　　　B. 保证　　　　C. 委付　　　　D. 作为

22. 按照我国《保险法》的规定,重复保险所采用的分摊方法是(　　)。

A. 比例责任制　　　B. 限额责任制　　　C. 顺序责任制　　　D. 第一责任制

23. 在重复保险的情况下,保险人分摊赔款不以保额为基础,而是按照在无他保的情况下单独应负的责任限额进行比列分摊。该分摊方式叫作(　　)。

A. 比例责任制　　　B. 主要保险制　　　C. 限额责任制　　　D. 顺序责任制

24. 某投保人以价值6万元的财产向A,B两家财险公司投保火灾保险,A保险公司承保4万元,B保险公司承保6万元。如果发生实际损失5万元,以限额责任方式来分摊,A保险公司应赔付的金额为(　　)。

A. 2.22万元　　　B. 2.5万元　　　C. 4万元　　　D. 5万元

25. 近因原则是判断风险事故与保险标的损失之间的因果关系,确定保险赔偿责任的一项基本原则。这里近因是指(　　)。

A. 导致损失的时间上最近的原因　　　B. 导致损失的第一个原因
C. 导师损失的最后一个原因　　　　　D. 导致损失的最直接.最有效的原因

26. 保险事故中,在一连串连续发生的原因中,有一项新的独立的原因介入导致损失。若新的独立原因属被保风险,则保险人对损失的正确处理方式是(　　)。

A. 不予赔偿　　　B. 部分赔偿　　　C. 予以赔偿　　　D. 比例赔偿

27. 若保险合同规定地震不属于保险责任,火灾属于保险责任,如地震引起火灾,火灾导致企业财产损失。按近因原则,对于这样多种原因联系发生形成的一个因果关系过程所导致的损失,保险人的正确处理方式是(　　)。

A. 不予赔偿　　　B. 部分赔偿　　　C. 全部赔偿　　　D. 比列赔偿

28. 在家庭财产保险中,一被保险人的房屋因电线老化发生了火灾,在抢救过程中有人趁乱偷走了被保险人家中的珠宝,造成被保险人珠宝丢失的近因是(　　)。

A. 火灾　　　　　　　　　　　B. 偷窃
C. 被保险人的疏忽　　　　　　D. 造成火灾原因的电线老化

29. 保险利益是保险合同成立的前提条件。某人欲将新近购买的一辆走私车向保险公司投保机动车辆保险,而保险公司拒保。那么,保险公司拒保的理由是该投保人对保险标的所具有的保险利益不是(　　)。

A. 确定的利益　　　　　　　　B. 合法的利益
C. 具有利害关系的利益　　　　D. 现有的利益

30. 根据国际惯例,在投保时可以不具有保险利益,但是在索赔时被保险人对保险标的必须具有保险利益的财产保险险种是(　　)。

A. 海上货物运输保险　　　　B. 信用保险
C. 责任保险　　　　　　　　D. 企业财产保险

二、问答题

1. 何为近因原则,如何判断近因?
2. 何为损失补偿原则,简述损失补偿原则的意义。
3. 何为代位追偿? 保险人代位追偿权的产生必须具备哪些条件?
4. 比较代位追偿与委付的区别。

微信扫码查看

第四章　机动车辆保险

- 掌握机动车辆保险的概念与特征
- 理解机动车辆保险的种类和原则
- 能够正确解读机动车保险条例
- 能够准确分析和判断适用条例
- 能够向客户做出合理的解释,做好服务工作
- 会计算车险保费与车险简易案件赔款

第一节　机动车辆保险的特征与分类

任务描述

近日,保监会表示,正在试点推进的商业车险市场化改革,将从现有的6个试点地区扩大到18个试点地区。从2016年1月1日起,天津、内蒙古、吉林、安徽、河南、湖北、湖南、广东、四川、青海、宁夏、新疆等12个保监局所辖地区纳入商业车险改革试点范围。

2016年车险改革方案进一步扩大了保障范围,以下几类情况都可获得赔付:

(1)"高保低赔"被强制:保费的确定和新车购置价不再相关,改革后的商业车险保单上将新增一个折旧后的车辆价格。

(2)车辆没挂牌,出事后照赔:原来车辆没挂牌时出了事故不在保障范围内,新条例可赔。

(3)自家车撞自家人可赔:原来车辆撞了自己家人是不赔付的,新条例可赔。

(4)其他新增可赔情况:冰雹、台风、暴雪等自然灾害和所载货物、车上人员意外撞击导致的车损可以获赔。

(5)车损理赔方式增多:向责任对方索赔、向责任对方的保险公司索赔、代位求偿。

阅读车险新规,了解车险的基本特征与国内外车险发展变革历程。

知识平台 ▍▍▍

一、机动车辆保险的含义

机动车辆保险是以机动车辆本身及其第三者责任等为保险标志的一种运输工具保险。

其保险客户,主要是拥有各种机动交通工具的法人团体和个人。被保险机动车是指在中华人民共和国境内(不含港、澳、台地区)行驶,以动力装置驱动或者牵引,上道路行驶的供人员乘用或者用于运送物品以及进行专项作业的轮式车辆(含挂车)、履带式车辆和其他运载工具,但不包括摩托车、拖拉机、特种车。

二、机动车辆保险的特征

(一)保险标的出险率较高

汽车是陆地的主要交通工具。由于其经常处于运动状态,总是载着人或货物不断地从一个地方开往另一个地方,很容易发生碰撞及其意外事故,造成人身伤亡或财产损失。由于车辆数量的迅速增加,一些国家交通设施及管理水平跟不上车辆的发展速度,再加上驾驶人的疏忽、过失等人为原因,交通事故发生频繁,汽车出险率较高。

(二)机动车辆保险赔偿方式多采取修复方式

在机动车辆保险实践中,保险车辆的损失多是部分损失,保险人常要求被保险人将受损损车辆送到指定的修理厂修理以恢复原来的行驶功能。但对全部损失仍以现金方式赔偿,为了加强被保险人及其驾驶人员履行对保险车辆的维护与保养义务,减少灾害事故的发生,保险人在每次赔款计算实行按责免赔规定。

(三)机动车辆损失保险是不定值保险

"不定值保险"是"定值保险合同"的对称,指双方当事人在订立合同时只列明保险金额,不预先确定保险标的的价值,须至危险事故发生后,再行估计其价值而确定其损失的保险合同,这种采用不定值合同的保险即为不定值保险。不定值保险合同中保险标的的损失额,以保险事故发生之时保险标的的实际价值为计算依据,通常的方法是以保险事故发生时,当地同类财产的市场价格来确定保险标的价值。机动车辆保险是典型的不定值保险,投保时计算保险费的保险金额既可以是按重置价值即投保时同类机动车辆的市场价格确定,也可以是由双方协商确定,或者按车辆的使用年限通过计算确定。

(四)投保业务多采用无赔款优待方式

为了鼓励被保险人及其允许的合格驾驶人员严格遵守交通规则,安全行车,保证被保车辆的安全,保险人对保险期限内安全行驶,没有发生保险赔偿的车辆在续保时给予保险费一定折扣的优惠待遇。

机动车辆保险的无赔款优待是指保险车辆在上一年保险期间内无赔款,续保时可享受无赔款减收保险费优待,优待金额为本年度续保险种应交保险费的10%。确定无赔款优待需要注意同一投保车辆不止一辆的,无赔款优待分别按辆计算;保险车辆发生保险事故,续保时案件未决,不能给予优待,在 1 年保险期限内,发生所有权转移的保险车辆,续保时不给予无赔款优待。

（五）车辆保险理赔中设有免赔规定

免赔指由保险公司和被保险人事先约定,被保险人自行承担损失的一定比例、金额,损失额在规定数额之内,保险公司不负责赔偿。我国机动车辆保险条款规定了机动车辆保险每次事故的赔款计算应按责免赔比例的原则。根据保险车辆驾驶员在事故中所负责任,车辆损失险和第三者责任险在符合赔偿规定的金额内实行绝对免赔率,负全部责任的免赔 20%,负主要责任的免赔 15%,负同等责任的免赔 10%,负次要责任的免赔 5%,单方肇事事故的绝对免赔率为 20%,其中,单方肇事事故指不涉及与第三方有关的损害赔偿的事故,但不包括因自然灾害引起的事故。

三、机动车辆保险的分类

（一）强制保险与商业险

车辆保险种类按性质可以分为强制保险与商业险。强制保险（交强险）是根据《交通法》和《保险法》等法律法规的规定强制实施,车主和驾驶人员必须购买的车辆保险。根据《交强险条例》的规定,在中华人民共和国境内道路上行驶的机动车的所有人或者管理人都应当投保交强险,机动车所有人、管理人未按照规定投保交强险的,公安机关交通管理部门有权扣留机动车,通知机动车所有人、管理人依照规定投保,并处应缴纳的保险费的 2 倍罚款。商业险是非强制购买的保险,是由各家保险公司自主开办,在市场上公平竞争,车主可以根据自身的情况进行选择性的保险。

（二）基本险和附加险

基本险又称主险,是指不需附加在其他险别之下的,可以独立承保的险别。附加险是指不能单独投保,只能附加于主险投保的保险险种。机动车辆保险的基本险包括商业第三者责任保险、车辆损失险、全车盗抢险、车上人员责任险共四个独立的险种,投保人可以选择投保其中部分险种,也可以选择投保全部险种。玻璃单独破碎险、自燃损失险、新增加设备损失险,是车身损失险的附加险,必须先投保车辆损失险后才能投保这几个附加险。车上责任险、无过错责任险、车载货物掉落责任险等,是第三者责任险的附加险,必须先投保第三者责任险后才能投保这几个附加险;投保不计免赔特约险,必须先同时投保车辆损失险和第三者责任险。

四、机动车辆保险的发展历程

国外汽车保险起源于 19 世纪中后期。当时,随着汽车在欧洲一些国家的出现与发展,因交通事故而导致的意外伤害和财产损失随之增加。尽管各国都采取了一些管制办法和措施,汽车的使用仍对人们的生命和财产安全构成了严重威胁。因此引起了一些精明的保险人对汽车保险的关注。

1896 年 11 月，由英国的苏格兰雇主保险公司发行的一份保险情报单中，刊载了为庆祝"1896 年公路机动车辆法令"的顺利通过，而于 11 月 14 日举办伦敦至布赖顿的大规模汽车赛的消息。在这份保险情报中，还刊登了"汽车保险费年率"。

最早开发汽车保险业务的是英国的"法律意外保险有限公司"，1898 年该公司率先推出了汽车第三者责任保险，并可附加汽车火险。

到 1901 年，保险公司提供的汽车保险单，已初步具备了现代综合责任险的条件，保险责任也扩大到了汽车的失窃。

我国的汽车保险业务的发展经历了一个曲折的历程。汽车保险进入我国是在鸦片战争以后，但由于我国保险市场处于外国保险公司的垄断与控制之下，加之旧中国的工业不发达，我国的汽车保险实质上处于萌芽状态，其作用与地位十分有限。

新中国成立以后的 1950 年，创建不久的中国人民保险公司就开办了汽车保险。但是因宣传不够和认识的偏颇，不久就出现对此项保险的争议，有人认为汽车保险以及第三者责任保险对于肇事者予以经济补偿，会导致交通事故的增加，对社会产生负面影响。于是，中国人民保险公司于 1955 年停止了汽车保险业务。直到 70 年代中期为了满足各国驻华使领馆等外国人拥有的汽车保险的需要，开始办理以涉外业务为主的汽车保险业务。

我国保险业恢复之初的 1980 年，中国人民保险公司逐步全面恢复中断了近 25 年之久的汽车保险业务，以适应国内企业和单位对于汽车保险的需要，适应公路交通运输业迅速发展、事故日益频繁的客观需要。但当时汽车保险仅占财产保险市场份额的 2%。

随着改革开放形势的发展，社会经济和人民生活也发生了巨大的变化，机动车辆迅速普及和发展，机动车辆保险业务也随之得到了迅速发展。1983 年将汽车保险改为机动车辆保险使其具有更广泛的适应性，在此后的近 20 年过程中，机动车辆保险在我国保险市场，尤其在财产保险市场中始终发挥着重要的作用。到 1988 年，汽车保险的保费收入超过了 20 亿元，占财产保险份额的 37.6%，第一次超过了企业财产险 35.99%。从此以后，汽车保险一直是财产保险的第一大险种，并保持高增长率，我国的汽车保险业务进入了高速发展的时期。

2015 年车险保费收入 6 199 亿元，较 2010 年增长 53%；非车险保费收入 2 224 亿元，较 2010 年增长 117%。财险业净利润从 2010 年的 174.5 亿元增长到 2015 年的 623.8 亿元，年均增长 29%。同时，市场主体日益多元化，法人机构 5 年间不断增加。财险法人机构从 2010 年 55 家，增加到 2015 年的 74 家，其中中资、外资财险公司分别为 52 家和 22 家。专业性财险公司不断增加，截至 2015 年底有 8 家专业性公司，其中 4 家农险公司、3 家汽车保险公司、1 家责任险公司。

但不断攀升的汽车零部件价格、人工成本、人伤医疗成本，激烈竞争下不断上涨的渠道费用等造成了各家保险公司车险业务的成本大幅增加，并将面临亏损困境。自 2015 年起，国家启动了车险改革试点，2016 年，车险改革范围进一步扩大。

第二节 车险基本条款

任务描述

张先生,29岁,驾龄2年,经济状况中等,自用一辆使用一年的捷达轿车,新车购置价12万元,该车一般停放露天停车位,经常驾车出游,请你以车险业务员的身份为客户设计合理的车险投保方案,并给客户解释各险种基本条款。

知识平台

2006年7月1日,我国出台了机动车辆交通事故责任强制保险(简称交强险),伴随着交强险的实施,车损险和商业第三者责任险发生重大变局。由中国保险行业协会提出,各保险公司经营的商业车险使用新的条款和费率,并于2006年7月1日起正式实行。2006年商业车险有A、B、C三款"套餐",分别根据人保财险、平安财险和太平洋财险三大公司的车条款设计。"套餐"中包括两种基本险:车损险和商业第三者责任。对于其他险种,仍允许各家公司进行差异化经营。2007年末,我国金融行业首个全国性听证会—交强险费率听证会在京举行,随后保监会对交强险的责任限额、费率水平进行"双调整"。据此各保险公司经营的商业车险条款和费率也有了新的变化。保险行业协会出台了2007年条款,2007版机动车商业保险行业基本条款在2006版车险行业基本条款基础上扩大了覆盖范围,除原有的机动车损失保险、机动车第三者责任保险外,又将机动车车上人员责任险、机动车全车盗抢险、玻璃单独破碎险、车身划痕损失险、车损免赔额险、不计免赔率险六个险种也纳入了车险行业基本条款的范围,共计八个险种。本节主要说明A款机动车辆保险条款基本内容。

一、交强险

（一）交强险的概念

交强险的全称是"机动车交通事故责任强制保险",是由保险公司对被保险机动车发生道路交通事故造成受害人(不包括本车人员和被保险人)的人身伤亡、财产损失,在责任限额内予以赔偿的强制性责任保险。交强险是中国首个由国家法律规定实行的强制保险制度。其保费是实行全国统一收费标准的,由国家统一规定的,但是不同的汽车型号的交强险价格也不同,主要影响因素是"汽车座位数"。

根据《交强险条例》的规定,在中华人民共和国境内道路上行驶的机动车的所有人或者管理人都应当投保交强险,机动车所有人、管理人未按照规定投保交强险的,公安机关交通管理部门有权扣留机动车,通知机动车所有人、管理人依照规定投保,并处应缴纳的保险费的2倍罚款。

（二）交强险赔偿范围

被保险机动车发生道路交通事故造成本车人员、被保险人以外的受害人人身伤亡、财产损失的，由保险公司依法在机动车交通事故责任强制保险责任限额范围内予以赔偿。

（三）交强险责任限额

交强险责任限额是指被保险机动车发生道路交通事故，保险公司对每次保险事故所有受害人的人身伤亡和财产损失所承担的最高赔偿金额，如表 4-1 所示。

表 4-1　交强险责任限额

赔偿限额种类	有　责	无　责
死亡伤残赔偿限额	110 000 元	11 000 元
医疗费用赔偿限额	10 000 元	1 000 元
财产损失赔偿限额	2 000 元	100 元
合　计	122 000 元	12 100 元

其中，死亡伤残赔偿项目包括丧葬费、死亡补偿费、受害人亲属办理丧葬事宜支出的交通费用、残疾赔偿金、残疾辅助器具费、护理费、康复费、交通费、被扶养人生活费、住宿费、误工费、被保险人依照法院判决或者调解承担的精神损害抚慰金。医疗费用赔偿项目包括医药费、诊疗费、住院费、住院伙食补助费，必要的、合理的后续治疗费、整容费、营养费等。财产损失赔偿项目包括直接损失和间接损失。直接财产损失是指道路交通事故造成的财产利益的直接减损。通常包括车辆、随身携带财产损失、车载货物损失、现场抢救、善后处理的费用等。间接财产损失是指道路交通事故造成的财产利益的间接减损通常包括停运等损失，受害人能够证明可预期取得的间接经济利益遭受损失，就可以要求赔偿。比如车辆修复期间的停运纯利损失、司机工资支出、公路规费、工商运营费等。

（四）交强险责任免除

1. 交强险均不负责赔偿和垫付的情形

（1）因受害人故意造成的交通事故的损失；

（2）被保险人所有的财产及被保险机动车上的财产遭受的损失；

（3）被保险机动车发生交通事故，致使受害人停业、停驶、停电、停水、停气、停产、通讯或者网络中断、数据丢失、电压变化等造成的损失以及受害人财产因市场价格变动造成的贬值、修理后因价值降低造成的损失等其他各种间接损失；

（4）因交通事故产生的仲裁或者诉讼费用以及其他相关费用。

2. 交强险对医疗费用负责垫付，对其他损失和费用不负责赔偿和垫付的情况

（1）驾驶人未取得驾驶资格的；

（2）驾驶人醉酒的；

（3）被保险机动车被盗抢期间肇事的；

（4）被保险人故意制造交通事故的。

此外，对于垫付的抢救费用，保险人有权向致害人追偿。

（五）交强险赔付规则

1. 满限额提前给付

涉及人员伤亡的事故，损失金额明显超过保险车辆适用的交强险医疗费用赔偿限额或死亡伤残赔偿限额的，保险公司可以根据被保险人的申请及相关证明材料，在交强险限额内先予赔偿结案，待事故处理完毕，损失金额确定后，再对剩余部分在商业险项下赔偿。

2. 无责代赔

事故涉及多个无责车辆的，所有无责方视为一个整体。各无责方车辆不参与对其他无责车辆损失和车外财产损失的赔偿计算，仅参与对全责/有责方车辆损失或本车以外人员伤亡损失的赔偿计算。在计算各方车辆的核定损失承担金额时，应首先扣除无责代赔的部分，再对剩余部分损失进行分摊计算。

为了方便客户索赔，避免无责方客户为了 100 元还要到自己的保险公司索赔。保险行业推出了"交强险财产损失无责赔付简化处理机制"，按照这一机制，投保交强险的双方车辆发生交通事故，都有损失，一方全责，一方无责，无责方不用向自身的保险公司报案、索赔，直接由全责方通过自己的保险公司在自身的交强险项下赔偿无责方应该赔给自己的 100 元以内的损失。"无责代赔"仅适用于对全责/有责方车辆损失部分的赔偿，对于人员伤亡损失不进行代赔。

3. 互碰自赔

所谓"互碰自赔"，即对事故各方均有责任，各方车辆损失均在交强险有责任财产损失赔偿限额 2 000 元以内，不涉及人伤和车外财产损失的交通事故，可由各自保险公司直接对双方均有责任，以及当事人需同意"互碰自赔"处理办法。"互碰自赔"机制是保险行业进一步简化交强险理赔手续、服务于道路交通事故的快速处理、提高被保险人满意度的一项重要举措。

二、车损险

车损险，是指保险车辆遭受保险责任范围内的自然灾害或意外事故，造成保险车辆本身损失，保险人依照保险合同的规定给予赔偿。

（一）车损险的责任范围

保险期间内，被保险人或其允许的驾驶人在使用被保险机动车过程中，因下列原因造成被保险机动车的直接损失，且不属于免除保险人责任的范围，保险人依照本保险合同的约定负责赔偿：

（1）碰撞、倾覆、坠落。其中碰撞指与外界物体直接接触、发生意外撞击、产生撞击痕迹的现象。倾覆指保险车辆由自然灾害或意外事故，造成本保险车辆翻倒，不经施救不能恢复行驶。坠落指在行驶中发生意外事故，整车腾空后下落，造成本车损失的情况，非整车腾空，仅由于颠簸造成被保险机动车损失的，不属坠落责任。

（2）火灾、爆炸。火灾指被保险机动车本身以外的火源引起的、在时间或空间上失去控制的燃烧（即有热、有光、有火焰的剧烈的氧化反应）所造成的灾害。暴风指风速在 28.5 米/

秒(相当于11级大风)以上的大风。风速以气象部门公布的数据为准。

(3) 外界物体坠落、倒塌。

(4) 雷击、暴风、暴雨、洪水、龙卷风、冰雹、台风、热带风暴。

(5) 地陷、崖崩、滑坡、泥石流、雪崩、冰陷、暴雪、冰凌、沙尘暴。

(6) 受到被保险机动车所载货物、车上人员意外撞击。

(7) 载运被保险机动车的渡船遭受自然灾害(只限于驾驶人随船的情形)。

(8) 发生保险事故时,被保险人或其允许的合法驾驶人(代表)为防止或者减少被保险机动车的损失所支付的必要的、合理的施救费用,由保险人承担;施救费用数额在被保险机动车损失赔偿金额以外另行计算,最高不超过保险金额的数额。

(二) 车损险的责任免除

上述保险责任范围内,下列情况下,不论任何原因造成被保险机动车的任何损失和费用,保险人均不负责赔偿:

(1) 事故发生后,被保险人或其允许的驾驶人故意破坏、伪造现场、毁灭证据;

(2) 驾驶人有下列情形之一者:

① 事故发生后,在未依法采取措施的情况下驾驶被保险机动车或者遗弃被保险机动车离开事故现场;

② 饮酒、吸食或注射毒品、服用国家管制的精神药品或者麻醉药品;

③ 无驾驶证,驾驶证被依法扣留、暂扣、吊销、注销期间;

④ 驾驶与驾驶证载明的准驾车型不相符合的机动车;

⑤ 实习期内驾驶公共汽车、营运客车或者执行任务的警车、载有危险物品的机动车或牵引挂车的机动车;

⑥ 驾驶出租机动车或营业性机动车无交通运输管理部门核发的许可证书或其他必备证书;

⑦ 学习驾驶时无合法教练员随车指导;

⑧ 非被保险人允许的驾驶人;

(3) 被保险机动车有下列情形之一者:

① 发生保险事故时被保险机动车行驶证、号牌被注销的,或未按规定检验或检验不合格;

② 被扣押、收缴、没收、政府征用期间;

③ 在竞赛、测试期间,在营业性场所维修、保养、改装期间;

④ 被保险人或其允许的驾驶人故意或重大过失,导致被保险机动车被利用从事犯罪行为。

(4) 下列原因导致的被保险机动车的损失和费用,保险人不负责赔偿:

① 地震及其次生灾害;

② 战争、军事冲突、恐怖活动、暴乱、污染(含放射性污染)、核反应、核辐射;

③ 人工直接供油、高温烘烤、自燃、不明原因火灾;

④ 违反安全装载规定;

⑤ 被保险机动车被转让、改装、加装或改变使用性质等,被保险人、受让人未及时通知

保险人,且因转让、改装、加装或改变使用性质等导致被保险机动车危险程度显著增加;

⑥ 被保险人或其允许的驾驶人的故意行为。

(5) 下列损失和费用,保险人不负责赔偿:

① 因市场价格变动造成的贬值、修理后因价值降低引起的减值损失;

② 自然磨损、朽蚀、腐蚀、故障、本身质量缺陷;

③ 遭受保险责任范围内的损失后,未经必要修理并检验合格继续使用,致使损失扩大的部分;

④ 投保人、被保险人或其允许的驾驶人知道保险事故发生后,故意或者因重大过失未及时通知,致使保险事故的性质、原因、损失程度等难以确定的,保险人对无法确定的部分,不承担赔偿责任,但保险人通过其他途径已经及时知道或者应当及时知道保险事故发生的除外;

⑤ 因被保险人违反本条款第十六条约定,导致无法确定的损失;

⑥ 被保险机动车全车被盗窃、被抢劫、被抢夺、下落不明,以及在此期间受到的损坏,或被盗窃、被抢劫、被抢夺未遂受到的损坏,或车上零部件、附属设备丢失;

⑦ 车轮单独损坏,玻璃单独破碎,无明显碰撞痕迹的车身划痕,以及新增设备的损失;

⑧ 发动机进水后导致的发动机损坏。

练一练

1. 车和零部件的损失,投保了车损险都可以获得赔偿吗?

2. 我的爱车前挡风玻璃被飞来的石子打碎了,保险公司赔吗?

3. 车身上被淘气的小孩写上了字、画上了画,保险公司赔吗?

4. 车辆的线路老化了,引起车辆的燃烧,保险公司负责赔偿吗?

5. 下了暴雨,立交桥下面积了水,我看前面的车过去了,自己也往前开,不料车在水里熄火了。我启动了一下发动机,结果爱车就进了修理厂,发动机损坏了,保险公司赔吗?

三、第三者责任险

第三者责任险是指被保险人允许的合格驾驶员在使用被保险车辆过程中发生的意外事故,致使第三者遭受人身伤亡或财产的直接损失,依法应当由被保险人支付的赔偿金额,保险人会按照保险合同中的有关规定给予赔偿。同时,若经保险公司书面同意,被保险人因此发生仲裁或诉讼费用的,由保险公司承担。该险种主要是保障道路交通事故中第三方受害人获得及时有效赔偿的险种。但因事故产生的善后工作,需要由被保险人负责处理。保险公司会在责任限额以外赔偿,但最高不超过责任限额的 30%。

(一) 保险责任

保险期间内,被保险人或其允许的合法驾驶人在使用被保险机动车过程中发生意外事故,致使第三者遭受人身伤亡或财产直接损毁,依法应当由被保险人承担的损害赔偿责任,

保险人依照本保险合同的约定，对于超过机动车交通事故责任强制保险各分项赔偿限额以上的部分负责赔偿

（二）责任免除

（1）下列原因导致的意外事故，保险人不负责赔偿：

① 地震及其次生灾害；

② 战争、军事冲突、恐怖活动、暴乱、扣押、罚没、查封、政府征用；

③ 核反应、核污染、核辐射；

④ 受害人与被保险人或驾驶人恶意串通；

⑤ 被保险人、驾驶人或受害人故意导致事故发生的。

（2）发生意外事故时，保险车辆有以下情形之一的，保险人不负赔偿责任：

① 除非另有约定，发生保险事故时无公安机关交通管理部门核发的合法有效的行驶证、号牌，或临时号牌或临时移动证；

② 未在规定检验期限内进行机动车安全技术检验或检验未通过；

③ 保险车辆在竞赛、检测、修理、养护，被扣押、征用、没收，全车被盗窃、抢劫、抢夺期间；

④ 牵引其他未投保交强险的车辆或被该类车辆牵引；

⑤ 保险车辆转让他人，被保险人、受让人未履行通知义务的，因转让导致保险车辆危险程度显著增加而发生保险事故。

（3）发生意外事故时，驾驶人有以下情形之一的，保险人不负赔偿责任：

未依法取得驾驶证、持未按规定审验的驾驶证、驾驶与驾驶证载明的准驾车型不符的机动车的。

（4）下列损失和费用，保险人不负责赔偿：

① 被保险机动车发生意外事故，致使第三者停业、停驶、停电、停水、停气、停产、通讯或者网络中断、数据丢失、电压变化等造成的损失以及其他各种间接损失；

② 精神损害赔偿；

③ 因污染（含放射性污染）造成的损失；

④ 第三者财产因市场价格变动造成的贬值、修理后价值降低引起的损失；

⑤ 其他不属于保险责任范围内的损失和费用。

（三）免赔率

（1）负次要责任的免赔率为 5％，负同等责任的免赔率为 10％，负主要责任的免赔率为 15％，负全部责任的免赔率为 20％。

（2）违反安全装载规定的，增加免赔率 10％。

（3）投保时指定驾驶人，保险事故发生时为非指定驾驶人使用被保险机动车的，增加免赔率 10％。

（4）投保时约定行驶区域，保险事故发生在约定行驶区域以外的，增加免赔率 10％。

练一练 ‖‖‖

1. 车主金某发现其新购桑塔纳被盗,当即向公安机关和保险公司报案,窃贼在盗车过程中,违规行驶发生交通事故,与一辆摩托车相撞,造成摩托车报废,摩托车驾驶员死亡,同时被盗汽车自身也受损,盗贼逃逸,车主遂向保险公司索赔,请问保险公司是否应该赔付?

2. 2015 年 12 月 15 日早晨,刘某驾驶一辆哈飞行驶到路口转弯时,由于天冷路滑,刘某在借道超车时驶入逆行道,与迎面而来的拖拉机相遇,拖拉机司机张某当即向右大方向避让哈飞,致使拖拉机侧翻,造成车辆受损、一名乘客重伤及张某轻伤的交通事故,合计损失 5 万元,刘某的车安然无恙。经交警调查处理,刘某在此次交通事故中负全部责任。请问保险公司是否赔付?

三、车上人员责任险

(一)保险责任

在保险期间内,被保险人及其允许的合法驾驶人在使用保险车辆过程中发生意外事故,致使保险车辆车上人员遭受人身伤亡,对依法应由被保险人承担的经济赔偿责任。

(二)责任免除

(1)下列情况下,不论任何原因造成的对车上人员的损害赔偿责任,保险人均不负责赔偿:

① 地震;

② 战争、军事冲突、恐怖活动、暴乱、扣押、收缴、没收、政府征用;

③ 竞赛、测试、教练,在营业性维修、养护场所修理、养护期间;

④ 利用被保险机动车从事违法活动;

⑤ 驾驶人饮酒、吸食或注射毒品、被药物麻醉后使用被保险机动车;

⑥ 事故发生后,被保险人或其允许的驾驶人在未依法采取措施的情况下驾驶被保险机动车或者遗弃被保险机动车离开。

(2)下列损失和费用,保险人不负责赔偿:

① 精神损害赔偿;

② 因污染(含放射性污染)造成的人身伤亡;

③ 仲裁或者诉讼费用以及其他相关费用;

④ 应当由机动车交通事故责任强制保险赔偿的损失和费用。

(3)保险人在依据本保险合同约定计算赔款的基础上,在保险单载明的责任限额内,按下列免赔率免赔:

① 负次要事故责任的免赔率为 5%,负同等事故责任的免赔率为 8%,负主要事故责任的免赔率为 10%,负全部事故责任或单方肇事事故的免赔率为 15%;

② 投保时指定驾驶人,保险事故发生时为非指定驾驶人使用被保险机动车的,增加免赔率 10%;

③ 投保时约定行驶区域,保险事故发生在约定行驶区域以外的,增加免赔率10%。

四、机动车盗抢险

（一）保险责任

保险期间内,被保险机动车的下列损失和费用,保险人依照本保险合同的约定负责赔偿:

（1）被保险机动车被盗窃、抢劫、抢夺,经出险当地县级以上公安刑侦部门立案证明,满60天未查明下落的全车损失。

（2）被保险机动车全车被盗窃、抢劫、抢夺后,受到损坏或车上零部件、附属设备丢失需要修复的合理费用。

（3）被保险机动车在被抢劫、抢夺过程中,受到损坏需要修复的合理费用。

（4）被保险机动车全车被盗窃、抢劫、抢夺后,受到损坏或车上零部件、附属设备丢失需要修复的合理费用。

（5）被保险机动车在被抢劫、抢夺过程中,受到损坏需要修复的合理费用。

（二）责任免除

（1）下列情况下,不论任何原因造成被保险机动车损失,保险人均不负责赔偿:

① 地震;

② 战争、军事冲突、恐怖活动、暴乱、扣押、收缴、没收、政府征用;

③ 竞赛、测试、教练,在营业性维修、养护场所修理、养护期间;

④ 利用被保险机动车从事违法活动;

⑤ 驾驶人饮酒、吸食或注射毒品、被药物麻醉后使用被保险机动车;

⑥ 非被保险人允许的驾驶人使用被保险机动车;

⑦ 租赁机动车与承租人同时失踪;

⑧ 被保险机动车转让他人,未向保险人办理批改手续;

⑨ 除另有约定外,发生保险事故时被保险机动车无公安机关交通管理部门核发的行驶证或号牌,或未按规定检验或检验不合格;

⑩ 被保险人索赔时,未能提供机动车停驶手续或出险当地县级以上公安刑侦部门出具的盗抢立案证明。

（2）被保险机动车的下列损失和费用,保险人不负责赔偿:

① 自然磨损、朽蚀、腐蚀、故障;

② 遭受保险责任范围内的损失后,未经必要修理继续使用被保险机动车,致使损失扩大的部分;

③ 市场价格变动造成的贬值、修理后价值降低引起的损失;

④ 标准配置以外新增设备的损失;

⑤ 非全车遭盗窃,仅车上零部件或附属设备被盗窃或损坏;

⑥ 被保险机动车被诈骗造成的损失;

⑦ 被保险人因民事、经济纠纷而导致被保险机动车被抢劫、抢夺;

⑧ 被保险人及其家庭成员、被保险人允许的驾驶人的故意行为或违法行为造成的损失。

（3）被保险机动车被盗窃、抢劫、抢夺期间造成人身伤亡或本车以外的财产损失，保险人不负责赔偿。

（4）保险人在依据本保险合同约定计算赔款的基础上，按下列免赔率免赔：

① 发生全车损失的，免赔率为 20％；

② 发生全车损失，被保险人未能提供《机动车行驶证》《机动车登记证书》、机动车来历凭证、车辆购置税完税证明或免税证明的，每缺少一项，增加免赔率 1％；

③ 投保时指定驾驶人，保险事故发生时为非指定驾驶人使用被保险机动车的，增加免赔率 5％；

④ 投保时约定行驶区域，保险事故发生在约定行驶区域以外的，增加免赔率 10％。

（5）其他不属于保险责任范围内的损失和费用。

四、附加险条款及其解释

（一）玻璃单独破碎险条款及相关解释

1. 保险责任

保险车辆挡风玻璃或车窗玻璃的单独破碎，保险人负责赔偿。本附加险的标的只有挡风玻璃和车窗玻璃，不含后镜玻璃、车灯玻璃、仪表玻璃等。

2. 投保方式

投保人与保险人可协商选择按进口或国产玻璃投保。保险人根据协商选择的投保方式承担相应的赔偿责任。

3. 责任免除

安装、维修车辆过程中造成的玻璃单独破碎。

4. 其他

本附加险在保险期限内发生赔款，续保时，不影响除本附加险以外的其他险种的无赔款保险费优待。

（二）自燃损失险条款

投保了家庭自用汽车损失保险的机动车，可投保本附加险。

1. 保险责任

（1）因保险车辆电器、线路、供油系统、供气系统发生故障或所载货物自身原因起火燃烧造成本车的损失。

（2）发生保险事故时，被保险人为防止或者减少保险机动车的损失所支付的必要的、合理的施救费用。

2. 责任免除

（1）自燃仅造成电器、线路、供油系统、供气系统的损失。

（2）所载货物自身的损失。

3. 赔偿处理

（1）全部损失，在保险金额内计算赔偿；部分损失，在保险金额内按实际修理费用计算赔偿。

（2）每次赔偿实行20%的免赔率。

（三）车辆停驶损失险条款

1. 保险责任

因发生车辆损失保险的保险事故，致使保险车辆停驶，保险人在保险单载明的保险金额内承担赔偿责任。

2. 责任免除

（1）被保险人或驾驶人员未及时将保险车辆送修或拖延修理时间造成的损失。

（2）因修理质量不合格，返修造成的损失。

（四）车辆停驶损失险条款

1. 保险责任

因发生车辆损失保险的保险事故，致使保险车辆停驶，保险人在保险单载明的保险金额内承担赔偿责任。

2. 责任免除

（1）被保险人或驾驶人员未及时将保险车辆送修或拖延修理时间造成的损失。

（2）因修理质量不合格，返修造成的损失。

（五）不计免赔特约条款

1. 保险责任

经特别约定，保险事故发生后，按对应的投保险种，应由被保险人自行承担的免赔金额，保险人负责赔偿。

2. 责任免除

下列应由被保险人自行承担的免赔金额，保险人不负责赔偿：

（1）机动车损失保险中应当由第三方负责赔偿而无法找到第三方的。

（2）被保险人根据有关法律法规规定选择自行协商方式处理交通事故，但不能证明事故原因的。

（3）因违反安全装载规定而增加的。

（4）投保时指定驾驶人，保险事故发生时为非指定驾驶人使用被保险机动车而增加的。

（5）投保时约定行驶区域，保险事故发生在约定行驶区域以外而增加的。

（6）因保险期间内发生多次保险事故而增加的。

（7）发生机动车盗抢保险规定的全车损失保险事故时，被保险人未能提供《机动车行驶证》、《机动车登记证书》、机动车来历凭证、车辆购置税完税证明（车辆购置附加费缴费证明）或免税证明而增加的。

（8）可附加本条款但未选择附加本条款的险种规定的。

（六）车身划痕损失险条款

1. 适用范围

适用于已投保车辆损失保险的家庭自用或非营业用、使用年限在 3 年以内、9 座以下的客车。

2. 保险金额

保险金额为 2 000 元、5 000 元、10 000 元或 20 000 元，由投保人和保险人在投保时协商确定。驾驶人员及其家庭成员的故意行为造成的损失为不可保风险。

3. 赔偿处理

（1）在保险金额内按实际修理费用计算赔偿。

（2）每次赔偿实行 15% 的免赔率。

（3）在保险期间内，累计赔款金额达到保险金额，本附加险保险责任终止。

练一练

两人一组，交替模拟客户和保险业务员，根据以下车险产品组合，进行销售话术演练。

1. 基本型：交强险＋三者 5 万（10 万）

您好，您的车首先要上一个交强险，这是国家规定必须要上的，如果您的车不投保交强险就上路的话，一旦被交警抓住，除了要扣车到补交交强险外，还要处以保费两倍的罚款，多不划算！

除了交强险，您一定要保一个商业三者险做补充。单上交强对于经常在路上行驶的汽车来说，保障是远远不够的。您别看交强险保额是 12.2 万，那可是分项赔偿的。您知道吗？交强险在您有责的情况下对第三者的医疗费用最多赔 10 000，财产损失最多赔 2 000，现在医药费这么贵，就算看个骨折花上一两万都很正常。再加上误工费、护理费……一万哪儿够赔的呀？

所以您一定要选择一个商业三者险做补充。对于商业三者险我建议您保 10 万的，因为 5 万三者保障还是低了一些，而且 10 万比 5 万三者就算加上不计免赔才贵了 200 块多一点，但保额提高了一倍，还是比较值的。而且我跟您说，商业三者险赔起来可是不分项的，不管医疗费用还是财产损失费用都在这 10 万限额内出，多划算啊！不光如此，商业三者险实行的还是每次赔偿限额原则，就是说，您保这 10 万不是说最多赔您 10 万，而是每次事故最多赔您 10 万，如果发生 10 次 10 万的事故，我们就赔 100 万，您看这个险种多超值！多花点钱，图个放心！

另外这个不计免赔一定要上，否则出了事故有些钱赔不了，99% 的客户都上这个险。

2. 经济型：交强险＋三者 10 万（20 万）＋车损＋盗抢＋玻璃＋不计免赔

对于您的车，交强险是一定要上的。三者推荐您保 10 万或者 20 万，对于一般的交通事故，20 万基本够用了，而且 10 万三者和 20 万三者才差了 100 多块钱，但保障却提高了一倍，相当于每天才多交几毛钱，可心里踏实多了。

车损险是赔您自己车本身损失的,也是必保的项目,平常有些剐剐蹭蹭的就可以走保险了,而且对于火灾、爆炸、雷击、冰雹、暴雨等灾害造成的损失也可以赔付。这是个性价比很高的险种,对于您的车,才1200块,平均一天也就多掏2块多钱,可能还赶不上您一个小时的停车费。

另外如果您经常在外面停车的话,盗抢险也是必上的。您不上车损出了事故最多自己花点钱修了,但不上盗抢一旦车丢了就什么都没了。对于您的车(10万/3年),保费也就380元,一天多花一块钱,图个踏实不是?

不计免赔险就更不用说了,99%的客户都会上这个险,这个钱可不能省,否则一旦出了险您的损失就大了。

另外附加险还有一个玻璃险,这个您也是可以考虑投保的,因为玻璃毕竟属于易碎的物品,平常开车速度快点崩起个小石子就可能把玻璃碰碎。而且保费不高,才100多块钱,也是挺实惠的。

知道您追求最高的性价比,尽量花最少的钱得到最高的保障,其他一些险种就没向您推荐,比如车上人员责任险,就是个不记名的比较实惠的意外险,平常只有您和您太太坐车,您又都买了意外险,就可以选择不投保,虽然保费不贵才100多块,但能省则省嘛。还有划痕险,一般保的都是别人故意或者无意对您车辆的划伤。对于您的车保费要交427,但最多只能赔2000元,就不是那么划算了。自燃险就更是可保可不保了,它保的是车的供油供电供气系统故障或者您车上的货物起火造成的损失。对于您比较新的车来说,发生自燃的概率还是相对比较低的。

3. 保障型:交强险+三者20万+车上人员1万×5座+盗抢险+不计免赔险+玻璃单独破碎险+车身划痕险(2000)+自燃险(家庭自备车、营业性机动车)

要想让您的车得到比较全的保障,一定要上"全险",一般来说,我们说的"全险"指的是最实用的9个险种,也就是交强险、四个商业主险和四个商业附加险。

首先交强险是必须要上的,它赔偿的是交通事故中第三者的人身伤亡和财产损失。交强险实行的是分项赔偿原则,死亡伤残最多赔11万,医疗费用最多才赔1万,财产损失最多赔2000,所以保障是远远不够的,必须投保一个商业三者险作为补充。商业三者险保额分为5万、10万、20万……我建议您保20万的,比较实惠,同时基本能得到比较充分的保障。

车损险是赔您自己车本身损失的,也是必保的项目,平常有些剐剐蹭蹭的就可以走保险了,而且对于火灾、爆炸、雷击、冰雹、暴雨等灾害造成的损失也可以赔付。这是个性价比很高的险种,对于您的车,才1200块,平均一天也就多掏2块多钱,可能还赶不上您一个小时的停车费。

车上人员责任险是对于交通事故中车上人员人身伤亡负责赔偿的险种,相当于一个比较实惠的意外险,还是不记名的,保费也便宜,才100多一点,可以得到每个座位1万元的保障。

盗抢险是必上的险种,您不上车损出了事故最多自己花点钱修了,但不上盗抢一旦车丢了就什么都没了。对于您的车,保费也就380元,一天多花一块钱,图个踏实不是?

在很多险种的条款中都规定了一定的免赔率,就是说在某种情况下保险公司要免赔百分之多少。投保了不计免赔险出了事故就可以全赔了。99%的客户都会选择上不计免赔险。

　　玻璃单独破碎险保的是前后挡风玻璃和四周车窗玻璃单独破碎的风险,对于玻璃这种易碎品,这个保险是必不可少的。

　　车身划痕险保的是无明显碰撞痕迹的车身划痕,假如车停在路上被人故意或者无意间划了,这个险种负责赔偿。

　　自燃险保的是车辆自燃的损失,包括车的电器、线路、供气供油系统发生故障或者车上所载货物因为自身原因燃烧造成的车辆本身的损失。这个险种不贵,推荐你您最好保上。

　　我们的车险条款有 34 个,但我觉得真正对您有用,性价比又比较高的就是这 9 个,保了"全险",您的爱车基本上得到了相对全面的保障。

第三节　机动车辆保险保费计算

任务导入

　　2012 年 6 月 15 日,林鹏购买了一辆白色个人家庭自用汽车,新车购置价 60 万元,因与上一家保险公司合约到期,林鹏于 2013 年 6 月 15 日向中国人民财产保险公司进行投保。双方协商确定如下承保内容:

　　(1)购买险种:交通强制保险、第三者责任保险、机动车损失保险、玻璃破碎保险、划痕保险、车上人员保险、盗抢保险、不计免赔特约。

　　① 机动车损失保险责任额:按新车购置价的 80% 折旧

　　② 第三者责任保险责任额:50 万元

　　③ 玻璃破碎保险责任额:国产玻璃

　　④ 划痕保险责任额:5000 元

　　⑤ 车上人员保险责任额:驾驶员 1 人每人每次 20 万元,乘客 4 人每人每次 10 万元

　　⑥ 盗抢保险责任额:30 万元

　　⑦ 不计免赔特约:机动车损失保险,盗窃险

　　(2)保险期限为自 2013 年 6 月 16 日零时起至 2014 年 6 月 15 日零时止。

　　(3)如发生争议:诉讼地址约定为中国国际经济贸易仲裁诉讼委员会上海分会。

　　投保人如实告知如下事项:该汽车属家庭自用汽车、上年在中国平安投保、上年有违章、上年有出险、上年无过户、指定驾驶员为林鹏本人。

　　客户对业务员提出的费率水平表示认可,并在业务员指导下填写完成了投保单。核保员核保时,充分调阅投保人的相关材料后发现:该用户曾酒后驾驶一次,认为出险概率偏高。交通强制保险费率需上浮 15%,并将核保结果反馈给了客户确认。客户于当日确认核保结果后立即向保险公司支付了保费,保险公司当日向客户出具了保单及保险发票。

　　请计算林鹏需要缴纳的保费总额。(机动车交通事故责任强制保险与车损险费率表详见附录二)

任务描述

机动车辆保险保费计算是车险业务员与核保人员必知必会的技能之一,本模块要求学生会结合客户投保情况,计算机动车辆保险保费。

知识平台

机动车辆保险的保险期限一般是一年,如不足一年,按短期费率计收取保险费,根据保监会规定,目前,机动车辆保险标准条款主要分为 A 款、B 款、C 款条款,各保险公司可以自由选择保监会统一规定的标准条款,这三款条款费率厘定方面基本大同小异。机动车辆保险保费的计算流程如下:

第一步,计算商业险各险种保费。

一、第三者责任险保费计算

(1) 按照被保险人类别、车辆用途、座位数/吨位数/排量/功率、责任限额直接查找保费。

(2) 挂车根据实际的使用性质并按照对应吨位货车的 30% 计算。

(3) 特种车分类:

特种车一:油罐车、汽罐车、液罐车;

特种车二:专用净水车、特种车一以外的罐式货车,以及用于清障、清扫、清洁、起重、装卸、升降、搅拌、挖掘、推土、冷藏、保温等的各种专用机动车;

特种车三:装有固定专用仪器设备从事专业工作的监测、消防、运钞、医疗、电视转播等的各种专用机动车;

特种车四:集装箱拖头。

(4) 联合收割机保险费按兼用型拖拉机 14.7 KW 以上计收。

二、车损险保费计算

按照被保险人类别、车辆用途、座位数/吨位数/排量/功率、车辆使用年限所属档次查找基础保费和费率,车损险保费计算公式为:

$$保费＝基础保费＋保险金额×费率$$

例如:假定某 5 座家庭自用汽车投保车损险,车龄为 1 年以下,保险金额为 10 万元。根据表 4-1,查得对应的基础保费为 539 元,费率为 1.28%,则该车辆的保费＝539＋10 万×1.28%＝1 819 元。如果保险金额变为 15 万元,则该车辆的保费＝539＋15 万×1.28%＝2 459 元。

表 4-2 车损险费率表

家庭自用汽车与非营业用车		机动车损失保险			
		1 年以下		1~2 年	
		基础保费	费率	基础保费	费率
家庭自用汽车	6 座以下	539	1.28%	513	1.22%
	6~10 座	646	1.28%	616	1.22%
企业非营业客车	6 座以下	305	1.01%	290	0.96%
	6~10 座	365	0.96%	348	0.91%
	10~20 座	365	1.03%	348	0.98%
	20 座以上	381	1.03%	363	0.98%

三、车上人员责任险保费计算

按照被保险人类别、车辆用途、座位数查找费率,计算公式为:

驾驶人保费＝每次事故责任限额×费率

乘客保费＝每次事故每人责任限额×费率×投保乘客座位数

四、盗抢险保费计算

按照被保险人类别、车辆用途、座位数查找基础保费和费率,计算公式为:

保费＝基础保费＋保险金额×费率

挂车保险费按同吨位货车对应档次保险费的 50% 计收。

五、不计免赔率特约险保费计算

按照适用的险种查找费率,计算公式为:

保费＝适用本条款的险种标准保费×费率

六、玻璃单独破碎险保费计算

按照被保险人类别、座位数、投保国产/进口玻璃查找费率,计算公式为:

保费＝新车购置价×费率

此外,对于特种车,防弹玻璃等特殊材质玻璃标准保费上浮 10%。

七、可选免赔额特约条款

按照选择的免赔额、新车购置价查找费率折扣系数。

约定免赔额之后的机动车损失保险保费＝机动车损失保险保费×费率折扣系数

八、车身划痕损失险按车龄、新车购置价、保额所属档次直接查找保费

第二步,使用费率调整系数进行费率调整。

表 4 - 3 费率调整系数表

序号	项目	内容	系数	适用范围
1	无赔款优待及上年赔款记录	连续 3 年没有发生赔款	0.7	所有车辆
		连续 2 年没有发生赔款	0.8	
		上年没有发生赔款	0.9	
		新保或上年赔款次数在 3 次以下	1.0	
		上年发生 3 次赔款	1.1	
		上年发生 4 次赔款	1.2	
		上年发生 5 次及以上赔款	1.3	
2	多险种同时投保	同时投保车损险、三者险	0.95～1.00	
3	客户忠诚度	首年投保	1.00	
		续保	0.90	
4	平均年行驶里程	平均年行驶里程＜30 000 公里	0.90	
		平均年行驶里程≥50 000 公里	1.1～1.3	
5	安全驾驶	上一保险年度无交通违法记录	0.90	
6	约定行驶区域	省内	0.95	所有车辆
		固定路线	0.92	不适用于家庭自用车
		场内	0.80	
7	承保数量	承保数量＜5 台	1.00	不适用于家庭自用车
		5 台≤承保数量＜20 台	0.95	
		20 台≤承保数量＜50 台	0.90	
		承保数量≥50 台	0.80	
8	指定驾驶人	指定驾驶人员	0.90	仅适用于家庭自用车
9	性别	男	1.00	
		女	0.95	
10	驾龄	驾龄＜1 年	1.05	
		1 年≤驾龄＜3 年	1.02	
		驾龄≥3 年	1.00	
11	年龄	年龄＜25 岁	1.05	
		25 岁≤年龄＜30 岁	1.00	
		30 岁≤年龄＜40 岁	0.95	
		40 岁≤年龄＜60 岁	1.00	
		年龄≥60 岁	1.05	

序号	项目	内容	系数	适用范围
12	经验及预期赔付率	40%及以下	0.7～0.8	仅适用于车队
		40%～60%	0.8～0.9	
		60%～70%	1.00	
		70%～90%	1.1～1.3	
		90%以上	1.3以上	
13	管理水平	根据风险管理水平和业务类型	0.7以上	
14	车辆损失险车型	特异车型、稀有车型、古老车型	1.3～2.0	所有车辆

注:费率调整系数表不适用于摩托车和拖拉机。

费率调整系数采用连乘的方式,其计算公式为:

$$费率调整系数 = 系数1 \times 系数2 \times 系数3 \times \cdots$$

使用费率调整系数后,各险别的费率优惠幅度超过监管部门的最大优惠幅度时,按照监管部门规定的最大优惠幅度执行。此外,费率调整系数表不适用于摩托车和拖拉机。

第三步,计算交强险保费。

交强险保费计算公式为:

$$最终保费 = 基础保费 \times \left(1 + \frac{与道路交通事故相联系的浮动比率}{}\right) \times \left(1 + \frac{与交通安全违法行为相联系的浮动比率}{}\right)$$

例如,6座以下的私家车主一年内未发生有责任交通事故,但有过1次酒后驾车,其第二年缴纳的保费为:$950 \times (1-10\%) \times (1+30\%) = 1\,228.5$(元)。

练一练

乔洋是一名货车司机,因工作需要于2015年8月15日购买了一辆蓝色大货车,新车购置价25万元。乔洋于当天向中国人民财产保险公司进行投保。双方协商确定如下承保内容:

1. 购买险种:交通强制保险、第三者责任保险、机动车损失保险。

2. 机动车辆损失保险责任额:新车购置价足额投保。

3. 第三者责任保险责任额:50万元。

请问:乔洋应交多少保费?

第四节　机动车辆保险理赔

任务描述 ▌▌▌

　　A车按实际价值投保家庭自用汽车损失保险保额 175 600 元、三者险保额 200 000 元、不计免赔险、交强险,该车于 2013 年 6 月 9 日发生碰自行车的交通事故,导致骑自行车人甲当场死亡,甲的死亡补偿金 123 920 元、丧葬费 12 851 元、抚养费 46 620 元、交通费 300 元、误工费 700 元、A车损失 10 932 元、施救费 560 元,出险时该车实际价值 169 800 元,投保时新车购置价为 198 000 元,后经交警定责:A车全责,请说明 A 车理赔流程并计算 A 车交强险及商业险赔款。

知识平台 ▌▌▌

　　车险理赔是汽车发生交通事故后,车主到保险公司理赔。理赔工作的基本流程包括:报案、查勘定损、签收审核索赔单证、理算复核、审批、赔付结案等步骤。

一、车险理赔流程

（一）报案记录

　　报案记录工作主要有以下几项内容:询问案情、查询出险车辆承保、理赔情况(包括商业机动车保险和机动车交通事故责任强制保险)、生成相应的报案记录确定案件类型(本地自赔案、省内通赔案件和省间通赔案件)。

　　1. 询问案情

　　主要询问以下信息:

　　(1) 报案信息:报案人姓名、报案人联系电话、报案人手机;联系人名、联系人电话、联系人手机;报案日期、报案时间、出险日期、出险时间、出险原因等。其中在系统中带"＊"为必填字段。报案日期默认为系统当前时间并不可更改。

　　(2) 出险信息:出险地点、本车责任、是否交强险责任、事故经过、事故涉及的损失等。其中,事故涉及的损失按"本车车损"、"本车车上财产损失"、"本车车上人员伤亡"、"第三者车辆损失"、"第三者人员伤亡"、"第三者车上财产损失"、"第三者其他财产损失"、"其他"的分类方式进行询问。涉及挂车交强险和商业第三者责任险赔付的案件,注意做好挂车报案信息和涉及损失的记录。

　　(3) 保险车辆的有关信息:保单号码、被保险人名称、号牌号码、牌照底色和厂牌型号等。确认报案人提供的保单信息与此次报案系统带出的保单信息是否一致。涉及主车和挂车事故的案件,请同时了解挂车有关信息。

（4）第三方车辆信息及驾驶人员信息：对于涉及第三方车辆的事故，应询问第三方车辆的车型、号牌号码、牌照底色以及保险情况（提醒报案人查看第三方车辆是否投保了交强险）等信息。如果第三方车辆也是本公司承保且在事故中负有一定责任，则一并登记，进行报案互碰关联处理。

（5）记录事故处理结果。

2. 查询承保信息

根据报案人提供的保单号码、号牌号码、牌照底色、车型、发动机号等关键信息，查询出险车辆的承保情况和批改情况。特别注意承保险别、保险期间以及是否通过可选免赔额特约条款约定了免赔额。涉及挂车的事故注意查询挂车的承保情况。

3. 查询历史出险、赔付信息

查询出险车辆的历史出险、报案信息（包括作为第三者车辆的出险信息），核实是否存在重复报案。

对两次事故出险时间相近的案件，应认真进行核查，并将有关情况通知查勘人员进一步调查。

4. 生成报案记录

根据出险车辆的承保情况生成报案记录。

5. 告知客户索赔程序及相关注意事项

（1）发生机动车之间的碰撞事故的，应告知客户先通过交强险进行赔偿处理，超过交强险责任限额的部分，由商业保险进行赔偿。

（2）如当事人采取自行协商方式处理交通事故，应告知双方在事故现场或现场附近等待查勘人员；或在规定时间内共同将车开至指定地点定损。

（3）对于涉及人员伤亡，或事故损失超过交强险责任限额的，应提示报案人立即通知公安交通管理部门。

（4）对于通过可选免赔额特约条款约定了免赔额的，如果客户估计的损失金额低于约定的绝对免赔额，应对客户进行如下提示：损失金额低于绝对免赔额的保险人不负责赔偿。

如客户同意放弃索赔，应在报案处理界面上"处理结果"一栏中注明"因绝对免赔额客户同意放弃索赔"，并在报案系统中将报案记录注销，不进行查勘调度。

（5）对于超出保险期限，明显不属于保险责任的情况，应向客户明确说明，在报案处理界面上"处理结果"一栏中注明拒赔或不予受理的理由，并在报案系统中将报案记录注销，不进行查勘调度。

（二）调度

接报案操作完毕后，应发起查勘调度或定损调度，进入理赔处理流程。

（三）查勘

（1）到达事故现场后，协助客户进行现场施救。

（2）收集事故相关的报案人信息、驾驶员信息，查验出险车辆信息，核实出险经过；对事故现场、标的损失情况进行拍照；重大案件、出险原因复杂案件绘制现场查勘草图；重大案件、复杂或可疑案件应做好当事人询问笔录。

（3）初步判断保险责任，并估计事故损失情况，缮制《查勘记录》。

（4）指导客户填写《索赔申请书》，告知客户后续处理流程和咨询途径。积极向客户宣传公司特色理赔服务举措，引导客户选择快速、便捷的特色理赔方案。

（5）查勘结束后，通知下一理赔环节（调度或定损）进行后续处理。涉及人伤的，应及时通知医疗跟踪审核人员介入。

（6）对于明显不属于保险责任或客户同意注销的案件，通知相关工作人员进行报案注销。对保险责任有争议的或客户不同意注销的，应在查勘记录中详细记录，并提出建议。

（四）定损

（1）查阅查勘记录、承保情况、历史出险记录。了解事故损失情况和查勘员查勘意见；损失所对应的险别及赔付限额；历史出险记录是否有损失情况类似的可疑案件。

（2）确定受损机动车和其他财产的损失情况，并对损失项目进行拍照。

（3）与客户协商确定修理方案，包括确定修理项目和换件项目。对需要询价、报价的零部件向报价岗询价、报价。确定修理工时费。与保险事故有关各方协商修理费用，协商一致后签订《机动车保险车辆损失情况确认书》。

（4）对需要核损的案件提交核损岗核损。

（5）引导客户选择保险公司合作修理厂进行事故车辆维修。

（6）对修复车辆进行复检和损余回收。

（7）确认施救费用。

（五）核损

（1）运用车险理赔系统对定损岗或报价岗提交的案件进行同步核损，实现理赔管控高时效、管控手段前端化。

（2）检查查勘定损员是否按查勘定损规范完成现场查勘、定损，查勘定损资料是否上传完全。

（3）通过审核承保情况、报案情况、查勘情况、历史出险记录等信息，审核事故是否属于保险责任，案件是否存在虚假成分。对可疑案件督促查勘员进行现场查勘或复勘。

（4）审核定损结果的合理性、准确性。对不合理、不准确的部分进行核损修改，并要求定损员按核损结果重新核定损失。

（六）报价

（1）报价人员在接到定损人员提交的车辆定损报价任务及零配件更换项目损失清单后，应认真核定该事故损失照片，确认零配件更换项目无误后，依据零配件信息核定零配件价格。

（2）报价人员应认真收集、整理本地区的零配件价格信息，并及时通过零配件报价管理系统做零配件价格的本地化处理，以及零配件报价管理系统数据的实时更新、维护。

（七）医疗跟踪与审核

医疗跟踪是指保险车辆发生事故，造成人身伤亡的，由医疗跟踪人员对伤亡人员的抢救、治疗过程，死亡原因的鉴定和伤残等级的评定，以及相关费用的使用情况进行跟踪的过程。医疗跟踪的主要内容有：

(1) 了解伤者基本情况、伤情程度。

(2) 跟踪伤者治疗过程，协调对伤者的抢救和治疗方案。

(3) 告知保险人可承担的医疗费用范围。

(4) 对死亡原因的鉴定和伤残等级的评定进行跟踪和调查。

医疗审核是指保险事故发生后，对受害人的医疗费用，按条款约定进行核审的过程。医疗费用主要包括医药费、诊疗费、住院费、住院伙食补助费、后续治疗费、整容费、必要的营养费等。

二、交强险赔款理算

（一）基本计算公式

保险人在交强险各分项赔偿限额内，对受害人死亡伤残费用、医疗费用、财产损失分别计算赔偿：

(1) 总赔款 $=\sum$ 各分项损失赔款＝死亡伤残费用赔款＋医疗费用赔款＋财产损失赔款

(2) 各分项损失赔款＝各分项核定损失承担金额，即：

$$死亡伤残费用赔款＝死亡伤残费用核定承担金额$$
$$医疗费用赔款＝医疗费用核定承担金额$$
$$财产损失赔款＝财产损失核定承担金额$$

(3) 各分项核定损失承担金额超过交强险各分项赔偿限额的，各分项损失赔款为交强险各分项赔偿限额。

注："受害人"为被保险机动车的受害人，不包括被保险机动车本车车上人员、被保险人，下同。

（二）当保险事故涉及多个受害人时

(1) 基本计算公式中的相应项目表示为：

$$各分项损失赔款 = \sum 各受害人各分项核定损失承担金额$$

即：

$$死亡伤残费用赔款 = \sum 各受害人死亡伤残费用核定承担金额$$
$$医疗费用赔款 = \sum 各受害人医疗费用核定承担金额$$
$$财产损失赔款 = \sum 各受害人财产损失核定承担金额$$

(2) 各受害人各分项核定损失承担金额之和超过被保险机动车交强险相应分项赔偿限额的，各分项损失赔款为交强险各分项赔偿限额。

(3) 各受害人各分项核定损失承担金额之和超过被保险机动车交强险相应分项赔偿限额的，各受害人在被保险机动车交强险分项赔偿限额内应得到的赔偿为：

被保险机动车交强险对某一受害人分项损失的赔偿金额 = 交强险分项赔偿限额×［事

故中某一受害人的分项核定损失承担金额 $/(\sum$ 各受害人分项核定损失承担金额$)]$

案例分析 ▮▮▮

A 车肇事造成两行人甲、乙受伤,甲医疗费用 7 500 元,乙医疗费用 5 000 元。设 A 车适用的交强险医疗费用赔偿限额为 10 000 元,则 A 车交强险对甲、乙的赔款计算为:

A 车交强险赔偿金额=甲医疗费用+乙医疗费用=7 500+5 000=12 500 元,大于适用的交强险医疗费用赔偿限额,赔付 10 000 元。

甲获得交强险赔偿:10 000×7 500/(7 500+5 000)=6 000 元

乙获得交强险赔偿:10 000×5 000/(7 500+5 000)=4 000 元

(三)当保险事故涉及多辆肇事机动车时

(1)各被保险机动车的保险人分别在各自的交强险各分项赔偿限额内,对受害人的分项损失计算赔偿。

(2)各方机动车按其适用的交强险分项赔偿限额占总分项赔偿限额的比例,对受害人的各分项损失进行分摊。

某分项核定损失承担金额 = 该分项损失金额×[适用的交强险该分项赔偿限额 $/(\sum$ 各致害方交强险该分项赔偿限额$)]$

注:① 肇事机动车中的无责任车辆,不参与对其他无责车辆和车外财产损失的赔偿计算,仅参与对全责/有责方车辆损失或本车以外人员伤亡损失的赔偿计算。

② 根据交强险"无责代赔"机制,无责方车辆对全责/有责方车辆损失应承担的赔偿金额,由有责方在本方交强险无责任财产损失赔偿限额项下代赔。

③ 肇事机动车中应投保而未投保交强险的车辆,视同投保机动车参与计算。

④ 对于相关部门最终未进行责任认定的事故,统一适用有责任限额计算。

(3)肇事机动车均有责任或均无责任的,简化为各方机动车对受害人的各分项损失进行平均分摊:

① 对于受害人的机动车、机动车上人员、机动车上财产损失:

某分项核定损失承担金额=受害人的该分项损失金额÷(N-1)

② 对于受害人的非机动车、非机动车上人员、行人、机动车外财产损失:

某分项核定损失承担金额=受害人的该分项损失金额÷N

注:a. N 为事故中所有肇事机动车的辆数。

b. 肇事机动车中有应投保而未投保交强险的车辆的,视同投保机动车计算。

受害人财产损失需要施救的,财产损失与施救费赔款累计不超过财产损失赔偿限额。

对被保险人依照法院判决或者调解承担的精神损害抚慰金,原则上在其他赔偿项目足额赔偿后,在死亡伤残赔偿限额内赔偿。

涉及诉讼纠纷等特殊情况下,可按照精神损害抚慰金核定承担金额占死亡伤残费用赔偿项目下所有核定损失承担金额总和的比例,计算交强险对精神损害抚慰金的赔偿金额。

案例分析 ▌▌▌

例 1：A、B 两机动车发生交通事故，两车均有责任。A、B 两车车损分别为 2 000 元、5 000 元，B 车车上人员医疗费用 7 000 元，死亡伤残费用 6 万元，另造成路产损失 1 000 元。设两车适用的交强险财产损失赔偿限额为 2 000 元，医疗费用赔偿限额为 1 万元，死亡伤残赔偿限额为 11 万元。则：

（1）A 车交强险赔偿计算

A 车交强险赔偿金额＝受害人死亡伤残费用赔款＋受害人医疗费用赔款＋受害人财产损失赔款＝B 车车上人员死亡伤残费用核定承担金额＋B 车车上人员医疗费用核定承担金额＋财产损失核定承担金额

① B 车车上人员死亡伤残费用核定承担金额＝60 000÷（2－1）＝60 000 元

② B 车车上人员医疗费用核定承担金额＝7 000÷（2－1）＝7 000 元

③ 财产损失核定承担金额＝路产损失核定承担金额＋B 车损核定承担金额＝1 000÷2＋5 000÷（2－1）＝5 500 元，超过财产损失赔偿限额，按限额赔偿，赔偿金额为 2 000 元。

其中，A 车交强险对 B 车损的赔款＝财产损失赔偿限额×B 车损核定承担金额÷（路产损失核定承担金额＋B 车损核定承担金额）＝2 000×[5 000÷（1 000÷2＋5 000）]＝1 818.18 元

其中，A 车交强险对路产损失的赔款＝财产损失赔偿限额×路产损失核定承担金额÷（路产损失核定承担金额＋B 车损核定承担金额）＝2 000×[（1 000÷2）÷（1 000÷2＋5 000）]＝181.82 元

④ A 车交强险赔偿金额＝60 000＋7 000＋2 000＝69 000 元

（2）B 车交强险赔偿计算

B 车交强险赔偿金额＝路产损失核定承担金额＋A 车损核定承担金额＝1 000÷2＋2 000÷（2－1）＝2 500 元，超过财产损失赔偿限额，按限额赔偿，赔偿金额为 2 000 元。

例 2：A、B 两机动车发生交通事故，A 车全责，B 车无责，A、B 两车车损分别为 2 000 元、5 000 元，另造成路产损失 1 000 元。设 A 车适用的交强险财产损失赔偿限额为 2 000 元，B 车适用的交强险无责任财产损失限额为 100 元，则：

（1）A 车交强险赔偿计算

A 车交强险赔偿金额＝B 车损核定承担金额＋路产损失核定承担金额＝5 000＋1 000＝6 000 元，超过财产损失赔偿限额，按限额赔偿，赔偿金额为 2 000 元。

（2）B 车交强险赔偿计算

B 车交强险赔偿金额＝A 车损核定承担金额 2 000 元，超过无责任财产损失赔偿限额，按限额赔偿，赔偿金额为 100 元。

B 车对 A 车损失应承担的 100 元赔偿金额，由 A 车保险人在交强险无责财产损失赔偿限额项下代赔。

练一练 ▌▌▌

A车肇事造成两行人甲、乙受伤,甲医疗费用 7 500 元,乙医疗费用 5 000 元。设 A 车适用的交强险医疗费用赔偿限额为 10 000 元,则 A 车交强险对甲、乙的赔款为多少?

三、机动车损失保险赔款计算

(1) 被保险机动车发生全部损失时,赔款计算如下:

机动车损失保险赔款＝(车损赔款＋施救费用赔款)

车损赔款＝(保险金额－被保险人已从第三方获得的车损赔偿金额)×(1－事故责任免赔率)×(1－绝对免赔率之和)－绝对免赔额

施救费赔款＝(核定施救费－被保险人已从第三方获得的施救费赔偿金额)×(1－事故责任免赔率)×(1－绝对免赔率之和)－绝对免赔额

其中,核定施救费＝合理的施救费用×本保险合同保险财产的实际价值/总施救财产的实际价值

(2) 被保险机动车发生部分损失,保险人按实际修复费用在保险金额内计算赔偿。

机动车损失保险赔款＝(车损赔款＋施救费用赔款)

车损赔款＝(实际修复费用－被保险人已从第三方获得的车损赔偿金额)×(1－事故责任免赔率)×(1－绝对免赔率之和)－绝对免赔额

施救费赔款＝(核定施救费－被保险人已从第三方获得的施救费赔偿金额)×(1－事故责任免赔率)×(1－绝对免赔率之和)－绝对免赔额

其中,核定施救费＝实际施救费用×本保险合同保险财产的实际价值/总施救财产的实际价值。

四、机动车商业三者责任险赔款计算

(1) 当(依合同约定核定的第三者损失金额－机动车交通事故责任强制保险的分项赔偿限额)×事故责任比例等于或高于每次事故赔偿限额时:

赔款＝每次事故赔偿限额×(1－事故责任免赔率)×(1－绝对免赔率之和)

(2) 当(依合同约定核定的第三者损失金额－机动车交通事故责任强制保险的分项赔偿限额)×事故责任比例低于每次事故赔偿限额时:

赔款＝(依合同约定核定的第三者损失金额－机动车交通事故责任强制保险的分项赔偿限额)×事故责任比例×(1－事故责任免赔率)×(1－绝对免赔率之和)

(3) 主挂车赔款计算。

① 主车和挂车连接使用时视为一体,发生保险事故时,由主车保险人和挂车保险人按照保险单上载明的机动车第三者责任保险责任限额的比例,在各自的责任限额内承担赔偿责任,但赔偿金额总和以主车的责任限额为限。

② 挂车未与主车连接时发生保险事故,在挂车的责任限额内承担赔偿责任。

③ 实务要点:

a. 被保险机动车未投保机动车交通事故责任强制保险或机动车交通事故责任强制保险合同已经失效的,视同其投保了机动车交通事故责任强制保险进行计算。

b. 保险期间内,被保险人或其允许的驾驶人在使用被保险机动车过程中,造成被保险人或驾驶人的家庭成员(配偶、子女、父母)人身伤亡的,属于第三者责任保险的赔偿责任,但家庭成员为本车上人员的除外。

五、机动车车上人员责任保险赔款计算

(1) 对每座的受害人,当(依合同约定核定的每座车上人员人身伤亡损失金额－应由机动车交通事故责任强制保险赔偿的金额)×事故责任比例高于或等于每次事故每座赔偿限额时:

$$赔款＝每次事故每座赔偿限额×(1－事故责任免赔率)×(1－绝对免赔率之和)$$

(2) 对每座的受害人,当(依合同约定核定的每座车上人员人身伤亡损失金额－应由机动车交通事故责任强制保险赔偿的金额)×事故责任比例低于每次事故每座赔偿限额时:

$$赔款＝(依合同约定核定的每座车上人员人身伤亡损失金额－应由机动车交通事故责任强制保险赔偿的金额)×事故责任比例×(1－事故责任免赔率)×(1－绝对免赔率之和)$$

(3) 实务要点

当乘客的受害人超过承保的乘客座位数时,应以投保的座位数为限。

六、附加险赔款计算实务要点

(1) 玻璃单独破碎险:赔款＝实际发生的修理费用。

(2) 自燃损失险:机动车损失赔款和施救费用赔款均有 20% 的绝对免赔率。

(3) 新增设备损失险:每次赔偿的免赔约定以机动车损失保险条款约定为准。

(4) 车身划痕损失险:绝对免赔率 15%,赔偿后需批减本附加险的保险金额。

(5) 车上货物责任险:有 20% 的绝对免赔率。

案例分析 ▮▮▮

甲车投保交强险、足额车损险和商业第三者责任险 20 万元,乙车投保交强险、足额车损险和商业第三者责任险 30 万元。两车互撞,甲车承担 70% 责任,车损 5 000 元,乙车承担 30% 责任,车损 3 500 元,按条款规定主要责任免赔率为 15%、次要责任免赔率为 5%,则甲、乙两车能获得多少保险赔款?

(1) 交强险赔偿:

作为甲车三者的乙车损失为 3 500 元,大于交强险中财产损失赔偿限额的 2 000 元,所以保险公司应赔偿乙车 2 000 元。

作为乙车三者的甲车损失为 5 000 元,大于交强险中财产损失赔偿限额的 2 000 元,所

以保险公司应赔偿甲车 2 000 元。

（2）商业车险：

甲车车损赔偿＝（实际损失－交强险赔付金额）×事故责任比例×（1－事故责任免赔率）＝（5 000－2 000）×70%×（1－15%）＝1 785 元

甲车三者赔偿＝（三者损失全额－交强险赔付金额）×事故责任比例×（1－事故责任免赔率）＝（3 500－2 000）×70%×（1－15%）＝892.5 元

乙车车损赔偿＝（实际损失－交强险赔付金额）×事故责任比例×（1－事故责任免赔率）＝（3 500－2 000）×30%×（1－5%）＝427.5 元

乙车三者赔偿＝（三者损失全额－交强险赔付金额）×事故责任比例×（1－事故责任免赔率）＝（5 000－2 000）×30%×（1－5%）＝855 元

（3）甲车赔款理算总额＝2 000＋1 785＋892.5＝4 677.5 元。

（4）乙车赔款理算总额＝2 000＋427.5＋855＝3 282.5 元。

练一练

1. 车主甲的 A 车 2012 年 5 月 1 日投保了交强险，该车于 2012 年 6 月 20 日被盗，已报案，2012 年 7 月 10 日盗窃分子驾驶 A 车与 B 车相撞后，被公安部门逮捕，此次事故 A 车驾驶员负全部责任，造成 A 车损 8 000 元，B 车损 5 000 元，B 车车上人员受伤，其中抢救费 20 000 元。甲要求保险公司赔付以上损失，保险公司应如何赔付？

2. 李某投保了保险金额为 29 万元的机动车辆损失险。在保险期间内一次碰撞事故中负 30% 责任，造成保险车辆全部损失。保险车辆出险时的实际价值为 15 万元。按照事故免赔率规定，如果残值为 1 万元，则保险人应该赔偿多少呢？（新车购置价 29 万元，免赔率 5%）

课后练习

一、单选题

1. 对于新增设备损失险，下列表述正确的是（　　）。

A. 保险金额以新增加设备的实际价值确定

B. 保险金额以新增加设备的重置价值确定

C. 办理本附加险时，应列明车上新增加设备明细表及价格

D. 办理本附加险时，可以不提供购买设备的日期

2. 某车投保停驶损失险，约定最高的赔偿天数为 45 天，保期到 2009 年 1 月 20 日止，保险车辆于 2009 年 1 月 5 日出险，约定的修理天数为 20 天，实际的修理天数为 25 天。保险人按（　　）天赔付。

A. 15 天　　　　　B. 20 天　　　　　C. 25 天　　　　　D. 45 天

3. 车上人责任保险条款的事故主要责任、同等责任、次要责任的责任免赔率分别为（　　）。

A. 15%、10%、5%　　　　　　B. 10%、8%、5%

C. 15%、8%、5% D. 20%、10%、8%

4. 关于机动车盗抢险,下列叙述错误的是(　　)。

A. 可单独承保机动车盗抢险

B. 盗抢险保险金额按新车购置价(含车辆购置税)减去折旧金额后的价格确定

C. 9座以下家用车月折旧率0.6%,9座以下营业出租车月折旧率0.9%

D. 折旧按月计算,最高折旧金额不超过投保时被保险机动车购置价的80%

5. 下面所列人员中,符合机动车辆保险"第三者"含义的是(　　)。

A. 车上的乘客 B. 正在下车的乘客

C. 已经下车的乘客 D. 私有车辆被保险人的家庭成员

6. 下列哪种情况不属于盗抢险保险责任(　　)。

A. 保险车辆被盗后追回,发现仅车上CD设备(原车装配)丢失

B. 因受他人诈骗但造成全车丢失

C. 保险车辆被盗后追回,但发现车上部分零部件需要修复

D. 保险车辆被抢劫后发生碰撞起火

二、多选题

1. 下列哪些险种发生赔款后不自动恢复保险金额(责任限额)的有(　　)。

A. 车身划痕损失险 B. 新增设备损失保险

C. 机动车停驶损失保险 D. 玻璃单独破碎险

2. 只有投保了车损险才能附加的险种有(　　)。

A. 玻璃单独破碎险 B. 盗抢险

C. 自燃损失险 D. 不计免赔特约

E. 指定专修厂特约条款 F. 车身划痕损失险

3. 下列哪些险种可以投保不计免赔特约险(　　)。

A. 车上人员责任险 B. 玻璃单独破碎险

C. 新增设备损失险 D. 车上货物责任险

E. 盗抢险 F. 火灾、爆炸、自燃损失险

4. 盗抢险、自然险和火灾爆炸自然险条款中的保险金额按以下哪种方式确定(　　)。

A. 发票金额 B. 实际价值

C. 新车购置价 D. 实际价值内协商

5. 以下关于机动车辆保险的主要特点描述正确的是(　　)。

A. 机动车辆保险属于不定值保险

B. 机动车辆保险的赔偿方式主要是修复

C. 机动车辆保险赔偿中采用绝对免赔方式

D. 机动车辆保险采用无赔款优待方式

E. 机动车辆保险中的第三者责任保险一般采用强制保险方式

三、问答与案例分析题

1. 2011年11月某出租车司机张某在某保险公司为出租车投保了车辆损失险和第三者责任险。投保一个月后,张某驾驶出租车行行到北二环路安定门桥附近时,前机盖在行驶中

突然翻动,机盖与前挡风玻璃相撞,造成前机盖和前挡风玻璃损坏。在紧急情况下,司机张某采取制动,又致使该车左前部与道路中央护栏相撞,造成前保险杠、左侧大灯、边灯、翼子板等损坏。事故发生后,经交通事故科民警现场查勘,认定张某负全部责任,自负修车费用,并赔偿护栏损坏修复费用。张某就有关花费要求保险公司赔偿。试问,保险公司应赔偿张某哪些损失? 依据是什么?

2. 空气清新剂或液体打火机发生爆炸致车损坏,是否属于保险责任?

3. 某支公司用《家庭自用汽车损失保险条款》承保的车辆,在保期内被保险人将车辆停在一住宅小区内,被人故意将车辆砸坏。问:是否属于碰撞责任、是否赔付、单独划痕单独玻璃是否赔付?

4. 某单位一辆桑塔纳轿车在有效保险期内于饭馆门前被盗。因盗车人驾车技术不熟练,再加上心里紧张,在饭馆拐弯处与一辆富康轿车相撞,致使双方车辆严重受损,并造成对方车上一名乘客重伤。经交警认定,盗车人负全部责任,但因盗车人暂无经济赔偿能力,公安部门让该车车主垫付。被保险人垫付后,即向保险公司提出索赔。试分析应该如何应对该起案例?

5. 保险车辆行驶中压塌路面,是否构成保险责任?

6. 简述交强险与第三者责任险的区别。

第五章　火灾保险

- 掌握火灾保险的概念与特征
- 了解火灾保险的保险责任与责任免除
- 掌握企业财产保险承保流程和保险财产投保金额的确定
- 掌握企业财产保险保费的计算方法
- 了解家财险的概念和特点
- 熟悉家财险的保险标的和责任范围
- 掌握家财险的承保及理赔实务

第一节　火灾保险概述

任务导入 ▌▌▌

　　2013 年 9 月 4 日下午,SK 海力士半导体(中国)有限公司一车间突然发生火灾,事后调查表明,事故是由于该公司生产车间气体泄漏,引发车间屋顶排气洗涤塔管道的保护层着火。到当天傍晚 6 点,事发现场的明火已全部扑灭。

　　此次事故并未造成大的人员伤亡,从车间疏散出的人员中,1 人受轻微外伤,另有 10 余人到医院进行了呼吸道检查,均无大碍。即便如此,这次事故还是创造了纪录——最终高达 9 亿美元的保险赔付,让这次事故所导致的单一保险赔案一举成为国内保险业历史上的最大赔案,甚至是亚洲最大赔案。

　　事故发生后,SK 海力士委托达信保险顾问公司专事理赔司法会计鉴定和理赔服务的子公司 Marsh FACS(Forensic Accounting and Claims Services)协调整个理赔事宜。而根据根宁翰保险公估(中国)2013 年 11 月 18 日出具的报告,SK 海力士的企财险承保额为 72.59 亿美元,自留额 100 万美元,营运中断险承保额为 8.29 亿美元,自留期限是连续 10 个工作日。两个险种相加的总承保额高达 80.88 亿美金,赔付上限为 23 亿美元。该报告通过估损给出的建议准备金为,企财险 6.5 亿美元,营运中断险 2.5 亿美元,合计 9 亿美元整。

　　阅读关于海力士企财险赔案的相关资料,并查找关于 1966 年伦敦大火的电影与书籍,了解火灾保险的起源与发展特征。

知识平台 ▮▮▮

一、火灾保险的概念与特征

火灾保险，简称火险，是指以存放在固定场所并处于相对静止状态的财产物资为保险标的，由保险人承担保险财产遭受保险事故损失的经济赔偿责任的一种财产保险。

火灾保险是一种传统的保险业务，于其他保险业务相比，有如下独立的特征，无法用其他保险险种替代：

（1）保险标的存在于陆地，相对静止。

（2）保险标的存放地址不得随意变动，变动则影响保险合同效力。

（3）火灾保险危险相当广泛，不仅包括各种自然灾害与多种意外事故，还可以附加有关责任保险或信用保险，企业还可以投保附加利润损失保险，或附加盗窃危险保险等。可见，火灾保险的承保危险通过与附加险的组合，实际上可以覆盖绝大部分可保危险。

二、火灾保险的适用范围

从保险业务来源角度看，火灾保险是适用范围最广泛的一种保险业务，各种企业、团体及机关单位均可以投保企业财产保险；所有的城乡居民家庭和个人均可投保家庭财产保险。

就保险标的范围而言，火灾保险的可保财产包括：房屋及其他建筑物和附属装修设备；各种机器设备，工具、仪器及生产用具；管理用具及低值易耗品、原材料、半成品、在产品、产成品或库存商品和特种储备商品；以及各种生活消费资料等。对于某些市场价格变化大、保险金额难以确定、风险较特别的财产物资，如古物、艺术品等，则需要经过特别约定的程序才能承保。

三、火灾保险的保险责任与责任免除

（一）保险责任

火灾保险承保的保险责任通常包括：

（1）火灾及相关危险。要构成保险中的火灾责任，要满足一定的条件。第一，要有燃烧现象，这是财产保险中火灾责任最基本的条件，即有光、有热、有火焰，也就是我们通常所说的明火。可燃物跟氧气发生的一种发光、放热的剧烈的氧化反应，与此相对应的是缓慢氧化和爆炸。第二，燃烧的发生，必须有偶然意外事故的触发，是事先不能预测和防备的。如果燃烧的结果是必然发生的，则不构成财产保险中的火灾。第三，燃烧要失去控制并有蔓延扩大趋势。除了承保火灾责任，火灾保险往往还承保雷击与爆炸风险。

（2）各种自然灾害，包括洪水、台风、龙卷风、泥石流、雪灾、冰雹、滑坡等。

（3）有关意外事故。

（4）施救费用。

（二）除外责任

保险人在经营火灾保险时,亦有如下除外不保风险:

（1）战争、军事行动或暴力行为、政治恐怖活动;

（2）核子污染;

（3）被保险人的故意行为;

（4）各种间接损失;

（5）因保险标的本身缺陷、保管不善而致的损失,以及变质、霉烂、受潮及自然磨损等。

四、火灾保险的起源与发展

火灾保险始于德国。1591 年德国汉堡市的造酒业成立了火灾合作社,1676 年,由 46 个相互保险组织合并成立了汉堡火灾保险社,其后,合并为第一家公营保险公司——汉堡保险局。但这只是原始的火灾保险,现代的火灾保险制度则起源于英国。1666 年 9 月 2 日英国伦敦大火的发生,促成了次年英国第一家火灾保险商行的设立。这场火灾持续了 5 天,使伦敦城约 80％的部分被毁,财产损失在 1 000 万英镑以上。次年一位牙科医生尼古拉斯.巴蓬独资开办了一家专门承保火险的营业所,开创了私营火灾保险的先例,并于 1680 年创立了拥有 4 万英镑资本金的火灾保险公司。保险费是根据房屋的租金和结构计算,砖石建筑的费用定为 2.5％,木屋的费率为 5％。这种差别费率的方法被沿用至今,因而巴蓬被称为"现代火灾保险之父"。

1710 年,波凡创立了伦敦保险人公司,后改称太阳保险公司,接受不动产以外的动产保险,营业范围遍及全国。18 世纪末到 19 世纪中期,英、法、德等国相继完成了工业革命,机器生产代替了原来的手工操作,物质财富大量集中,使人们对火灾保险的需求也更为迫切。这一时期火灾保险发展异常迅速,火灾保险公司的形式以股份公司为主。进入 19 世纪,在欧洲和美洲,火灾保险公司大量出现,承保能力有很大提高。1871 年芝加哥一场大火造成 1.5 亿美元的损失,其中保险公司赔付 1 亿美元,可见当时火灾保险的承保面之广。

火灾保险经过三百多年的历史发展,有了较大的变化。

（一）保险标的扩展

最初的火灾保险只承保房屋,后来扩大到房屋内的家庭财产。发展到现在,火灾保险的标的不仅包括不动产和动产,还包括与不动产和动产相关的利益,如利润损失、营业中断期间支付的必要费用等。因此,火灾保险的保险标的已由房屋变为各种不动产、动产及与其有关的利益。

（二）承保风险扩展

最初的火灾保险只承保单一的火灾风险,并只承保火灾所致的直接损失,不承保间接损失。后来逐步扩大到与火灾相关的雷击、爆炸等风险。时至今日,火灾保险的承保风险更扩大到包括各种列明的自然灾害、意外事故,可以直接承保或特约承保火灾、爆炸、雷击、暴风雨、雪灾、冰凌、泥石流、机器损坏,甚至盗窃、洪水、地震、战争等风险,既可承保直接损失,也可承保间接损失（如利润损失）。

（三）保单格式走向规范化

开始的火灾保险没有标准的保单格式，世界各国的各家火灾保险公司各行其是，保单格式各不相同。美国的马萨诸塞州推出了第一份标准的火灾保险单，为火险保单的标准化做出了贡献。此后，各国纷纷比照实行火险的标准保单，从而大大减少了理赔纠纷和法院解释的困难。

（四）承保能力大为增强

火灾保险发展的前期，保险公司的承保能力很低，保险金额较高的保险标的，往往需要几家保险公司联合共保才能确保赔付责任的履行。随着国际保险市场上再保险的产生和发展，保险人的承保能力大为增强，保额再高的标的，都可以由一家保险公司承保后再以分保方式分散保险人自身的风险。

（五）保险费率厘定趋向科学

尽管17世纪末的火灾保险已开始按房屋的结构实行差别费率，但当时的火灾保险费率档次少，分类简单，总体费率水平较高。而现在的火灾保险在确定费率时考虑了更多的费率影响因素，采用更加科学的分类方法进行计算，从而使费率水平更加科学合理。

（六）赔偿范围扩大

火灾保险的赔偿范围，已由最初只负责赔偿保险标的的损失，扩大到保险事故发生时为减少保险损失而支付的合理的整理、保护、施救费用。

第二节　企业财产保险

任务描述 ▮▮▮

某企业投保企业财产保险综合险，保险金额为100万元，保险有效期自2008年1月1日至12月31日。

（1）该企业于2008年2月12日发生火灾，损失金额为80万元，保险事故发生时的实际价值为200万元，则保险公司应赔偿多少？为什么？

（2）2008年4月23日因发生地震而造成财产损失60万元，保险事故发生时的实际价值为200万元，则保险公司应赔偿多少？为什么？

（3）2008年12月12日因下暴雨，仓库进水而造成存货损失80万元，保险事故发生时的企业财产实际价值为80万元，则保险公司应赔偿多少？

请问企业财产综合险保险责任范围与责任免除范围如何确定，在投保时如何确定保险金额，发生风险事故时如何计算保险赔款？

知识平台 |||

企业财产保险是指以投保人存放在固定地点的财产和物资作为保险标的的一种保险，保险标的的存放地点相对固定且处于相对静止状态。企业财产保险是我公司财产保险业务中的主要险种之一，为稳定企业的生产与经营，发挥了不可低估的作用。

一、保险标的范围

保险财产既可用会计科目来反映，如固定资产、流动资产、账外资产等，又可以用企业财产项目类别来反映，如房屋、建筑物、机器设备、材料、商品物资等。

具体而言，对于工业企业，保险财产范围可分为固定资产和流动资产两大类。固定资产包括：生产用固定资产、非生产用固定资产、租出固定资产、未使用固定资产、不需用固定资产、封存固定资产和土地。流动资产包括：储备过程的原材料、燃料、包装物、低值易耗品、委托加工材料，以及生产过程中的在产品、自制半成品、产成品、超储积压物资，特准储备物资和专项物资、专项工程等。对于商业企业，保险财产包括商业企业中的库存商品、移库下放商品、委托代销商品、特种储备商品、包装物、物料用品，家具用具，专用基金材料、专用基金工程固定资产以及代管商品等，一部分工商企业的账外财产也属于保险财产。

（一）下列财产可作为保险标的：

（1）属于被保险人所有或与他人共有而由被保险人负责的财产；

（2）由被保险人经营管理或替他人保管的财产；

（3）其他具有法律上承认的与被保险人有经济利害关系的财产。

（二）可特约承保的财产：

下列财产必须经被保险人与保险人特别约定，并在保险单上载明，方可作为保险标的。

（1）金银、珠宝、钻石、玉器、首饰、古币、古玩、古书、古画、邮票、艺术品、稀有金属等珍贵财物；

（2）堤堰、水闸、铁路、道路、涵洞、桥梁、码头；

（3）矿井、矿坑内的设备和物资。

（三）不可保财产：

（1）土地、矿藏、矿井、矿坑、森林、水产资源以及未经收割或收割后尚未入库的农作物；

（2）货币、票证、有价证券、文件、账册、图表、技术资料、电脑资料、枪支弹药以及无法确定价值的财产；

（3）违章建筑、危险建筑、非法占用的财产；

（4）领取执照并正常运行的机动车；

（5）牲畜、禽类和其他饲养动物。

二、基本险的保险责任与除外责任

（一）保险责任

（1）由于下列原因造成保险标的损失，保险人依照本条款约定负责赔偿：

① 火灾；

② 雷击；

③ 爆炸；

④ 飞行物体及其他空中运行物体坠落。

（2）保险标的的下列损失，保险人也负责赔偿：

① 被保险人拥有财产所有权的自用的供电、供水、供气设备因保险事故遭受损坏，引起停电、停水、停气以致造成保险标的直接损失；

② 在发生保险事故时，为抢救保险标的或防止灾害蔓延，采取合理的必要的措施而造成保险标的的损失。

（3）保险事故发生后，被保险人为防止或者减少保险标的损失所支付的必要的合理的费用，由保险人承担。

（二）除外责任

（1）由于下列原因造成保险标的的损失，保险人不负责赔偿：

① 战争、敌对行为、军事行动、武装冲突、罢工、暴动；

② 被保险人及其代表的故意行为或纵容所致；

③ 核反应、核子辐射和放射性污染；

④ 地震、暴雨、洪水、台风、暴风、龙卷风、雪灾、雹灾、冰凌、泥石流、崖崩、滑坡、水暖管爆裂、抢劫、盗窃。

（2）保险人对下列损失也不负责赔偿：

① 保险标的遭受保险事故引起的各种间接损失；

② 保险标的本身缺陷、保管不善导致的损毁，保险标的的变质、霉烂、受潮、虫咬、自然磨损、自然损耗、自燃、烘焙所造成的损失；

③ 由于行政行为或执法行为所致的损失。

（3）其他不属于保险责任范围内的损失和费用。

三、综合险的保险责任与除外责任

（一）综合险的保险责任

（1）火灾、爆炸；

（2）雷击、暴雨、洪水、台风、暴风、龙卷风、雪灾、雹灾、冰凌、泥石流、崖崩、突发性滑坡、地面下陷下沉；

（3）飞行物体及其他空中运行物体坠落；

（4）被保险人拥有财产所有权的自用的供电、供水、供气设备因保险事故遭受损坏，引起停电、停水、停气以致造成保险标的直接损失；

（5）在发生保险事故时，为抢救保险标的或防止灾害蔓延，采取合理的必要的措施而造成保险标的的损失；

（6）保险事故发生，被保险人为防止或者减少保险标的的损失所支付的必要的、合理的费用，由保险人承担。

（二）综合险的责任免除

（1）下列原因造费用，保险人不负责赔偿：

① 投保人、被保险人及其家庭成员、家庭雇佣人员、暂居人员的故意或重大过失行为；

② 战争、敌对行动、军事行为、武装冲突、罢工、骚乱、暴动、恐怖活动、没收、征用；

③ 核辐射、核爆炸、核污染及其他放射性污染；

④ 地震、海啸；

⑤ 行政行为或司法行为；

⑥ 大气污染、土地污染、水污染及其他各种污染，但因本保险合同责任范围内的事故造成的污染不在此限；

（2）下列损失、费用，保险人也不负责赔偿：

① 家用电器因使用过度或超电压、碰线、漏电、自身发热等原因所造成的自身损毁；

② 保险财产本身缺陷、保管不善、变质、霉烂、受潮、虫咬、自然磨损；

③ 未按要求施工导致建筑物地基下陷下沉，建筑物出现裂缝、倒塌的损失；

④ 置放于阳台或露天的财产，或用芦席、稻草、油毛毡、麦秆、芦苇、杆、帆布等材料为外墙、棚顶的简陋罩棚下的财产及罩棚，由于暴风、暴雨所造成的损失。

⑤ 间接损失。

四、一切险的保险责任与除外责任

（一）保险责任

在本保险有效期内，保险财产在本保险单注明的地点由于自然灾害及任何突然和不可预料的事故（除除外责任条款外）造成的损坏或灭失，本公司均负责赔偿。

（二）除外责任

（1）自然磨损、物质本身变化、自然发热、自燃、鼠咬、虫咬、大气或气候条件或其他逐渐起作用的原因造成财产自身的损失；

（2）进行任何清洁、染争、保养、修理或恢复工作过程中因操作错误或工艺缺陷引起的损失；

（3）电气或机械事故引起的电器设备或机器本身的损失；

（4）政府或当局命令销毁财产的损失；

（5）贬值及发生事故后造成的一切间接或后果损失；

（6）盘点货物时发现的短缺；

（7）堆放在露天以及在使用芦席、篷布、茅草、油毛毡做棚顶的罩棚下的保险财产，因遭受风、雨造成的损失；

（8）被保险人或其代表的故意行为或重大过失引起的损失；

（9）明细表中规定应由被保险人自行负担的免赔额；

（10）战争、类似战争行为、敌对行为、武装冲突，罢工、暴动、民众骚动以及政府有关当局的没收、征收引起的损失；

（11）直接或间接由于核反应、核子辐射和放射性污染引起的损失；

（12）盗窃、抢劫。

五、企业财产保险保额的确定

（一）固定资产保险价值与保额的确定

固定资产保险价值按出险时的实际价值确定。固定资产保险金额的确定方法主要有三种：

（1）按账面原值确定保险金额，账面原值指按在建造或购置固定资产时所支出的货币总额；

（2）按账面原值加成数确定保险金额；

（3）按重置重建价值确定保险金额。重置价值指重新购置或重建某项财产所需支付的全部费用。

（二）流动资产（存货）保险金额的确定

流动资产的保险价值是按出险时的账面余额确定。流动资产保险金额的确定方式是由被保险人按最近 12 个月任意月份的账面余额确定，或由被保险人自行确定，即以投保月份往前倒推 12 个月中的任意一个月的流动资产的账面余额作为流动资产的保险金额。流动资产的账面余额应按取得时的实际成本核算。

（三）账外财产和代保管资产的保险价值和保险金额的确定

账外财产可以按照最近账面余额确定保险金额，也可以按计划数确定保险金额。代保管财产由于保管人对其负有经济安全责任的，可以投保。如有代保管账登记的财产，可以根据账面反映的价值确定保险金额；如账上不反映的财产，可由投保人估价投保。

六、企财险保费的计算

一般而言，影响企业财产保险级差费率的主要因素有：房屋的建筑结构、占用性质、危险种类、安全设施、防火设备等。企业财产保险的现行费率就是在考虑上述因素的条件下制订的，并分为基本保险费率和附加险费率两部分。

基本保险费率又分为工业险、仓储险和普通险三类，每类均按占用性质确定不同的级差费率。

附加险费率指企业财产保险的附加险（特约保险）的费率，一般由各地根据调查资料统计的损失率为基础厘定。

案例分析

上海市红卫轴承厂（营业性质：民营），由于公司业务需要，2010 年 7 月 2 日向中国人民

财产保险公司投保企财险综合险,经双方协商,达成如下保险事项:

(1) 保险标的项目:固定资产、存货、在建工程。依据 2010 年 5 月末《资产负债表》及有关账册账面余额确定,数据如下:

①《资产负债表》中"固定资产"方"固定资产原价"项目期末数为 14 350 000 元;绝对免赔额 1.6 万

②《资产负债表》中"存货"项目期末数为 6 200 000 元;绝对免赔额 1.5 万

③《资产负债表》中"在建工程"项目期末数为 1860 000 元;绝对免赔额 2.5 万

(2) 存货项目中"产成品"附加盗窃险,经查 2010 年 6 月末账册,"产成品"总账余额为 1 960 000 元,需剔除委托代销商品账面借方余额为 560 000 元,费率为 5‰。

(3) 下列已入账财产剔除不保:(1、2、3 属于固定资产,4、5 属于存货,6 属于在建工程)

① 交通运输工具原价为 960 000 元

② 道路原价为 250 000 元

③ 围墙及护坡原价为 190 000 元

④ "半成品"账面借方余额为 250 000 元

⑤ "产成品"中委托代销商品账面借方余额为 560 000 元

⑥ 出包工程账面借方余额为 960 000 元。

(4) 保费通过刷卡方式支付,转账日期为 2010 年 7 月 2 日。

(5) 保险公司当日收到保费后于当日向客户出具了保单及保险发票。

(6) 约定诉讼地址为上海。

(7) 保险公司核保员在调阅被保险人的相关资料后,认定该公司为优质客户,按标准费率核保出单。

(8) 保险期限:自 2010 年 7 月 3 日零时起至 2011 年 7 月 2 日 24 时止。

(9) 行业代码为:3。

(10) 保险公司业务员根据投保人提供的相关资料及实地查勘,初步确定影响费率的系数见表 1。

(11) 户主对业务员提出的费率水平表示认可,并在业务员指导下填写完成了投保单。核保员核保时完全认可投保单上的投保内容及费率标准。并于当天直接核保通过后出具保险单及保险发票。

请依据相关资料计算保费并填写财产保险投保单。

表 1　费率系数表

系数名称	固定资产	存货	在建工程
暴风雨区域系数	0.6	0.6	0.6
台风区域系数	1.1	1.1	1.1
洪水区域系数	0.05	0.05	0.05
其他灾因区域系数	0.88	0.88	0.88
保额系数	1	3	2

续　表

系数名称	固定资产	存货	在建工程
绝对免赔系数	0.75	0.68	0.7
个体风险评估系数			
地理位置系数	1.1	1.1	1.1
周边环境	1.1	1.1	1.1
特定行业	2	2	2
建筑物结构	0.8	0.8	0.8
场所占用性质	1.5	1.5	1.5
防雷避雷设施	1.1	1.1	1.1
消防设施	1	0.9	1.1
公共消防队	1	0.9	1.1
防洪设施	1	0.9	1.1
风险管理水平	1	0.9	1.1
历年事故损失情况	1	0.9	1.1
续保优惠	0.95	0.95	0.95
标的物风险分散程度	0.9	0.91	0.92
耐水性	1	1.3	1.5

相关知识：

财产保险费率表

一、基准费率

表 2　基准费率表

基本险	综合险	一切险
0.8‰	1.8‰	2.8‰

二、行业标准费率

行业标准费率＝基准费率×行业系数

表 3　行业系数表

行业代码	基本险	综合险	一切险
1	0.5	0.7	0.7
2	0.6	0.8	0.8
3	1.2	1.1	1.1
4	1.8	1.5	1.5

行业代码	基本险	综合险	一切险
5	3.3	2.8	2.8
6	4	3.5	3.5
7	0.5	0.7	0.7
8	1.2	1.2	1.2
9	2.5	2.4	2.4
10	0.4	0.6	0.6
11	1.0	1.0	1.0
12	0.5	0.7	0.7
13	1	0.9	0.9
14	1.9	1.8	1.8

三、区域标准费率

区域标准费率＝行业标准费率×(暴风雨损失占比×暴风雨区域系数＋台风损失占比×台风区域系数＋洪水损失占比×洪水区域系数＋其他灾因损失占比×其他灾因区域系数)

注:基本险的区域系数为1

表4 各灾因损失占比表

险种	暴风雨	台风	洪水	其他
综合险	31%	9%	5%	55%
一切险	22%	7%	4%	67%

四、标的实收费率

标的实收费率＝区域标准费率×保额系数×绝对免赔额系数×个体风险评估系数

财产保险综合险投保单

投保人:上海红卫轴承厂　　　　　　　　　　　　　　　　投保单号码:

	投保标的项目	以何种价值投保	保险金额	费率(‰)	保险费(元)
综合险	固定资产	账面价值	12 950 000	3.13	40 533.5
	流动资产	账面价值	5 390 000	6.61	35 627.9
	在建工程	账面价值	960 000	14.42	13 843.2
	特约保险标的				

续　表

总保费(大写)人民币玖万陆仟壹佰叁拾玖元肆角　　　　(小写)96 139.4

保险责任期限自　　　年　　　月　　　日零时起至　　　年　　　月　　　日二十四时止				
	条款	保额	费率(‰)	保费(元)
附加险	附加盗窃保险条款	140 000	5	7 000

七、企业财产保险赔款的计算

（一）固定资产（建筑物、机器设备、办公设施等）

(1) 全部损失：受损固定资产的保险金额等于或高于保险价值时，其赔偿金额以不超过保险价值为限；保险金额低于保险价值时，按保险金额赔偿。

(2) 部分损失：当保险金额等于或高于保险价值时，其赔偿金额按实际损失或受损财产恢复原状所支付的修复费用计算；保险金额低于保险价值时，其赔偿金额应根据实际损失或受损财产恢复原状所支付的修复费用乘以保险金额与保险价值的比例计算赔偿金额。

赔款＝保险金额÷保险价值×实际损失或受损财产恢复原状所支付修复费用

财产险中固定资产的保险价值可以为出险时的重置价值、出险时的市场价值或其他价值，也可以由投保人与保险人协商确定，按保险合同中载明的方式确定。

（二）流动资产（存货）

(1) 全部损失：受损财产保险金额等于或高于出险时的账面余额时，其赔偿金额以不超过出险时账面余额为限；受损财产的保险金额低于出险时账面余额时，其赔款不得超过受损财产的保险金额。

(2) 部分损失：受损财产保险金额等于或高于出险时的账面余额时，按实际损失计算赔偿金额；受损财产的保险金额低于出险时账面余额时，应根据实际损失或受损财产恢复原状所需修复的费用乘以保险金额与保险价值的比例计算赔偿金额。

赔款＝保险金额÷保险价值×实际损失或受损财产恢复原状所支付修复费用

财产险中流动资产的保险价值一般为出险时的账面余额；若保险合同中有其他约定，按保险合同中载明的方式确定。

（三）账外财产和代保管财产

对于账外财产和代保管财产，应首先核实是否在承保范围内，再根据财产的性质分别按照相应的固定资产或流动资产的赔款计算方法进行计算。

（四）残值的计算

(1) 受损保险财产无论全部损失或部分损失，其残值应首先考虑协商作价归被保险人，并在赔款中扣除，保险人有权不接受委付。对于确要回收的损余物资，应认真详细做好登记，交由有关单位定价、销售、拍卖，回收款项冲减赔款。

(2) 受损保险财产赔款计算不进行比例分摊的，残值也不比例分摊；反之则要进行比例分摊，即：

$$应扣残值＝残值×（保险金额/保险价值）$$

（五）免赔额的处理

免赔额即保险人不承担保险赔偿责任、而应由被保险人自负的金额，所以应在保险人最后的赔付金额中予以扣除。也就是在扣除不足额保险、重复保险和残值等因素后的最后一次扣减。当损失在免赔额以下，保险公司不予赔付。

（六）施救费用的赔偿计算

施救费用必须是为减少保险标的损失所支付的"必要"的、"合理"的费用。

（1）施救费用要注意区分保险财产与非保险财产所发生的施救费用的区分。能够明确区分的，只负责保险财产的施救费用；不能区分的，应根据保险财产价值占全部施救财产价值的比例计算。计算公式如下：

$$保险财产施救费用＝全部施救费用×（被施救保险财产价值/全部被施救财产价值）$$

（2）施救费用在保险标的的损失赔偿金额以外另行计算，但以保险财产的保险金额为限。当保险标的的损失或施救费用超过保险金额时，可按推定全损处理。

（3）计算保险财产赔款时不进行比例分摊计算的，施救费用赔偿金额也不比例计算，反之则按保险财产的比例计算施救费用的赔偿金额。

$$应赔施救费用＝保险财产施救费用×（保险金额/保险价值）$$

练一练

1. 某厂的总资产为2190万元，该厂仅将价值350万元的房屋投了保，机器设备及流动资产均未投保，投保的财产仅占总资产的16%。在保险期间内该厂遭受火灾，工厂损失了32万元，其中房屋损失20万元，设备损失12万元。在救火抢险中还支出了施救费用5736元。计算：保险人总共应支付多少赔款？

2. 某钢铁厂投保企业财产保险，固定资产保险金额3000万元，流动资产保险金额1000万元。在保险期间内发生保险事故，固定资产损失1500万元，流动资产损失500万元。出险时，固定资产的重置价值2800万元，流动资产的账面余额1100万元。保险公司应如何赔付？

练一练

两人一组，一人扮演客户，一人扮演业务员，演练以下保险话术。

1. 我们公司要投保财产险，你能提供哪些险种？

答：保险公司主要可以提供三个险种。根据保险责任的大小，财产保险一般可分为：财产基本险、财产综合险、财产一切险三种。财产基本险的主要保险责任包括火灾、爆炸、雷击、飞行物体坠落等；综合险比基本险多加了暴风、暴雨、洪水、地面下陷等自然灾害。一切险保险条款不列明保险责任，只列明除外责任，即承保除外责任以外的所有意外事故和自然灾害,比综合险多盗窃、他人恶意行为、水管爆裂等责任。

2. 如果我们公司投保的财产出险,你们会按什么程序进行理赔?

答:首先,你应该在第一时间内向保险公司报案;我们会派专人到现场进行查勘,如确属保险责任,确定保险损失后,保险公司会及时缮制赔案,最终将赔款支付给贵公司。

3. 我们的投保财产出险后,在领取赔款时需怎样办理?

答:当赔款可以领取时,保险公司的客户服务人员会电话通知您。您可以按照客服人员的提示,带上单位介绍信和个人身份证,到保险公司办理领款手续。

4. 如果我们公司要投保的话,财产的保险金额应如何确定?

答:企业在投保财产险时,固定资产的保险金额有三种计算方法:一种是以账面原值计算,即直接按固定资产购置时的全部支出作为保险金额;一种是由保险人同您协商按账面价值加成数作为保险金额;一种是按重置重建价作为保险金额。后两种计算方法更接近于保险财产在发生保险事故时的实际价值。企业的流动资产的保险金额的确定有两种方法:一种是按最近十二个月的平均账面余额来计算;一种是以最近账面余额作为保险金额。

5. 我们公司前两天停电,造成很大损失,这属不属于保险责任?

答:根据财产保险条款中,对停电、停水、停气有明确的规定,"三停"损失必须同时具备三个条件,才能属于保险责任:

(1)必须是您拥有财产所有权并自己使用的供电、供水、供气设备(包括本单位拥有所有权和使用权的专用设备),以及本单位拥有所有权与其他单位共用的设备,包括发电机、变压器、配电间、水塔、线路、管道等供应设备。

(2)限于因保险事故造成的"三停"损失。

(3)仅限于对您已投保财产造成的损失。

6. 我们公司的流动资产是按最近十二个月的平均余额来投保的,这是不是足额投保?

答:不一定。是否足额投保要看出险后保险财产的重置价值或账面余额与保险金额的比较。

7. 保险责任中列明的飞行物体及其他空中运行物体坠落如何理解?

答:飞行物及其他空中运行物体坠落是指凡是由于空中飞行或运行物体的坠落,例如陨石坠落,空中飞行器、人造卫星坠落,吊车、行车、起重机在运行时发生物体坠落,造成保险财产损失的,都属于本条款责任。此外,在施工过程中,因人工开凿或爆炸导致石方、石块、土方飞射塌下造成保险标的的损失的,亦视同空中运行物体坠落责任。

8. 在投保企财险时,附加投保盗窃险有哪些条件?

答:有专人看管或符合公安部门要求的防盗设施,应有正规的财务账簿和入库记录。

第三节　家庭财产保险

任务描述 ||||

2009年2月9日20时27分左右,位于中央电视台新址园区在建的附属文化中心大楼工地发生火灾，引起市民对家财险的关注。而且，春节期间正是春季火灾高发期，"家财险"成了市民热议的险种。家财险到底对家庭财产有怎样的保障？保费需要多少？

知识平台 ▐▐▐

家庭财产保险是以城乡居民家庭的自有财产或代他人保管财产、与他人共有财产为保险标的，以自然灾害或意外事故造成的损失为保险责任的一种财产保险。

一、家庭财产保险的分类

（一）普通家庭财产保险

普通家庭财产保险是专门为城乡居民开设的一种通用型家庭财产保险险种，是以存放、坐落在保单列明地址，属于被保险人自有的家庭财产为标的的保险。其他家庭财产保险险种基本上都是从普通家庭财产保险的基础上衍生出来的。

（二）家庭财产两全保险

家庭财产两全保险是一种兼具经济补偿和到期还本双重性质的长期性的家庭财产保险。它通过保险人收取储金保险的形式，在被保险人的财产在遭受自然灾害或意外事故造成损失时，得到及时的经济补偿；在保险期满时，不论损失赔偿与否，足额领回原来交付的保险储金。

（三）家庭财产长效还本保险

家庭财产长效还本保险是家庭财产两全保险的改进版。它将家庭财产两全保险的保险期限做了调整，只列明保险责任开始的时间，不规定保险责任的结束期间。保险期限的结束只有一个条件：保单生效满一年，只要被保险人不要求投保人退换这笔储金，则保险合同长期有效。

（四）组合型家庭财产保险

目前，保险公司先后推出了一些新型的家庭财产保险产品。这些产品采用产品系列和产品组合方式满足客户多样化保险需求。

拓展阅读 ▐▐▐

房贷险是否等于房屋险？

个人住房抵押贷款综合险，简称房贷险，是个人在购买房屋进行按揭时，银行为了保证还款指定购房者购买的保险在购房者无法还款时，由保险公司代为还款。

当抵押的房产出现规定范围内的财产损失，例如火灾、暴风雨、坍塌等，保险公司将承担该损失，也就是说，一旦房子发生意外，如发生火灾化为灰烬，或者购房者发生意外造成无能力还款，保险公司会把剩下的贷款还给银行，但是房屋本身的主人却得不到赔付，因为在房贷险中，贷款银行是保险的第一受益人，抵押期间保险单由贷款银行保管，出险后赔款先付给银行,扣除购房者欠款后的那部分才能真正到他们手中。

二、家庭财产保险的保险标的

（一）可保财产

凡是坐落、存放在本保险单所载明的地点,属于被保险人所有或被保险人与他人共有,或应与保险人特别约定,并在保险单上注明的属于被保险人代他人保管的家庭财产。具体内容包括:

（1）房屋及其室内附属设备(如固定装置的供水、供电、供气、厨房、卫生等配套设备。)

（2）室内装潢(对建筑主体结构的装饰)

（3）室内财产(家用电器、衣物床上用品、家具、健身娱乐用品)

（4）特约可保财产

（5）农村家庭存放在院内的非动力农机具、农用工具和已收获的农副产品。

（6）个体劳动者存放在室内的营业用具、工具、原材料和商品。

（7）代他人保管的财产或与他人共有的财产。

（8）经保险人同意的其他财产

特约财产在投保时需保险双方明确财产归属、类别、数量等情况,分别确定保险金额,并在保险单特约承保财产栏中注明。财产类别和数量较多时,需附财产清单。

（二）不保财产

下列财产不属于保险合同的保险标的:

（1）金银、珠宝、钻石及制品,玉器、首饰、古币、古玩、字画、邮票、艺术品、稀有金属等珍贵财物;

（2）货币、票证、有价证券、文件、书籍、账册、图表、技术资料、电脑软件及资料,以及无法鉴定价值的资产;

（3）日用消耗品、各种交通工具、养殖及种植物;

（4）用于从事工商业生产、经营活动的财产和出租用作工商业的房屋;

（5）无线通信工具、笔、打火机、手表,各种磁带、磁盘、影音激光盘;

（6）用芦席、稻草、油毛毡、麦秆、芦苇、竹竿、帆布、塑料布、纸板等外墙、屋顶的简陋屋碰,以及与保险房屋不成一体的柴房、禽畜棚、厕所、围墙,无人居住的房屋及存放在里面的财产;

（7）政府有关部门征用、占用的房屋,违章建筑、危险建筑、非法占用的资产;

（8）其他不属于可保财产、特约可保财产的家庭财产。

需要指出的是,部分不保财产在一定条件下可以成为保险财产。

三、家庭财产综合保险保险责任与责任免除

（一）保险责任

在保险期间内,由于下列原因造成保险标的的损失,保险人按照保险合同的约定负责

赔偿：

（1）火灾、爆炸。

（2）雷击、台风、龙卷风、暴风、暴雨、洪水、雪灾、雹灾、冰凌、泥石流、崖崩、突发性滑坡、地面突然下陷。

（3）飞行物体及其他空中运行物体坠落，外来不属于被保险人所有或使用的建筑物和其他固定物体的倒塌。

（4）以上原因造成的保险事故发生时，为抢救保险标的或防止灾害蔓延，采用必要的、合理的措施而造成的保险标的的损失，保险人按照保险合同的约定也负责赔偿。

（5）保险事故发生后，被保险人为防止或减少保险标的的损失所支付的必要的、合理的费用，保险人按照保险合同的约定也负责赔偿。

家庭财产基本险的保险责任中不包括台风、龙卷风、暴风、暴雨、洪水、雪灾、雹灾、冰凌、泥石流、崖崩、突发性滑坡、地面突然下陷这 12 种自然灾害。

（二）责任免除

家庭财产综合保险的责任免除：

1. 下列原因造成的损失和费用，保险人不负责赔偿

（1）战争、敌对行为、军事行动、武装冲突、罢工、骚乱、暴动、恐怖活动、盗抢；

（2）核辐射、核爆炸、核污染及其他放射性污染；

（3）被保险人及其家庭成员、寄宿人、雇佣人员的违法、犯罪或故意行为；

（4）地震、海啸及其次生灾害；

（5）行政行为或司法行为。

2. 下列损失和费用，保险人也不负责赔偿

（1）保险标的遭受保险事故引起的各种间接损失；

（2）家用电器因使用过度、超电压、短路、断路、漏电、自身发热、烘烤等原因所造成本身的损毁；

（3）坐落在蓄洪区、行洪区或江河岸边、低洼地区以及防洪堤以外当地常年警戒水位线以下的家庭财产，由于洪水造成的一切损失；

（4）保险标的本身缺陷、保管不善导致的损毁，保险标的的变质、霉烂、受潮、虫咬、自然磨损、自然损耗、自燃、烘焙所造成本身的损失；

（5）其他不属于保险合同责任范围内的损失和费用，保险人不负责赔偿。

在基本险中，列明在保险单载明地址内的房屋或附属建筑物内从事生产或经营活动造成的损失和费用，保险人不负责赔偿。

练一练

两人一组，一人扮演客户，一人扮演业务员，根据不同的情景演练如何向客户推荐家财险。

情景一：针对新客户

"陈先生，您家的房子真宽敞，装修得也特别豪华，这是您这么多年努力经营的成果。您

看,这些年气候变化越来越无常,天有不测风云,我们难以预料。而且家庭财产的水浸、被盗抢也常有发生,有时候水管漏了,水浸了楼下,还影响邻里关系。所以,为了给家庭一个幸福的保证,建议您先为家庭财产增加一份保障。"

情景二:针对暂不考虑购买寿险的客户

"陈先生,我非常理解您的想法,毕竟一下子要拿出好几千块钱来购买寿险的确需要慎重,您先跟家人商量一下,我后续再与您联系。其实,我们的家庭中,除了我们自己,我们还有包括房屋、装潢等在内的家庭财产也有可能面临意外等风险,因此我们提供了一个家庭财产保障计划,一年只需要几百块钱,不仅能享受高额的家庭财产保障,还可以为家庭成员提供高额的意外风险保障,您有无兴趣了解一下?"

情景三:针对已经购买了寿险或车险的客户

"陈先生,您非常有保障意识,为自己(或爱车)提供了一份非常周全的保障。其实,除了我们自己(或爱车)外,我们还有包括房屋、装潢等在内的家庭财产也有可能面临意外等风险。虽说钱财乃身外之物,但如果能用较少的成本为家庭财产提供一份高额的保障,何乐而不为呢? 不如让我为您介绍一下吧!"

四、家财险附加条款

(一)附加盗抢保险条款

1. 保险责任

保险房屋及其室内的附属设备、室内的装潢和存放于保险单所载明地址室内的保险标的,由于遭受外来人员撬、砸门窗、翻墙掘壁,持械抢劫,并有明显现场痕迹经公安部门确认盗抢行为所致丢失、损毁的直接损失且三个月以内未能破案,保险人负责赔偿保险金。

2. 责任免除

下列原因造成的损失、费用,保险人不负责赔偿:

(1) 保险标的因外人无明显盗窃痕迹、窗外钩物行为所致的损失;

(2) 保险标的因门窗未锁而遭盗窃所致的损失;

(3) 保险标的因被保险人的雇佣人员、同住人、寄宿人盗窃所致的损失;

(4) 合同规定的免赔额。

3. 保险金额

保险金额以家庭财产综合保险的保险金额为限,便携式用品(手提电脑、电子记事本、摄像机、照相器材、收音机、录音机、CD 机、VCD 机、DVD 机等)的累计最高保险金额为 5 000 元,且列明清单。

4. 赔偿处理

(1) 保险标的发生盗抢事故后,被保险人应立即向当地公安部门如实报案,并同时通知保险人,否则保险人有权拒绝赔偿保险金。

(2) 盗抢责任损失赔偿后,被保险人应将权益转让给保险人,破案追回的保险标的应归保险人所有,被保险人如愿意收回被追回的保险标的,其已领取的赔偿保险金必须退还给保险人,保险人对被追回保险标的的损毁部分按照实际损失给予补偿。

(3) 被保险人向保险人报案后,从案发时起三个月后,被盗抢的保险标的仍未查获,方可办理赔偿手续;

(4) 附加盗抢条款的绝对免赔额为 200 元。

(二) 附加家用电器用电安全保险

1. 保险金额

以投保家庭财产保险家用电器的保险金额为限。

2. 保险责任

由于下列原因致使电压异常而引起家用电器的直接损毁:

(1) 供电线路因遭受家庭财产综合保险责任范围内的自然灾害和意外事故的袭击;

(2) 供电部门或施工失误;

(3) 供电线路发生其他意外事故。

3. 责任免除

由于下列原因造成的损失,保险人不负赔偿保险金的责任:

(1) 被保险人的故意行为以及违章用电,偷电或错误接线造成家用电器的损毁;

(2) 家用电器超负荷运行、自然磨损、固有缺陷、原有损坏、用电过度、自身发热以及超过使用年限后的损坏;

(3) 其他不属于保险责任范围内的损失。

(三) 附加管道破裂及水渍保险条款

1. 保险金额

以投保家庭财产保险的保险金额为限。

2. 保险责任

本附加险负责因被保险人室内的自来水管道、下水管道和暖气管道(含暖气片)突然破裂致使水流外溢或邻居家漏水造成被保险人保险财产的损失。

3. 责任免除

由于下列原因造成的损失,保险人不负赔偿保险金的责任:

(1) 由于被保险人的故意行为,私自改动原管道设计;由于施工使管道破裂造成家庭财产的损失。

(2) 因管道试水、试压造成管道破裂跑水造成的家庭财产损失。

(3) 不属保险责任范围内的损失。

(四) 附加第三者责任保险条款

1. 保险责任

在本保险期间内,被保险人(或其同住的家庭成员)在其所居住的住所,使用、安装或存放其所有或租借的财产时,由于过失和疏忽造成第三者的人身伤亡或财产的直接损毁,在法律上应由被保险人承担民事损害赔偿责任的，以及因上述民事损害赔偿纠纷引起合理、必要的诉讼、抗辩费用和其他事先经本公司同意支付的费用，除第二款列明外，本公司在本险别的赔偿限额内负责赔偿。

2. 责任免除

对下列各项保险人不负赔偿责任

（1）故意、欺诈、酗酒、殴斗以及在精神错乱、病理性痴呆情况下引起的损害赔偿责任；

（2）涉及知识产权、姓名权、肖像权、名誉权、荣誉权的分割赔偿责任及精神损害赔偿责任和费用；

（3）使用或驾驶各种动力与非动力交通、运输工具所造成损害赔偿责任和费用；

（4）违反"国家保护环境防止污染的规定"，由污物、水、气、噪音、磁波和电子波造成的财产和人身损害事故的赔偿责任和费用；

（5）对被保险人的家庭成员、雇员民事侵权造成他人的财产或人身伤害的赔偿费用；

（6）饲养的动物所造成的损害赔偿责任和费用；

（7）燃放烟花爆竹所引起的民事损害赔偿责任和费用；

（8）惩罚性赔偿及罚款；

（9）各种间接损失及被保险人（或其家庭成员）私自承诺的费用；

（10）本保险合同规定的免赔额。

3. 赔偿处理

（1）被保险人向保险人申请赔偿时，应提供法律确认的文件副本及申请赔偿报告书和有关证明材料。

（2）如一次责任事故赔偿金额达到最高赔偿限额，则保险责任即行中止，被保险人如需恢复原赔偿限额时，应补交保险费，并由保险人出具批单批注；如一次责任事故未达至最高赔偿限额，其有效赔偿限额应是最高赔偿限额减去赔偿金额后的余额。

（3）因民事责任原因发生保险责任事故时，被保险人或家庭成员在赔偿他人人身伤亡和财产损失前，须征得本公司书面许可，被保险人未经本公司同意，所订立一切协议或支付的费用，本公司一律不承担责任。

（4）保险人对被保险人给第三者造成的损害，可以依照法律的定或者合同的约定，直接向该第三者赔偿保险金。

（5）被保险人给第三者造成损害，被保险人对第三者应负的赔偿责任确定的，根据被保险人的请求，保险人应当直接向该第三者赔偿保险金。被保险人怠于请求的，第三者有权就其应获赔偿部分直接向保险人请求赔偿保险金。对于第三者提出索赔的，保险人应及时核定与赔付。

（6）附加第三者责任保险的绝对免赔额为 200 元。

练一练 |||

1. 最近我朋友家的保姆席卷了他家的贵重财物逃之夭夭，他投保了家庭财产保险，请问保险公司是否赔付？为什么？

2. 外出旅游时，随身携带的已经投保家财险的财物不慎被抢劫，保险公司赔不赔？

3. 如果我投保的家财险包含管道破裂及水渍保险，而邻居家水管爆裂致使我家保险财产损失可否赔付？

4. 如果一年内我的家庭财产遭受多次损失，保险公司如何赔偿？

5. 我的邻居家中电视机因老化，使用时引起火灾，造成家庭财产损失，保险公司除电视机外都进行了赔偿，这是为什么？

五、家财险保险金额、保险价值与免赔额

房屋及室内附属设备、室内装潢的保险价值为出险时的重置价值。保险金额由投保人参照保险价值自行确定，并在保险合同中载明，其中：房屋及室内附属设备、室内装潢的保险金额由投保人根据购置价或市场价自行确定；室内财产的保险金额由投保人根据当时实际价值分项目自行确定，不分项目的按各大类财产在保险金额中所占比例确定。例如：某财产保险公司的普通家庭财产综合保险，室内财产中家用电器及文体用品占40%（农村30%），衣物及床上用品占30%（农村30%），家具及其他生活用具占30%，农村农机具等占25%。特约财产的保险金额由投保人和保险人双方约定。每次事故的免赔额由投保人与保险人在订立保险合同时协商确定，并在保险合同中载明。

六、家庭财产综合保险的保险期间

保险期间分别为一年、三年、五年，以保险单载明的起止时间为准。家庭财产基本险的保险期间，除合同另有约定外，一般为一年。

七、家庭财产保险的保险费和保险储金计算

（一）保险费的计算

保费计算公式为：保险费＝保险金额×费率，家庭财产保险也采用固定保险费，即每一份保险交纳固定保费。

（二）保险储金计算

保险储金计算公式为：保险储金＝保险金额×储金率，储金率＝经保险监管部门同意的费率/利率，其中利率为人民银行公布的一年期存款利率。在实际操作中可以"份"为单位收取固定的保险储金，也可按照储金率计算公式在承保时计算应收储金。

例如：王某将其房屋投保5年期家庭财产两全保险，保险金额为4 000元，银行5年期存款的年利率为2%，家庭财产保险综合险的保险费率为4‰，则王某应缴付的保险储金为多少？根据保险储金计算公式，可算得王某应缴付保险储金800元。

七、赔偿方式

现行家庭财产保险一般都规定：房屋及附属设备、室内装潢采用比例责任赔偿方式，室

内财产采用第一危险赔偿方式。

（一）房屋及室内附属设备、室内装潢

（1）全部损失：保险金额等于或高于保险价值时，其赔偿金额以不超过保险价值为限；保险金额低于保险价值时，按保险金额赔偿。

（2）部分损失：保险金融等于或高于保险价值时，按实际损计算赔偿金额；保险金额低于保险价值时，应根据实际损失或恢复原状所需修复费用乘以保险金额与保险价值的比例计算赔偿金额。

（二）室内财产

家庭室内财产采用第一危险赔偿方式，即在发生保险责任范围内的损失时，应按实际损失赔偿，但不超过保险金额为限。

练一练 ▌▌▌

王某在甲公司投保了5万元的家庭财产保险，其中房屋和装潢保额3万元，后又在乙公司投保了5万元的家庭财产两全险，其中房屋和装潢2万元。在保险期间内出险，房屋和装潢损失2万元，室内财产损失2万元，出险时房屋价值10万元，则两家保险公司应赔偿共计多少钱？

课后练习 ▌▌▌

一、单项选择题

1. 火灾保险通常采取的承保方式为（　　　）。

　　A. 定额保险　　　　B. 定值保险　　　　C. 不定值保险　　　　D. 限额保险

2. 在企业财产保险中，保险人不予承保的财产是（　　　）。

　　A. 土地　　　　　　B. 邮票　　　　　　C. 珠宝　　　　　　　D. 艺术品

3. 在企业财产保险中，投保人必须与保险人特别约定才能投保的财产有（　　　）。

　　A. 文件　　　　　　B. 图表　　　　　　C. 邮票　　　　　　　D. 账册

4. 甲厂与乙保险公司签订了一份财产保险合同，合同标的为甲厂的三辆东风牌大卡车。在保险期内，甲厂的一辆东风牌汽车被丙公司的汽车撞毁。经查，该责任在于丙公司。现甲厂同乙保险公司提出赔偿要求。根据有关法律规定，下面不正确的表述是哪项？（　　　）。

　　A. 乙保险公司应先予赔偿

　　B. 甲厂应将追偿丙公司的追偿权转让给乙保险公司

　　C. 应由丙公司先予赔偿

　　D. 甲厂应协助乙保险公司向丙公司追偿

5. 王某购买了保额为30万元的房屋火灾保险，一场大火将该保险房屋全焚，而火灾发生时该房屋的房价已涨至35万元，那么，王某可得的保险赔款为（　　　）。

　　A. 40万元　　　　　B. 35万元　　　　　C. 32、5万元　　　　D. 30万元

6. 下列现象中,属于火灾的有(　　)。
    A. 焚毁玷污的衣物　　　　　　　　B. 烘、烤导致焦糊
    C. 变压线圈着火燃烧并延及其他物品　D. 电火花

7. 家庭财产保险的保险责任包括下列哪一项?(　　)。
    A. 雷击、爆炸　　B. 地震、洪水　　C. 霉烂、变质　　D. 暴力、抢夺

8. 企业财产综合保险仍将下列哪一项作为除外责任?(　　)。
    A. 暴雨　　　　　B. 洪水　　　　　C. 地震　　　　　D. 地面突然塌陷

9. 我国家庭财产保险业务一般采取(　　)赔偿方式。
    A. 比例责任　　　　　　　　　　　B. 限额责任
    C. 顺序责任　　　　　　　　　　　D. 第一危险

10. 某企业分别向甲、乙两个保险公司投保了企业财产保险综合险,其中,向甲保险公司购买的保险金额为1 000万元,向乙保险公司购买的保险金额为1 500万元。在保险期间发生爆炸,造成该企业全部损毁,损失发生时该企业的保险价值为2 000万元,那么按照我国保险法的规定,甲保险公司应该赔偿(　　)。
    A. 800万元　　　B. 1 000万元　　C. 1 200万元　　D. 1 500万元

11. 某企业投保企业财产基本险,保险金额为1 000万,在保险期间遭受洪水,损失500万,此时保险价值为2 000万,保险公司应该赔偿该企业(　　)。
    A. 0万元　　　　B. 250万元　　　C. 500万元　　　D. 1 000万元

12. 某企业投保企业财产保险综合险,保险金额为800万元,在保险期内遭到火灾,发生损失,出险时的保险价值为1 000万元。经过抢救,获救财产共计200万元,其中获救的保险财产为100万元,施救费用为10万元。保险人对该施救费用的赔款是(　　)。
    A. 4万元　　　　B. 5万元　　　　C. 8万元　　　　D. 10万元

13. 某企业投保企业财产保险基本险,固定资产保险金额为70万元,在保险期限内遭到火灾全部损失,出险时固定资产的保险价值为100万元,保险人对该损失的赔款是(　　)。
    A. 0万元　　　　B. 49万元　　　　C. 70万元　　　　D. 100万元

14. 某企业投保企业财产保险综合险,固定资产保险金额为1 000万元,在保险期内由于遭到泥石流而发生部分损失,造成房屋建筑损失为50万元,机器设备损失50万元,汽车损失50万元,不计残值。如果出险时固定资产的保险价值为2 000万元,那么保险人对该损失的赔款是(　　)。
    A. 100万元　　　B. 150万元　　　C. 75万元　　　　D. 50万元

15. 我国企业财产保险基本险和综合险共同的除外责任是(　　)。
    A. 不明飞行物坠落　B. 泥石流　　　C. 地震　　　　　D. 台风

16. 根据我国家庭财产保险的规定,家庭财产保险的责任免除包括(　　)等。
    A. 火灾、爆炸所致的损失
    B. 雷击、冰雹、雪灾、洪水、崖崩、龙卷风所致的损失
    C. 家用电器自身发热造成的本身损毁所致的损失
    D. 空中运行物体坠落,外界物体倒塌所致的损失

17. 某人投保普通家庭财产保险,保险金额为10万元,其中房屋及其室内装潢的保险

金额为 5 万元。在保险期限内发生保险事故,造成其房屋、室内装潢及室内财产全部毁损,其中出险时房屋及其室内装潢价值为 10 万元,室内财产损失 8 万元,那么,保险公司的赔偿金额是(　　)。

  A. 9 万元　　　　　B. 4 万元　　　　　C. 8 万元　　　　　D. 10 万元

18. 按照我国企业财产基本险和综合险条款规定,企业所有的古玩、艺术品属于(　　)。

  A. 不可保财产　　　　　　　　　　B. 不加费特约可保财产

  C. 可保财产　　　　　　　　　　　D. 加费特约可保财产

19. 某企业投保企业财产保险综合险,流动资产的保险金额为 100 万元,在保险期内由于遭到泥石流而发生部分损失,损失金额为 80 万元,施救费用 50 万元。如果出险时流动资产的保险价值为 100 万元,那么保险人对该损失的赔款是(　　)。

  A. 50 万元　　　　　B. 130 万元　　　　　C. 80 万元　　　　　D. 100 万元

20. 根据我国家庭财产综合保险的规定,房屋内的名贵花草属于(　　)。

  A. 可保财产　　　　　　　　　　　B. 不可保财产

  C. 加费特约承保财产　　　　　　　D. 不加费特约承保财产

21. 李某就其财产投保了保险金额为 5 万元的家庭财产保险,并注明了现在的地址为保险地址,之后不久李某又买了一处房子,更换了全新的家具、家电,旧居一直闲置,一个月后,李某的新、旧住处遭雷击导致家电受损,新住处损失 2 万元,旧住处损失 1 万元。根据我国家庭财产综合险的规定,保险人应该负责赔偿(　　)。

  A. 0 元　　　　　B. 1 万元　　　　　C. 2 万元　　　　　D. 3 万元

第六章　其他财产保险

学习目标

- 熟悉货物运输保险的保险责任与责任免除
- 熟悉工程保险的特点、保险责任与责任免除
- 熟悉责任保险的种类及保险责任
- 熟悉信用保险与保证保险的概念、分类及保险责任
- 能解释上述财产保险条款中的主要保险责任与责任免除
- 能对上述财产保险的相关产品进行承保及理赔计算

第一节　货物运输保险

任务情景

出口方以 CFR 贸易术语出口货物一批,在从出口公司仓库运到码头待运过程中,货物发生损失,该损失应该由何方负责? 如果买方已经向保险公司办理了货物运输保险,保险公司对该项损失是否给予赔偿? 为什么? 与机动车辆保险相比,货物运输保险有什么特征?货物运输保险保险责任、除外责任如何确定?

知识平台

从世界范围来说,货物运输保险起源于海上保险,是最古老的险种之一。

一、货物运输保险的特征与分类

（一）货物运输保险的概念

货物运输保险是指以各种运输工具运输过程中的货物作为保险标的,保险人承保因自然灾害或意外事故导致运输过程中的货物遭受损失的一种保险。无论是对外贸易还是国内贸易,商品从生产者到消费者手中,都要经过相应的运输过程。为货物投保货物运输保险已经成为贸易,尤其是国际贸易的一个重要环节。为货物在运输过程中可能遭受的各种自然

灾害或意外事故造成的损失提供保险,不仅能够保障货主的经济利益,而且有利于商品交易和运输业的正常发展。

（二）货物运输保险的特征

货物运输保险的特征主要体现在其保障对象、承保标的、承保风险、保险合同变更、保险期限和保险关系六个方面。

1. 货物运输保险的保障对象具有多变性

货物运输保险的保障对象的多变性主要指的是被保险人的多变性。贸易活动中货物买卖的目的不仅是实现其使用价值,更重要的是实现货物的价值或货物的增值,这就决定了货物在运输过程中频繁易手,不断变换其所有人,从而必然会引起货物运输保险被保险人的不断变化。

2. 货物运输保险的承保标的具有流动性

货物运输保险承保的是流动中或运动状态下的货物,它不受固定地点的限制。

3. 货物运输保险承保的风险具有综合性

与一般财产保险相比,货物运输保险承保的风险范围远远超过一般财产保险承保的风险范围。从性质上看,既有财产和利益上的风险,又有责任上的风险;从范围上看,既有海上风险,又有陆上和空中风险;从风险种类上看,既有自然灾害和意外事故引起的客观风险,又有外来原因引起的主观风险;从形式上看,既有静止状态中的风险,又有流动状态中的风险。

4. 货物运输保险的保险合同变更具有自由性

由于运输中的货物面临的风险大小及出险概率的高低主要取决于承运人而非被保险人,所以货物运输保险的保险合同可以随着货物所有权的转移而自由转移,而无须事先征得保险人的同意。因而,在实践中货物运输保险的保险合同往往被视同提货单的附属物,随着提货单的转移而转移。

5. 货物运输保险的保险期限具有空间性

由于采取不同运输工具的货物运输途程具有不固定性,所以货物运输保险的保险期限通常不是采取 1 年期的定期制,而是以约定的运输途程为准,即将从起运地仓库至到达目的地仓库的整个运输过程作为一个保险责任期限。这一特征使得货物运输保险的保险期限具有空间性特征,因而,"仓至仓条款"是确定货物运输保险的保险责任期限的主要依据。

6. 货物运输保险的国际性

货物运输保险的国际性主要表现在其所涉及的地理范围超越了国家和区域界限。国际运输货物保险所涉及的保险关系人,不仅是本国的公民,而且包括不同国家和地区的贸易商、承运人、金融机构与货主等,因此由保险可能产生的纠纷的预防和解决,必须依赖于国际性法规和国际惯例。

根据不同的标准,我们可以将货物运输保险分为不同种类。按照运输工具和运输方式不同,可分为水上运输险、陆上货运险、航空运输险、邮包险、联运险;按照适用范围,可分为国内货物运输保险和海洋货物运输保险;按照保险人承担的责任,可以将海洋货物运输分为平安险、水渍险和一切险。此处仅介绍国内货物运输保险。

（三）货物运输保险的分类

（1）按照货物运输范围来分,货物运输保险可分为国内货物运输保险与进出口货物运输保险。前者指货物运输在国内进行,后者指货物运输超越一国国境,即涉外货物运输。

（2）按照运输工具不同,货物运输保险可以分为水上货物运输保险、陆上货物运输保险、航空货物运输保险和邮包保险。

（3）根据承保人承担责任方式来分,货物运输保险可以分为基本险、综合险和附加险三类。一般而言,基本险的保险责任通常包括以下几类:一是因火灾、爆炸及相关自然灾害所导致的货物损失;二是因运输工具发生意外事故而导致的货物损失;三是在货物装卸过程中的意外损失;四是按照国家规定或一般惯例应当分摊的共同海损费用;五是合理的、必要的施救费用。综合险不仅承保上述责任,而且还承保盗窃、淡水雨淋等原因造成的货物损失。

（四）货物运输保险的保额

货物运输保险采用定值保险的方式,即确定的保险金额是保险人承担赔偿责任的最后价值,从而避免了受市场价格变动的影响。

拓展阅读 ▮▮▮

货运保险常见名词:

（1）航程保险:货物保险一般采用航程保险,即保险期限以航程的起讫划分。

（2）定值保险:保险标的价值由双方当事人约定载明于保险单中,作为保险公司事后计算赔款的依据。如果因保险事故发生而使标的全损,保险人将按此约定价值给予补偿,不论保险标的在受损时的价值涨落,均不影响赔款的金额。对于部分损失,则按实际损失程度赔偿。货物运输保险一般采用定值保险。当事人在投保定值保险时,可将货物出售后的预期利润计算在内。

（3）全损与推定全损:保险标的遭受全部损失为全损。保险标的因实际全损不可避免而予以合理委付,或出现虽可免遭实际全损但须支付超过其本身价值的费用的情况,即可构成推定全损。

（4）求助费用与施救费用:救助费用是指因第三者的救助行为使船舶或货物确能有效地避免或减少损失而支出的酬金。施救费用指被保险人、代理人、受雇人或受让人在保险标的遭受任何保险事故时,负有采取一切合理措施避免或减轻损失到最低限度的责任,从而进行各种施救工作并支出的费用。

（5）预约保险:预约保险是约定承保各次货物运送的长期保险,当被保险人每次装运货物时,须申报船名、航程、货物数量及保险金额,由保险人接受承保。

二、国内货物运输保险

国内货物运输保险,简称"货运险",是以国内运输过程中的货物为保险标的,承保其在运输过程中因自然灾害或意外事故而遭受损失的保险,是财产保险主要险种之一。

（一）国内货物运输保险的主要险种

1．国内水路货物运输保险

承保沿海、内河水运货物运输的货物，分为基本险和综合险两种。基本险承保货物在运输过程中因遭受自然灾害或意外事故造成的损失。综合险除承保基本险责任外，还负责包装破裂、破碎、渗漏、盗窃、提货不着和雨淋等危险。

2．国内铁路货物运输保险

承保国内铁路运输的货物，分为基本险和综合险两种。基本险承保货物在运输过程中因自然灾害或意外事故造成的损失。综合险除承保基本险责任外，还负责包装破裂、破碎、泄露、盗窃、提货不着和雨淋等危险。

3．国内公路货物运输保险

承保国内经公路运输的货物，公路货物运输保险不分基本险和综合险，实际上是综合险，其主要责任范围包括自然灾害和意外事故，还综合承保雨淋、破碎、泄露等危险。

4．国内航空货物运输保险

承保航空运输的货物，其承保范围除自然灾害和意外事故外，还综合承保破裂、破碎、泄露、盗窃、提货不着和雨淋等危险。

5．鲜、活、易腐货物特约保险

经保险人和被保险人特别约定，承保鲜、活、易腐货物在运输过程中可能遭受的特殊危险。

6．国内沿海货物运输舱面特约保险

承保国内沿海以及入海河流赶潮河段的货物运输，由于海浪、暴风雨袭击舱面而造成舱面货物的损失。

（二）国内水路、陆路货物运输保险保险内容

1．保险标的

凡是经水路、陆路、航空运输的货物均可作为货物运输保险的保险标的。

下列货物非经投保人与保险人特别约定，并在保险单上载明，不在保险标的范围以内：金银、珠宝、钻石、玉器、首饰、古币、古玩、古书、古画、邮票、艺术品、稀有金属等珍贵财物。

下列货物不在保险标的范围以内：蔬菜、水果、活牲畜、禽鱼类和其他动物。

2．国内水路、陆路货物运输保险基本险保险责任

（1）因火灾、爆炸、雷电、冰雹、暴风、暴雨、洪水、地震、海啸、地陷、崖崩、滑坡、泥石流所造成的损失；

（2）由于运输工具发生碰撞、搁浅、触礁、倾覆、沉没、出轨或隧道、码头坍塌所造成的损失；

（3）在装货、卸货或转载时，在遭受不属于包装质量不善或装卸人员违反操作规程所造成的损失；

（4）按国家规定或一般惯例应分摊的共同海损的费用；

（5）在发生上述灾害、事故时，因纷乱而造成货物的散失及因施救或保护货物所支付的直接合理的费用。

3. 国内水路、陆路货物运输保险综合险保险责任

本保险除包括基本险责任外，保险人还负责赔偿：

（1）因受震动、碰撞、挤压而造成破碎、弯曲，凹瘪、折断、开裂或包装破裂致使货物散失的损失；

（2）液体货物因受震动、碰撞或挤压致使所用容器（包括封口）损坏而渗漏的损失，或用液体保藏的货物因液体渗漏而造成保藏货物腐烂变质的损失；

（3）遭受盗窃或整件提货不着的损失；

（4）符合安全运输规定而遭受雨淋所致的损失。

4. 责任免除

由于下列原因造成保险货物的损失，保险人不负赔偿责任：

（1）战争或军事行动；

（2）核事件或核爆炸；

（3）保险货物本身的缺陷或自然损耗，以及由于包装不善；

（4）被保险人的故意行为或过失；

（5）全程是公路货物运输的，盗窃和整件提货不着的损失；

（6）其他不属于保险责任范围内的损失。

5. 保险金额

国内货物运输保险的保险金额的确定采用定值保险的方法，可由被保险人和保险人双方协商确定，一般可以按照离岸价、到岸价和目的地市价确定。离岸价是指货物在起运地的销售价，即起运地发货票价。到岸价是指货物起运地销售价加上到达目的地的各种运杂费，目的地市价是被保险人在目的地的货物销售价。大多数财产保险公司的国内水路、陆路货物运输保险的保险金额是按照到岸价确定的。

6. 保险期限

国内货物运输保险的保险期限是按照航程确定的。具体为：保险责任的起讫期是自签发保险凭证和保险货物起运地发货人的最后一个仓库或储存处所时起，至该保险凭证上注明的目的地收货人在当地的第一个仓库或储存处所时终止。若保险货物运抵目的地后，收货人未及时提货，则保险责任的终止期最多延长至以收货人接到收货通知单后的 15 天为限（以邮戳日期为准）。

练一练

1. 深圳某手机代理商向其在武汉的经销商运输一车手机，投保综合险，全程公路运输，到达目的地后，发现车门有被撬的痕迹，手机已经丢失，遂向保险公司索赔，请问保险公司是否应该赔付？

2. 请思考以下商品如果通过水路运输，适合投保基本险还是综合险？

（1）大米　（2）珠宝　（3）木材　（4）玻璃杯　（5）布匹

3. 一般情况下,下列(　　)是国内货物运输保险的保险标的。

    A. 铁矿石　　　　　　B. 水果　　　　　　C. 活鸡　　　　　　D. 古画

4. 一批工艺品从上海至布鲁塞尔投保海上运输保险一切险。海轮 5 月 3 日到安特卫普港,货物 5 月 5 日全部卸离海轮,堆放在码头货棚内,如果货物被收货人于 5 月 15 日分散转运,其中 1/3 于 6 月 20 日仍运抵布鲁塞尔收货人仓库。则保险责任终止日为(　　)。

    A. 7 月 4 日　　　　　　B. 5 月 5 日　　　　　　C. 5 月 15 日

    D. 1/3 被运抵布鲁塞尔收货人仓库的货物于 6 月 20 日终止,其余部分于 5 月 15 日
       终止

知识拓展 ▐▐▐

共同海损指在同一海上航程中,当船舶、货物和其他财产遭遇共同危险时,为了共同安全,有意地、合理地采取措施所直接造成的特殊牺牲、支付的特殊费用,由各受益方按比例分摊的法律制度。只有那些确实属于共同海损的损失才由获益各方分摊,因此共同海损的成立应具备一定的条件,即海上危险必须是共同的、真实的;共同海损的措施必须是有意的、合理的、有效的;共同海损的损失必须是特殊的、异常的,并由共损措施直接造成。根据惯例,共同海损的牺牲和费用,应由船舶、货物和运费三方按最后获救的价值多寡,按比例进行分摊。

单独海损是指保险标的物在海上遭受承保范围内的风险所造成的部分灭失或损害,即指除共同海损以外的部分损失。这种损失只能由标的物所有人单独负担。例如,载货船舶在海上航行,因恶劣气候致使部分货物受损,该受损货物即属货方的单独海损。

共同海损与单独海损的联系在于:

（1）从性质上看,二者都属部分损失。

（2）共同海损往往由单独海损引起。

共同海损与单独海损的区别表现在:

（1）造成海损的原因不同。单独海损是由所承保的风险直接导致的船、货的损失,而共同海损是为解除或减轻风险,人为地有意识地采取合理措施造成的损失。

（2）损失的承担者不同。单独海损的损失,由受损者自己承担,而共同海损的损失则由受益各方根据获救利益的大小按比例分摊。

（3）损失的内容不同。单独海损仅指损失本身,而共同海损则包括损失及由此产生的费用。

（4）涉及的利益方不一样。单独海损只涉及损失方个人的利益,而共同海损是为船货各方的共同利益所受的损失。

练一练 ▐▐▐

某货轮在航行途中货舱起火蔓延至机舱,为了船货的共同安全,船长下令往舱中灌水灭

火,火虽扑灭,但主机受损,无法继续航行。于是,船长决定雇用拖轮将货船拖往附近港口修理,然后再驶往目的港。事后经调查发现,这次事故造成的损失和费用有(1) 800 箱货被火烧毁;(2) 300 箱货由于灌水被水浸湿;(3)主机和部分甲板被烧坏;(4)雇用拖船支出的费用;(5)额外增加的燃料费及船长,船员工资,给养开支。

请问上述各项损失中哪些属于共同海损?哪些属于单独海损?并陈述理由。

三、海洋货物运输保险

海洋货物运输保险(Marine Cargo Insurance),简称"水险",是指保险人对于货物在运输中因海上自然灾害、意外事故或外来原因而导致的损失负赔偿责任的一种保险。

（一）海运货物运输保险的承保范围

海洋货物运输保险的承保范围主要包括海运风险、损失和费用。

1. 海运风险

海洋货物运输保险承保的风险主要包括海上风险和外来风险。

海上风险是指包括海上发生的自然灾害和意外事故所带来的风险,但它并不包括海上的一切风险。在海上保险业务中,自然灾害并不泛指一切自然力量所引起的灾害,而是包括恶劣气候、雷电、海啸、地震以及火山爆发等人力不可抗拒的灾害。在海上保险业务中,意外事故也并不包括所有的海上意外事故,在海运保险中,意外事故仅指搁浅,触礁,沉没,碰撞,火灾,爆炸和失踪等。

外来风险指由于自然灾害和意外事故以外的其他外来原因造成的风险,分为一般外来风险和特殊外来风险。一般外来风险是指被保险货物在运输途中由于偷窃、雨淋、短量、玷污、渗漏、破碎、受潮受热、串味、生锈等一般外来原因所造成的风险损失。特殊外来风险是指由于战争、罢工等特殊外来原因所造成的风险损失。

2. 损失

海运货物保险承保的损失分为全部损失与部分损失

（1）全部损失。简称全损,是指整批或不可分割的一批保险货物在运输途中全部遭受损失。全损可分为实际全损和推定全损。实际全损指保险货物发生保险事故后完全灭失,或者受到严重损坏完全失去原有形体、效用或不能再归被保险人所有。例如:载货船舶发生火灾,保险货物被全部烧毁;水泥受海水浸泡后变硬。推定全损指货物发生保险事故后虽未完全丧失,但实际全损已不可避免;或为避免实际全损所支付的费用与继续将货物运往目的地的费用之和超过保险价值时,即得不偿失时,保险公司放弃努力,给予被保险人以投保金额的全部赔偿即为推定全损,例如:船只由于海啸颠覆,部分货物由于密封完好漂在海上,而打捞后继续运至目的地的费用比丢弃货物还要高昂。

（2）部分损失。指被保险货物的损失没有达到全部损失的程度。凡不属于实际全损和推定全损的损失为部分损失,分为共同海损和单独海损。

3. 费用

海上费用是指海运货物遇险后,为避免损失的发生或扩大,营救被保险货物所支付的费

保险基础与实务

用,分为施救费用和救助费用。施救费用指指被保险货物遭遇保险责任范围内的灾害事故时,被保险人或其代理人、雇佣人员和保险单受让人为抢救被保险货物,防止损失继续扩大而支付的费用。救助费用是指被保险货物遭遇保险责任范围内的灾害事故时,船舶货物处于不能自救的境地时,由保险人和被保险人以外的第三者采取了救助措施并获得成功而向其支付的报酬。

（二）我国海洋货物运输保险险别

我国海运货物保险的险别包括:基本险别和附加险别。基本险别可以单独投保,而附加险别不能单独投保,只能在投保基本险基础上才能加保。我国海洋货物运输保险基本险包括三类险别,即平安险、水渍险和一切险,附加险则主要包括一般附加险和特殊附加险两类。

1. 平安险(Free from particular average, F. P. A.)

平安险按照其英文原意解释是仅对全部损失和共同海损负赔偿责任。但是经过多次修改和补充,平安险的保险责任已经超过仅对全损赔偿的范围,主要有三项:

（1）自然灾害造成的整批货物的全部损失。

（2）运输工具搁浅、触礁、沉没、互撞,与流冰或其他物体碰撞以及失火爆炸等意外事故造成的货物全部或部分损失。

（3）上述第 2 种情况下,货物在此前后又在海上遭受自然灾害所造成的部分损失。

（4）合理的施救费用、共同海损牺牲与救助费用。

2. 水渍险(With particular average,WPA)

水渍险承保的责任范围除了平安险各项保险责任外,还负责赔偿由于恶劣天气、雷电、海啸、地震、洪水等自然灾害所造成的部分损失。

3. 一切险(All Risks,AR)

一切险除了包括平安险和水渍险承保的各项责任外,还负责被保险货物在运输途中由于一般外来风险所致的全部损失和部分损失。在平安险、水渍险和一切险中,被保险人只能选择一个险种投保。

4. 一般附加险(General Additional Risk)

承保一般外来风险所造成的损失,不能单独投保,且投保"一切险"后,上述险别均包括在内。一般附加险主要包括以下险种:

（1）偷窃、提货不着险(T. P. N. D, Theft, Pilferage and Non-Delivery)。保险有效期内,被保险货物被偷窃,以致货物运抵目的港后,货物的全部或整件未交的损失,由保险公司负责赔偿。

（2）淡水雨淋险(F. W. R. D, Fresh Water and Rain Damage)。货物运输中,由于淡水、雨水以及冰雪融化所造成的损失,保险公司都应负责赔偿。淡水包括船上淡水舱、水管漏水。

（3）短量险(Risk of Shortage)。保险人承保因外包装破裂或散装货物发生数量或重量短少的损失。

138

（4）混杂、沾污险（Inter-Mixture & Contamination Risk）。承保货物在运输过程中混进杂质或被玷污所造成的损失。

（5）渗漏险（Risk of Leakage）。承保流质、半流质的液体物质和油类物质在运输过程中因为容器损坏而引起的渗漏损失。

（6）碰损、破碎险（Risk of Clash & Breakage）。承保货物在运输途中因震动、碰撞、挤压等造成的碰损和破碎的损失。

（7）串味险（Taint of Odor Risk）。承保货物在运输途中因受其他带异味货物的影响而造成的串味的损失。

（8）受潮受热险（Risk of Sweating & Heating）。承保货物在运输途中因受气温变化或水蒸气的影响而使货物受热受潮发生变质的损失。

（9）钩损险（Risk of Hook Damage）。承保被保险货物在装卸过程中因为使用手钩、吊钩等工具将包装钩坏所造成的损失以及对包装进行修补或更换等的费用。

（10）锈损险（Risk of Rust）。承保金属或金属类货物在运输过程中因为生锈造成的损失。

（11）包装破裂险（Breakage of Packing Risk）。承保因包装破裂造成货物短少、沾污等损失，以及为继续安全运输货物的需要对包装进行修补或调换包装所支付的费用。

5. 特殊附加险

特殊附加险也属附加险类内，但不属于一切险的范围之内。它往民政治、国家行政管理规章所引起的风险相关联。目前中国保险公司承保的特别附加险别主要有交货不到险（failure to delivery risks）、进口关税险（import duty risk）、黄曲霉素险（aflatoxin risk）和出口货物到香港（包括九龙在内）或澳门存储仓火险责任扩展条款（fire resk extintion clause for storage of cargo at destination hongkong，including kowloon，or macao）。此外，还包括战争险（war risk）和罢工险（strikes risk）等。

（1）战争险。保险人承保战争或类似战争行为导致的货物损失的特殊附加险。

（2）罢工险。保险人承保被保险货物因罢工等人为活动造成的直接损失。

（3）黄曲霉素险。保险人承保被保险货物（主要是花生）在进口港或进口地经卫生当局检验证明，其所含黄曲霉素超过进口国限制标准，而被拒绝进口、没收或强制改变用途所造成的损失。

（4）交货不到险. 自被保险货物装上船舶时开始，在 6 个月内不能运到原定目的地交货。不论何种原因造成交货不到，保险人都按全部损失予以赔偿。

（5）进口关税险。承保被保险货物受损后，仍得在目的港按完好货物交纳进口关税而造成相应货损部分的关税损失。

（6）舱面险。承保装载于舱面的货物被抛弃或海浪冲击落水所致的损失。

（7）拒收险。承保被保险货物出于各种原因，在进口港被进口国政府或有关当局拒绝进口或没收而产生的损失。

（8）货物出口到香港（包括九龙）或澳门存仓火险责任扩展条款。承保被保险货物自内地出口运抵香港（包括九龙）或澳门，卸离运输工具，直接存放于保险单载明的过户银行指定仓库期间发生火灾所受的损失。

（三）我国海洋货物运输保险除外责任

保险公司对以下损失不负赔偿责任：

（1）被保险人的故意行为或过失所造成的损失。

（2）发货人的责任所造成的损失（如包装不当）。

（3）被保险货物的自然损耗、本质缺陷、货物的特性、市价跌落、运输延迟等原因造成的损失。

（4）在保险责任开始以前已存在的数量短缺或品质不良所造成的损失。

练一练

1. 有一批货物已投保了平安险，载运该批货物的海轮于 5 月 3 日在海面遇到暴风雨的袭击，使该批货物受到部分水渍，损失货值 1 000 元，如果该货轮在继续航行中，又于 5 月 8 日发生触礁事故，又使该批货物损失 2 000 元。请问：保险公司对以上损失是否给予赔偿？

2. 某出口公司以 CIF 条件向南美某国出口花生酥糖 1 000 箱，投保一切险。由于货轮陈旧、航速太慢且沿线到处揽货，结果航行 3 个月才到达目的港。花生酥糖因受热时间过长而全部软化，难以销售。保险公司对此是否负责赔偿？

3. 某出口公司出口白报纸 5 000 令，按中国人民保险公司海洋运输货物保险条款投保水渍险，货到目的港时，发现有 200 令纸被水管漏水浸泡有水渍，问：保险公司是否予以赔偿？

4. 我公司按 CIF 贸易术语对外发盘，如按下列险别作为保险条款是否妥当？如有不妥，试予更正并说明理由。

（1）一切险、偷窃提货不着险、串味险、交货不到险

（2）平安险、一切险、受潮受热险、战争险、罢工险

（3）水渍险、碰损破碎险

（4）偷窃提货不着险、钩损险、战争险、罢工险

第二节　工程保险

任务描述

某保险公司承保某大厦的电梯安装工程，同时向保险公司投保了安装工程保险。在安装过程中，由于安装人员操作不当，电梯失控下滑，造成安装人员身体受到严重伤害，花费医疗费用 30 万元。电梯公司支付医疗费用之后向保险公司提出索赔，请问保险公司是否应该赔付？

广东某高速公路投保了建工一切险，在高边坡开挖后，在做边坡防护之前，由于连日小

雨造成高边坡大塌方且造成第三者农田受损。保险人是否应做出赔付?

　　根据以上两个案例,分析工程在施工中的主要风险,并明确工程保险的主要种类和保险责任。

知识平台 ▌▌▌

　　工程保险是针对工程项目在建设过程中,可能出现的因自然灾害和意外事故而造成的物质损失和依法应对第三者的人身伤亡或财产损失承担的经济赔偿责任提供保障的一种综合性保险,主要以各类民用、工业用和公共事业用等工程项目为承保对象。

一、工程保险的特征

　　尽管工程保险属于财产保险的领域,但是它与普通的财产保险相比具有显著的特点:

　　(一)工程保险承保的风险具有特殊性

　　工程保险承保的风险具有特殊性表现在:首先,工程保险既承保被保险人财产损失的风险,同时,还承保被保险人的责任风险。其次,承保的风险标的中大部分处于裸露于风险中,对于抵御风险的能力大大低于普通财产保险的标的。第三,工程在施工工程中始终处于一种动态的过程,各种风险因素错综复杂,使风险程度加大。

　　(二)工程保险的保障具有综合性

　　工程保险的保障具有综合性,例如:在安装工程保险中,其保险责任包括超负载,超电压、碰线、电弧、走电等其他电气引起的事故。这一保险责任是针对安工险的特点而设置的,但实际上是机器损害险的保险责任,即电气原因造成的损失在安工险保单项下可以负责赔偿,可见同一个项目可以在不同险种下相互附加承保。

　　(三)工程保险的被保险人具有广泛性

　　普通财产保险的被保险人的情况较为单一,但是,由于工程建设过程中的复杂性可能涉及的当事人和关系方较多,包括:业主、主承包商、分包商、设备供应商、设计商、技术顾问、工程监理等,他们均可能对工程项目拥有保险利益,成为被保险人。

　　(四)工程保险的保险期限具有不确定性

　　普通财产保险的保险期限是相对固定的,通常是一年。而工程保险的保险期限一般是根据工期确定的,往往是几年,甚至十几年。与普通财产保险不同的是工程保险保险期限的起止点也不是确定的具体日期,而是根据保险单的规定和工程的具体情况确定的。为此,工程保险采用的是工期费率,而不是年度费率。

　　(五)工程保险的保险金额具有变动性

　　工程保险与普通财产保险不同的另一个特点是:财产保险的保险金额在保险期限内是相对固定不变的,但是,工程保险的保险金额在保险期限内是随着工程建设的经度不断增长的。所以,在保险期限内的任何一个时点,保险金额是不同的。

二、建筑工程一切险及第三者责任险

建筑工程保险属财产保险范畴,它是在火灾保险意外伤害保险及意外责任保险基础上发展起来的一种综合保险。

建筑工程一切险及第三者责任险的保险责任范围及除外责任主要有:

(一)物质损失部分的保险责任

建筑工程一切险的保险责任一般不将承保的危险种类全部列出,仅概括地说明在保险期限内保险合同明细表中分项列明的保险财产在列明的工地范围内,因任何自然灾害或意外事故造成的物质损坏或灭失,除保单所载除外责任以外的,保险人均负责赔偿责任,保障范围相当大。

建工险承保的是除外责任以外的一切危险造成的损失。造成物质损失的风险有两大类:自然灾害和意外事故,意外事故又包括人为风险,如对于以下损失和责任,保险人负责赔偿:

(1)地震、海啸、雷电、飓风、台风、龙卷风、风暴、暴雨、洪水、水灾、冻灾、冰雹、地崩、雪崩、火山爆发、地面下陷下沉、滑坡等自然灾害;

(2)火灾、爆炸;

(3)飞机坠毁、飞机部件或飞行物体坠落;

(4)原材料缺陷或工艺不善所引起的事故;

(5)工人、技术人员缺乏经验、疏忽、过失及恶意行为;

(6)盗窃。

其中,自然灾害是指人力不可抗拒的破坏力强大的自然现象。建工险所承保的自然灾害除上述明列的之外,还包括其他未列明的自然灾害。

原材料缺陷指所用的建筑材料质量未达到规定的标准,在一定程度上属制造商或供货方责任。这种缺陷是指材料使用时必须是通过正常技术水平无法鉴定或不能发现的,否则,将是故意行为。工艺不善指工艺未达到规定的要求,尽管原材料本身无缺陷,但由于工艺水平不过关,结果导致施工物料本身损失发生,施工方应当承担部分责任。因此,原材料缺陷或工艺不善本身的损失为除外责任,但由此而引起的事故造成其他保险财产的损失属于保险责任。

工人、技术人员的过失或恶意行为造成保险标的的损失,对被保险人来讲,这种风险是意外的、突然的,并且是难以控制的,因此,属保险责任。但是被保险人及其代表的故意行为和重大过失引起的损失,保险人不予负责。要判定损失是否为被保险人所造成,要通过周密的调研掌握确凿的证据,必要时要有有关部门的鉴定。

盗窃指一切破门而入的偷窃或暴力抢劫的总称,盗窃必须发生在保单上列明的范围内,强窃、劫持或偷窃行为均属盗窃范畴,对被保险人来讲是一种意外的损失,所造成保险标的的损失属保险责任,但是被保险人在发现盗窃后必须立即通知保险人并报公安部门立案追查。被保险人在盘点时发现的短缺,不属保险责任。

此外,对经保险合同列明的因发生上述损失所产生的有关费用,保险人亦可负责赔偿,

是指保险合同明细表列明的清除残骸费用、专业费用以及保险事故发生后,被保险人为防止或减少保险标的的损失所支出的必要的、合理的施救费用。但如保险合同明细表没有列出清除残骸费用和专业费用的保险金额,也即投保人对上述费用没有单独投保的,则保险人不予负责,赔款中不包括上述费用。

同时,保险人对每一保险项目的赔偿责任均不得超过保险合同明细表中对应列明的分项保险金额以及保险合同特别条款或批单中列明的其他适用的赔偿限额。但在任何情况下,保险人在保险合同项下承担的对物质损失的最高赔偿责任不得超过保险合同明细表中规定的物质损失部分的总保险金额。

(二)物质损失部分的除外责任

(1)设计错误引起的损失和费用。

建筑工程的设计通常是被保险人自己或由其委托的设计师进行设计的,设计错误引起的损失应视为被保险人的责任。设计错误引起的损失是必然的,特别是损失的费用是不可预测的,因此,必须将这种损失除外。

(2)自然磨损、内在或潜在缺陷、物质本身变化、自燃、自热、氧化、锈蚀、渗漏、鼠咬、虫蛀、大气(气候或气温)变化、正常水位变化或其他渐变原因造成的保险财产自身的损失和费用。

工程中的建筑材料、机械设备等在工地期间的自然磨损、氧化和锈蚀等原因引起的损失是一种必然的损失,不是不可预料的,故不属保险责任。但若锈蚀、氧化是由于工程险责任承保的风险所致,如经暴风雨后出现锈蚀,则应负责。若是由于不可预见的自然氧化,其氧化本身不负责,而造成其他物质的损失可以负责,若是可预见的氧化,则对氧化本身及造成的损失均不负责。

(3)因原材料缺陷或工艺不善引起的保险财产本身的损失以及为换置、修理或矫正这些缺点错误所支付的费用。

这里指的是对于原材料缺陷或工艺不善引起的保险财产本身所产生的一切费用,不论是否造成事故,概不负责。如果没有造成事故,应由制造商或供货人负责此项损失及费用;如已造成损失,保险人仅负责由此造成其他保险财产的损失,对其本身,仍应由被保险人向供货方或制造商索赔。

(4)外力引起的机械或电气装置本身的损失,或施工机具、设备、机械装置失灵造成的本身损失。

机械或电气装置本身原因造成的自身损失只有机器损坏险才予以承保,不属建筑工程险的责任范围。但是,如由于不可预测的外来原因导致机器的损失,仍属建工险的保险责任范围。

要使建筑机器、设备、装置的风险得到充分的保障,可投保机器损坏险。

(5)维修保养或正常检修的费用。

此类费用属被保险人应正常支付并负担的费用,不属保险责任。

(6)档案、文件、账簿、票据、现金、各种有价证券、图表资料及包装物料的损失。

由于此类票证难以确定价值,容易产生道德危险,故不属保险责任。工程中所用的包装物一般为一次性使用,必须拆开或解体,这样材料才能使用、设备才能安装,损失是必然的,也没有什么可保价值,故不属保险责任。

(7)盘点时发现的短缺。

在盘点时发现的货物短缺,既没有作案现场,也没有报告保险人和公安立案追查,无法说明属盗窃损失,故不属保险责任。

(8)领有公共运输行驶执照的,或已由其他保险予以保障的车辆、船舶和飞机的损失。

这些运输工具属公共运输性质,活动范围不限于工地,责任不易控制。发生的损失不属建工险的保险责任,应投保机动车辆、船舶和飞机保险。但对没有公共行驶执照,仅在工地行驶作业的推土机、吊车等,可作为施工用机具设备在建工险内按规定承保。

(9)除非另有规定,在保险工程开始以前已经存在或形成的位于工地范围内或其周围的属于被保险人的财产的损失。

上述属于被保险人的原有财产不包括在承保的工程合同价格以内,故不属保险责任。如被保险人要求投保,应在保单中注明,并列出保险金额。保险金额可由投保人与保险人商订,但最高不得超过该建筑物的实际价值。对工地内不属于上述范围的建筑物,可视为第三者责任项下的责任范围。

(10)除非另有约定,在本保险合同保险期限终止以前,保险财产已由工程所有人签发完工验收证书或验收合格或实际占有或使用或接收的部分。

根据保险条款里保险期限的规定,部分签发完工验收证书或验收合格或工程所有人实际占有或接收该部分时,保险责任终止。虽然整个工程未完工,保险期限未终止,但对部分签发完工验收证书的自签发完工验收证书之时责任终止,以先发生者为准。此时,该项目的所有人应另行安排财产保险。如被保险人提出在原建工险保单项下加保这部分财产至全部项目完工时为止,可用"使用、移交财产条款"加批承保,并按日比例加费。

(三)物质损失部分的特别除外责任

由于建筑标的不同,其遭受的风险必然有异。因此,对于一些特殊的保险标的,如包括有隧道、基坑、围堰等工程的特殊工程,除上述承保一般工程需要订立的除外责任外,保险人一般都使用特别除外责任条款以限制自己的责任,使保险合同建立在公平合理的基础上。常用的特别除外责任条款有:隧道工程特别除外责任条款,大坝、水库工程特别除外条款等。

(四)第三者责任保险的责任范围

第三者责任险为建筑工程一切险条款保险责任的组成部分,不是附加险,但是是否投保,可由投保人选择决定,并在明细表中注明。

(1)凡在工程期间的保险期限内,因发生与保险合同所承保的工程直接相关的意外事故造成工地内及邻近地区的第三者人身伤亡、疾病或财产损失,依法应由被保险人承担的经济赔偿责任,包括事先经保险人书面同意的被保险人因此支付的诉讼费用及其他费用,由保险人负责赔偿。

(2)所谓第三者,不是指保险人、被保险人及其与工程有关的关系方或雇员,而是除此类人员之外的自然人或法人。

(3)保险人对每次事故引起的赔偿金额以法院或政府有关部门根据现行法律裁定的应由被保险人偿付的金额为准。但在任何情况下,均不得超过在保险合同明细表中对应列明的每次事故赔偿限额。在保险期限内,保险人对保险合同项下上述经济赔偿的最高赔偿责任不得超过明细表中列明的累计赔偿限额。

（五）第三者责任保险的除外责任

（1）由于震动、移动或减弱支撑而造成的任何财产、土地、建筑物的损失及由此造成的任何人身伤害和物质损失。

建筑工地的震动,特别是打桩可能对周围财产造成严重损坏,因此,在设计时就应考虑到震动可能带来的后果。移动或减弱支撑是建筑工程中最常见的现象,例如,浇灌混凝土时的支撑一定要牢靠,否则会塌下来;由于挖深基础导致地下水位降低使得周边建筑物基础不均匀沉降。这些风险均属设计和管理中应当考虑到并加以避免的问题,为使被保险人克尽职责,列为除外责任。

（2）工程所有人、承包人或其他关系方或他们所雇佣的在工地现场从事与工程有关工作的职员、工人以及他们的家庭成员的人身伤亡或疾病。

上述工程关系方或职工等人均是与工程有关的人员,不属于第三者的范畴,因此,如遭到意外伤亡或疾病都不属建工险第三者责任范围,而应由被保险人及其承包人投保雇主责任险。

（3）工程所有人、承包人或其他关系方或他们所雇用的职员、工人所有或由其照管、控制的财产发生的损失。

首先是因为这些人不属第三者,应列为除外责任。其次,这些财产应在建工险物质项下损失部分或财产险项下投保,不属建工险第三者责任。

（4）领有公共运输行驶执照的车辆、船舶、飞机造成的事故。

这些运输工具属公共运输性质,活动范围不限于工地,责任不易控制。发生的损失不属建工险的保险责任,应投保机动车辆、船舶和飞机保险。但对没有公共行驶执照,仅在工地行驶作业的推土机、吊车等,可作为施工用机具设备在建工险内按规定承保。

（5）被保险人根据与他人的协议应支付的赔偿或其他款项;但即使没有这种协议,被保险人仍应承担的责任不在此限。

契约责任不是被保险人的法律责任,而是被保险人通过与他人的契约规定而承担的责任,不属第三者责任。但被保险人对第三者依法应承担的经济赔偿责任(尽管双方没有协议存在),保险人仍予以负责。

（六）第三者责任部分的特别除外责任

同物质损失部分的除外责任一样,第三者责任部分的除外责任除上述外,有时由于工程的特殊情况,保险人根据需要,采用其他限制性条款,以免除不应承担的保险责任。例如:建筑工程地下铺设有电缆或管道,则应加批地下电缆、管道条款。

（七）总除外责任

总除外责任指通用于所有危险种类及标的的不保事项,对建筑工程保险物质损失部分和第三者责任部分均适用。

（1）战争、类似战争行为、敌对行为、武装冲突、恐怖活动、谋反、政变引起的任何损失、费用和责任;政府命令或任何公共当局的没收、征用、销毁或毁坏;罢工、暴动、民众骚乱引起的任何损失、费用和责任。

因为这类风险造成的损失巨大,并且有些属于政治风险的范畴,不在本保险之列,所以保险人一般不予负责。如需要罢工、暴动、民众骚乱方面保障的,可特约加保,但应加收保费并出具批单。

(2) 被保险人及其代表的故意行为或重大过失引起的任何损失、费用和责任。所谓故意行为,是明知自己的行为会导致灾害性的结果,并且放任或者希望这种结果发生的行为。关于重大过失,一般解释为被保险人犯了应当有能力避免的过失行为。这里的被保险人及其代表是指一个企业的董事会、董事、总、副经理或企业的高级负责人,以及派驻工地的代表人等。

由于是非意外造成的损失费用或责任,并且被保险人违背了保险合同的"诚信原则",是不诚实行为所致的损失,保险人不予负责。

(3) 核裂变、核聚变、核武器、核材料、核辐射及放射性污染引起的任何损失、费用和责任。这类风险所造成的工程项目的物质损失金额巨大,已超出了常规保险范畴,属于核物质损失保险。

(4) 大气、土地、水污染及其他各种污染引起的任何损失、费用和责任。这类风险所造成的物质损失巨大、难以估量,并且有一定的人为因素,保险人难以承担和控制责任,故不予负责。

(5) 工程部分停工或全部停工引起的任何损失、费用和责任。

工程一旦停工,施工现场缺乏管理,等于危险性质及状况已有所改变,而与施工情况不同,故将工程停工列为除外责任。

(6) 罚金、延误、丧失合同及其他后果损失。这类损失不是建工险的保险标的,没有列入保险金额,它们的危险也难以估计,是间接、后果性的损失,故列为除外责任。

(7) 保险合同明细表或有关条款中规定的应由被保险人自行负担的免赔额。免赔额是指保险事故发生,使保险标的受到损失时,损失在一定限额内保险人不负责任的金额。目的在于加强被保险人的责任心,提高施工时的警惕性,从而谨慎施工,减少事故的发生。另外可以减少小额索赔,降低保险人的个人的人力和费用,同时通过免赔额制定,还可适当在确定保险费率时给予优惠,降低被保险人的保险费负担。因此免赔额应由被保险人自行负担。这里的免赔额为每次事故的绝对免赔额。

(8) 建筑工程一切险及第三者责任险的扩展条款

扩展条款主要是对有关工程保险的补充,主要包括:罢工、暴乱及民众骚动扩展条款、交叉责任扩展条款、建筑、安装工程时间进度特别条款等扩展条款。扩展条款是为了保证工程风险保障的完备性而在实践中逐渐发展起来的,一般根据投保人的需要进行选择,投保扩展条款的保险内容有的需要加收保费或进行费率调整,有的作为优惠条件由保险人无偿提供。

三、安装工程一切险及第三者责任险

在国际保险市场上,安装工程险已发展成一种保障比较广泛、专业性很强的综合险种,安装工程险一切险保险责任与责任免除主要有:

（一）物质损失部分的保险责任

在本保险期限内，在保险合同中列明的保险财产在所施工的工地范围内，因本保单除外责任以外的任何自然灾害或意外事故造成的物质损坏或灭失（以下简称"损失"），由保险公司负责赔偿。

（二）物质损失部分的除外责任

（1）因设计错误、铸造或原材料缺陷或工艺不善引起的保险财产本身的损失以及为换置、修理或矫正这些缺点错误所支付的费用；

（2）由于超负荷、超电压、碰线、电弧、漏电、短路、大气放电及其他电气原因造成电气设备或电气用具本身的损失；

（3）施工用机具、设备、机械装置失灵造成的本身损失；

（4）自然磨损、内在或潜在缺陷、物质本身变化、自燃、自热、氧化、锈蚀、渗漏、鼠咬、虫蛀、大气（气候或气温）变化、正常水位变化或其他渐变原因造成的被保险财产自身的损失和费用；

（5）维修保养或正常检修的费用；

（6）档案、文件、账薄、票据、现金、各种有价证券、图表资料及包装物料的损失；

（7）盘点时发现的短缺；

（8）领有公共运输行驶执照的，或已由其他保险予以保障的车辆、船舶和飞机的损失；

（9）除非另有约定，在被保险工程开始以前已经存在或形成的位于工地范围内或其周围的属于被保险人的财产的损失；

（10）除非另有约定，在本保险合同保险期限终止以前，被保险财产中已由工程所有人签发完工验收证书或验收合格或实际占有或使用或接收的部分。

练一练

阅读以下某保险公司营销话术，并进行实战演练。

1.（电力供应企业）我们正在筹建火力发电站，在建设期，你们公司能为我们的哪些风险提供保障？

火力发电站工程的风险一般体现在六个方面：自然灾害、建筑部分、安装部分、调试部分、其他意外事故、第三者责任部分。自然灾害主要有地震、地面下陷、滑坡、台风、暴雨、暴风、洪水、雷击等；建筑物有倒塌和沉降的风险；安装部分在进行大件吊装、转动设备安装、易燃部分安装、分部试运时容易出现事故；火电厂的建设风险主要集中在机组的调试阶段，虽然一般有专业调试公司承担此任务，但是仍然存在一定的风险，特别是在进行超速试验、甩负荷试验、整套启动时容易发生较大的事故；其他意外事故是指电厂工程中还存在盗窃、运输风险、燃料火灾爆炸等风险；同时，在施工过程中，还有可能造成周围建筑物及施工机具倒塌，造成第三者的财产损失和人身伤亡。对于以上可能存在的风险，我们公司都有相应的险种提供保障。

2.（电力供应企业）我们正准备建设一座水电站，现在很快就要进行土建作业了，你觉得我们在土建作业中要注意哪些风险?

水电站土建工程作业项目多,周期长,施工复杂,作业难度大,管理难度大。同时,还要特别注意通航建筑物的作业,包括上下游引航道、中间渠道、船闸下闸首。土建作业风险主要来自地质条件的不确定性、气候条件的变化、原材料质量的不确定性、施工条件及人为因素等方面,其主要风险可能发生在三个方面:一是土方工程容易出现塌方、滑坡、被洪水冲毁,爆破作业时对周边建筑物、设施等造成损坏,地下厂房有塌陷的可能,还有可能会碰到地热涌水和溶洞等问题;二是钢筋混凝土工程因恶劣的气候条件,如强降雨、洪水等,影响施工的质量和进度,还有可能出现拌制、运输不当、浇筑时振捣不够、浇筑后养护不当、拆模时间过早等问题,极少数模板质量可能有问题和钢筋加工工艺不善等;三是施工机械的零部件可能存在内在质量缺陷、缺乏必要的维护保养、操作失误等问题。

3.(电力供应企业)我们正准备建设一座水电站,据说在安装作业阶段容易发生事故,你能不能谈一谈你们保险公司认为在安装作业中要注意哪些风险?

水电站设备安装特点:安装设备的价值高,作业人员密度高,施工难度高,风险集中,安装作业的主要风险有:(1)设备的现场运输和吊装风险;(2)现场物流管理风险;(3)关键工序的风险,比如是否所有的安装人员都满足规定的资质、原始记录要求不够明确及负责记录人员疏忽、检验方式和要求不严格等;(4)技术、工艺修改的风险。

4.(电力供应企业)我们是火力发电站,从你们保险的角度来看,我们在平时应该注意哪些具体的风险?

火力发电站常见的具体风险大概有9种:爆炸、火灾、发电机组飞车、汽机水冲击、烧瓦烧轴、发电机短路、变压器短路、发电机内冷水爆管、常见的台风、暴雨、洪水等自然灾害。

第三节　责任保险

任务情景

某市政公司于1999年5月向保险公司投保了公众责任保险,保险责任是其施工过程中的过失造成他人的人身伤害或财产损失的赔偿责任,赔偿限额为每起事故10 000元。同年10月2日,该公司一队工人在维修路边窨井时因下大雨跑回施工棚,忘记在井边设立标志,也未盖好窨井盖子。傍晚时分,雨还在下,一行人骑自行车经过此地时跌入井中受伤,并受感染而致死。受害人家属向该市人民法院起诉要求市政公司承担损害赔偿责任。法院判决被告方应向死者家属支付16 756元。你认为保险公司是否应承担赔偿责任?赔偿多少?

知识平台

责任保险是指以被保险人对第三者依法应负的经济赔偿责任为保险标的的保险。根据承保范围不同,责任保险一般分为公众责任险、雇主责任保险、产品责任保险、职业责任险等险种。

一、责任保险的保险责任与除外责任

（一）保险责任

（1）被保险人依法对造成他人财产损失或人身伤亡应承担的经济赔偿责任；

（2）诉讼、律师费用及其他费用；

（3）必要的、合理的施救费用。

（二）除外责任

责任保险的除外责任根据险种不同而略有差异，但大部分是相同的，主要包括：

（1）自然灾害等不可抗力（洪水、地震等）；

（2）罢工、暴动、民众骚乱；

（3）核危险；

（4）军事冲突；

（5）自己所有或保管的财产；

（6）被保险人的故意行为；

（7）惩罚性赔偿；

（8）精神损害赔偿；

有些除外责任可以用附加险的形式进行承保。

二、责任保险的承保基础

责任保险的承保基础是指确定责任保险责任事故有效期间的办法，分为期内发生式（事故基础）和期内索赔式（索赔基础）两种形式。

（一）期内发生式

指以损失发生的时间为基础，核定责任事故的有效期，对责任事故发生在保单有效期内的索赔，保险人予以赔偿，保单不考虑责任事故发现或提出索赔的时间。

（二）期内索赔式

指以索赔提出时间为基础，核定责任事故的有效期，保单不考虑责任事故发生的时间，只要第一次提出索赔的时间在保单有效期内，保险人予以赔偿。以这种方式承保的保单，对于在保单生效期前发生的事故的损失也可以赔偿，因此保单中常有"追溯期"的规定，从而将保单负责赔偿的责任事故发生的时间限定在一定的时间内。

三、责任保险的赔偿

（一）赔偿限额

责任保险使用赔偿限额来确定保险人所承担的赔偿责任的最高额度。责任险保单一般都约定有每次事故赔偿限额和保险期限内累计限额。有的保单还需约定每次事故人身及财产的分项赔偿限额及每人最高赔偿限额。

（二）免赔条件

免赔条件体现了风险共担的原则，而且还是调整平衡综合承保条件的因素之一。如果费率条件难以改善，可通过提高免赔额率的办法，而使收取的保险费与承担的风险趋于对等。

责任保险的免赔额一般只限于财产损失部分，不包括人身伤害。

四、责任保险的保费计算

由于责任保险险种较多，每个险种之间情况千差万别，所以保费计算也有多种形式，常见的有：

（1）累计（每次事故）赔偿限额×费率，如公众责任保险；

（2）营业（销售）收入×费率，如产品责任保险、律师职业责任保险、建筑工程设计责任保险等；

（3）根据赔偿限额收取固定保费，如旅行社责任保险。

五、公众责任险

公众责任保险，主要承保企事业单位、社会团体、个体工商户、其他经济组织及自然人在固定场所从事生产、经营等活动中由于意外事故而造成他人人身伤害或财产损失，依法应由被保险人所承担的各种赔偿责任。

公众责任险基本上属于场地责任保险，承保固定场所（包括房屋、建筑物及其设备、装置等）因存在结构上的缺陷或管理不善，或被保险人在被保险场所内进行生产经营活动时因疏忽发生意外事故，造成他人人身伤亡或财产损失的经济赔偿责任，以及保险人认可的法律费用。

拓展阅读 |||

公众责任险方案

被保险人：××博物馆

保险人：××保险公司

责任范围：

（1）在本保险期间内，被保险人在本保险单明细表列明的范围内，因在其经营业务范围内的经营行为发生意外事故，造成第三者的人身伤亡和财产损失，依法应由被保险人承担的经济赔偿责任，保险人按下列条款的规定负责赔偿。

（2）对被保险人因上述原因而支付的诉讼费用以及事先经保险人书面同意而支付的其他费用，保险人亦负责赔偿。

（3）保险人对每次事故引起的赔偿金额以法院或政府有关部门根据现行法律裁定的应由被保险人偿付的金额为准。但在任何情况下，均不得超过本保险单明细表中对应列明的每次事故赔偿限额。在本保险期间内,保险人在本保险单项下对上述经济赔偿的最高赔偿责任不得超过本保险单明细表中列明的累计赔偿限额。

意外事故:指不可预料的并且被保险人无法控制并造成物质损失或人身伤亡的突发性事件。

每次事故责任限额:100万元/人民币

其中:每人人身伤亡20万元,财产损失10万元

累计责任限额:500万元/年

保险费率:0.18%

保险费:9 000元/年

特别约定:

(1)人身伤亡的医疗费用按照当地基本医疗(或工伤保险)相关规定予以理算赔付。

(2)医疗:每次事故绝对免赔额为人民币200元或损失金额的5%,二者以高者为准。

(3)财产:每次事故绝对免赔额为人民币200元或损失金额的5%,二者以高者为准。

五、雇主责任保险

雇主责任保险是一种以被保险人所聘用的员工在受雇过程中,从事保险单所载明的被保险人的业务工作而遭受意外或患与业务有关的职业性疾病,所伤、残或死亡,被保险人根据劳动合同和法律、法规,须承担的医疗费及经济赔偿责任作为保险标的的责任保险。

(一)雇主责任保险和意外险的比较

意外险与雇主责任险的投保并不互相矛盾:

(1)在对员工死亡伤残的赔偿方面,只要属于保险的赔偿范围.无论是否有意外险的赔付,雇主责任险均能赔偿(意外医疗除外)。

(2)医疗费用方面,意外险不能完全替代雇主责任险。雇主责任险可以赔偿职业病引起的医疗费用,而意外险在此方面不能偿。

意外险与雇主责任险性质不同,意外险的赔付不能免除雇主对员工的经济赔偿责任。发生工伤事故后,无论有没有意外险的赔偿,雇主仍应按法律规定的项目向员工支付赔偿金而雇主可通过责任保险支付对员工的赔偿金。

可见,在制定保险方案时应综合考虑不同性质的险种,合理搭配并避免重复投保。

(二)雇主责任保险与工伤保险的比较

2004年1月1日实施的《工伤保险条例》,将工伤赔偿正式纳入了社会保险范畴,赋予其法律强制性。2010年进行了修改,进一步提高了条例的标准。但对于工伤职工的工伤保险待遇,除了由工伤保险基金支付以外,雇主仍然要承担相应的责任,包括:如:住院治疗的伙食补助费、到统筹地区以外就医所需交通、食宿费用、在停工留薪期内的工资福利待遇、在停工留薪期内因生活不能自理所需护理费用、被鉴定为五级、六级伤残职工的伤残津贴、被鉴定为五级至十级伤残职工的一次性工伤医疗补助金和伤残就业补助金等等;此外工伤保险不承担律师费用、诉讼费用等。因此,雇主依然面临着不确定的赔偿责任,仍然有转嫁这

一部分责任的保险需求。雇主责任保险可以作为工伤保险的商业保险补充。

练一练

1. 某公司在我司投保了雇主责任险,被保险人所属员工 A 某受公司委托外出购物,意外与第三者 B 某驾驶的摩托车碰撞,两人均受伤,A 某为此发生工伤医药费 3 604.85 元、车辆修理费 859.15 元和误工费 680 元;第三者 B 某为此发生工伤医药费 8 603.56 元、车辆修理费 1360 元和误工费 1 500 元。交警大队判双方均负事故同等责任,双方承担各自发生的费用,A 某的公司需支付的费用是多少? 保险公司应赔付给该公司的金额是多少?

2. 某餐饮店员工李某当班时,遇食客闹事,李某上前劝阻,被无辜暴打,经检查多处骨折并因钝器击打头部导致脑震荡,就近送医治疗后,次日乘救护车转院治疗。由于事后无法追查闹事者,店主不得不承担李某数万元医疗费和误工费。李某 2 月后伤愈出院,认为店方没有及时报警制止,故将店主告上法庭要求赔偿身体和精神损失。产生费用:意外医疗费 20 000 元,误工费 7 000 元,转院交通费 2 000 元,律师费 75 000 元,如果店主只投保团体意外险,那么自身将承担多少费用?

拓展阅读

表 6-1   某保险公司雇主责任险报价表

雇主责任险报价

投保人	××单位
被保险人	××单位
保险方案	每次事故每人身故、伤残赔偿限额 20 万元;每次事故每人医疗费用赔偿限额 2 万元
保险责任	在本保险合同期间内,凡被保险人的雇员,在其雇佣期间因从事保险单所载明的被保险人的工作而遭受意外事故或患与工作有关的国家规定的职业性疾病所致伤、残或死亡,对被保险人因此依法应承担的下列经济赔偿责任,保险人依据本保险合同的约定,在约定的赔偿限额内予以赔付: (一)死亡赔偿金; (二)伤残赔偿金; (三)误工费用; (四)医疗费用。 保险事故发生后,被保险人因保险事故而被提起仲裁或者诉讼的,对应由被保险人支付的仲裁或诉讼费用以及事先经保险人书面同意支付的其他必要的、合理的费用(以下简称"法律费用"),保险人按照本保险合同约定也负责赔偿
每人保费	260 元/人,(工种为制造工人,人数暂定为 80 人)
免 赔	针对医疗费用,每次事故每人绝对免赔 100 元,100 元以上部分按 90% 的比例赔付,但最高不超过保单约定的每人医疗费赔偿限额

六、产品责任保险

（一）产品责任保险的概念

产品责任保险，是指以产品制造者、销售者、维修者等的产品责任为承保风险的一种责任保险，而产品责任又以各国的产品责任法律制度为基础。

所谓产品责任，是指产品在使用过程中因其缺陷而造成用户、消费者或公众的人身伤亡或财产损失时，依法应当由产品供给方（包括制造者、销售者、修理者等）承担的民事损害赔偿责任。

产品责任保险承保被保险人所生产、出售的产品或商品在约定的销售区域范围内发生事故，造成使用、消费或操作该产品或商品的人或其他任何人的人身伤害、疾病、死亡或财产损失，依法应由被保险人承担的经济赔偿责任，保险人按照保险合同约定负责赔偿。

被保险人因保险事故而被提起仲裁或者诉讼的，对应由被保险人支付的仲裁或诉讼费用以及事先经保险人书面同意支付的其他必要的、合理的费用（简称"法律费用"），保险人按照保险合同约定也负责赔偿。

（二）产品责任险的保险责任承担方式

一是以事故发生为基础。保单对发生在保险期间的责任事故承保，而不论索赔在何时提出，也就是说，只要保险责任范围内的事故发生在保险期限内，无论何时提出索赔，保险人都必须承担赔偿责任，这样易于形成通常所说的"长尾巴责任"，对于理赔处理乃至公司的财务管理都会带来一系列问题。所以，使用此种承保方式时，必须增加"日落条款"来限制"长尾巴责任"，即将索赔提出的时间约定在一定时期内，如日落条款一年，则表示：保险人在保单期满一年后方被告知和收到事故通知的所有损失均不负赔偿责任。出口产品责任险多采用此种方式。

二是以索赔提出为基础。保单要求索赔的提出必须在保险期限内，即不管产品责任事故发生在保险期限内还是保险有效期之前（追溯期），只要产品责任事故的受害者第一次向被保险人提出索赔是在保险期限内，保险人就必须承担赔偿责任。所以，使用此种承保方式时，必须增加"以索赔提出为基础条款"来明确保单责任。国内产品责任险均采用此种方式。

"追溯期"是指在"索赔提出为基础"的承保方式下，保险合同规定的保险期限开始之前，保险人可以承担赔偿责任的保险事故发生的期间。"追溯期"是一个时间段，而不是一个时间点。也就是说，保险人只对追溯期开始之后发生的责任事故负责，在追溯期以前发生的责任事故，即使在保险期限内提出索赔，保险人也不负责赔偿。

"索赔提出为基础"的承保方式，必须在保单中约定具体的"追溯期"以限定保险责任，若该项为"无"或空白，则可以被理解为保险单追溯期无限，保险人对保单起保日之前的产品责任事故均须负赔偿责任。故应正确描述"追溯期"，例如：保单的起保日期为 2011 年 1 月 1 日，追溯期一年，则表示自保单起保日期向前追溯一年，正确的描述为"追溯期：自 2010 年 1 月 1 日至 2011 年 1 月 1 日"。

（三）产品责任保险与产品质量保证保险的区别

产品责任保险与产品质量保证保险都是与产品有关的险种，但两者存在较大区别（见表6-2）。

表 6-2　产品责任保险与产品质量保证保险的区别

	产品责任保险	产品质量保证保险
性质	属于责任保险	属于保证保险
法律依据	侵权责任	违约责任
责任人	产品生产者、销售者、运输部门以及其他在法律上可能对产品责任事故负有赔偿责任的关系人	原则上为产品生产商
损害后果	一定要有损害后果发生	不要求一定有损害后果
索赔人	因产品事故而使其人身或财产受到损害的任何人	原则上为商品购买者
保险责任	保障产品的安全性	保障产品的有效性
保险赔偿	赔偿产品本身以外导致的经济赔偿责任	仅赔偿产品本身的价值

拓展阅读 ▌▌▌

2003 年 5 月,美利坚合众国加利福尼亚州对荷西高等法院做出一项判决,判定生产果冻的一家台湾公司向一位九岁女童的家人赔付 1 670 万美元。该女童 1999 年因吃了该公司生产的果冻后被噎住,不幸成为植物人;后于 2001 年不治身亡。(资料来源:2003 年 5 月 13 日人民网)两个月后的 7 月 11 日,美国旧金山高等法院判定同一家公司向另一位两岁男童的父母赔付 5 000 万美元。一位两岁的男童被一粒荔枝味的果冻糖噎住导致致命伤害。他因窒息而昏迷,并于九天后死亡。男童的父母一纸诉状将果冻的销售商告上了美国加利福尼亚州的当地法院;他们同时也起诉了果冻的生产商,一家台湾公司。法院最后判决受害者胜诉,并要求被告赔偿 50 002 538 美元。(资料来源:2004 年 7 月 13 日中国台湾网)

果冻只是一种普通食品,一般人也很少意识到其会有多大的风险。在大陆也发生过类似的案件,赔偿金额一般 10 万元左右。一般的制造商认为只要我的产品质量有保障就行了,其实不是,依照美国法律,产品还包括其包装,说明资料,警示资料,警示标志等附属物品,在美国严格的商品责任法律制度下,任何一处差池都有可能导致天价索赔。

七、职业责任保险

(一)职业责任保险的定义

职业责任保险是指承保各种专业技术人员因工作上的疏忽或过失,造成对第三者的人身伤亡或财产损失的经济赔偿责任的一种保险。

(二)职业责任保险的特征

(1)除少数险种外(如医疗责任保险),职业责任保险多是赔偿第三人的经济损失,而不是身体伤害或者财产损失。

(2)职业责任保险的风险较高,因此,实务上多采用期内索赔这样的承保方式。

（3）大多数以团体作为投保单位。

第四节　信用保险

任务描述 ‖‖

某企业以承兑交单 90 天（D/A）条件出口一批商品到土耳其，该企业投保短期出口信用保险，申报发票总价值为 10 万美元，保险费率为 1.56%，申请信用限额为 10 万美元。投保后，买方以资金周转困难为由拖欠全部货款。等待期满后，保险公司向卖方赔款，赔款限额为 90%。后来，向买方追回 5 万美元。分析：卖方应交付多少保费？等待期应为多长时间？保险公司应支付多少赔款？追回的货款如何在保险公司与卖方之间分配？

知识平台 ‖‖

信用保险是指权利人向保险人投保债务人的信用风险的一种保险，是一项企业用于风险管理的保险产品。其主要功能是保障企业应收账款的安全。其原理是把债务人的保证责任转移给保险人，当债务人不能履行其义务时，由保险人承担赔偿责任。通常情况下，信用保险会在投保企业的欠款遭到延付的情况下，按照事先与企业约定好的赔付比例赔款给企业。引发这种拖延欠款的行为可能是政治风险（包括债务人所在国发生汇兑限制、征收、战争及暴乱等）或者商业风险（包括拖欠、拒收货物、无力偿付债务、破产等）。

一、国内信用保险

国内信用保险（又称一般商业信用保险）是指在商业活动中，作为权利人的一方当事人要求保险人将另一方当事作为被保证人，并承担由于被保证人的信用风险而使权利人遭受商业利益损失的保险。其保险金额根据当事人之间的商业合同的标的价值来确定。

目前，国内信用保险一般承保批发业务，不承保零售业务；承保 3～6 个月的短期商业信用保险，不承保长期商业信用风险。其险种主要有：赊销信用保险、贷款信用保险和个人贷款信用保险。

（一）赊销信用保险

赊销信用保险是为国内贸易的延期付款或分期付款行为提供信用担保的一种信用保险业务。在这种业务中，投保人是制造商或供应商，保险人承保的是买方（即义务人）的信用风险；目的在于保证被保险人（即权利人）能按期收回赊销货款，保障贸易的顺利进行。

（二）贷款信用保险

贷款信用保险是保险人对银行或其他金融机构与企业之间的借贷合同进行担保并承保其信用风险的保险。在贷款信用保险中，贷款方既是投保人，又是被保险人。贷款方投保贷款信用保险后，当借款人无力归还贷款时，可以从保险人那里获得补偿。贷款信用保险是保证银行信贷资金正常周转的重要手段之一。

（三）个人贷款信用保险

个人贷款信用保险是指在金融机构对自然人进行贷款时，由于债务人不履行贷款合同致使金融机构遭受经济损失时由保险人承担赔偿责任的信用保险。由于个人的情况千差万别，且居住分散，风险不一，保险人要开办这项业务，必须对借款人借款的用途、经营情况、商业信誉、私有财产等进行全面的调查了解，必要时还要求借款人提供反担保；否则，不能轻率承保。

二、出口信用保险

出口信用保险是承保出口商在经营出口业务的过程中，因进口商的商业风险或进口国的政治风险而遭受损失的一种信用保险。根据出口信用保险合同，投保人向保险人交纳保险费，保险人赔偿保险合同项下买方信用及相关因素引起的经济损失。常见的出口信用保险业务主要有短期出口信用保险和中长期出口信用保险。

（一）短期出口信用保险

短期出口信用保险是指承保信用期不超过 180 天、出口货物一般是大批的初级产品和消费性工业产品出口收汇风险的一种保险。短期出口信用保险是目前各国出口信用保险机构使用最广泛、承保量最大、比较规范的出口信用保险种类。

（二）中长期出口信用保险

中长期出口信用保险是指承保信用期限超过 2 年的资本性或半资本性货物的出口项目，例如，工厂或矿山的成套生产设备，船舶、飞机等大型运输工具，海外工程承包以及专项技术转让或服务等项目的出口收汇风险的一种保险。由于中长期出口项目的金额较大，合同执行期限较长，涉及的业务环节较多，运作复杂，而且项目很少重复，且所涉及的产品或服务均需要专门设计、专项制造，因此，保险合同没有固定统一的格式，而是由保险合同双方当事人根据不同的出口产品或服务内容、不同的交付条件及支付方式等情况逐项协商拟定保险条件、保险费率和收费方法等。

第五节　保证保险

任务描述 ▮▮▮

某年 10 月 20 日，刘某与 A 银行某分行订立了汽车消费借款合同，向银行借款 10 万元，期限 3 年。同日，应银行要求，刘某作为投保人向某保险公司投保了机动车辆消费贷款保证保险合同，银行为权利人。合同约定，投保人未能按机动车辆消费贷款合同约定的期限偿还欠款的，视为保险事故发生。保险事故发生后 3 个月，投保人仍未履行约定的还款义务,保险人按该保险合同约定负责偿还投保人所欠款项,但以不超过保险金额为限。保险期限与车辆消费贷款合同约定的贷款期限一致。到还款期限届满时,刘某还有 4 万元的贷款未还。银行便向刘某寄送了催款通知书,限令其在 15 日内还清所有欠款。15 日后,刘某仍没有还款。还款到期后的第二年 1 月 2 日,银行以刘某未履行还款义务为由将刘某告上了法院,并将保险公司列为共同被告,法院受理了此案。保险公司对其被列为共同被告向法院提出了质疑。

问题:1. 请指出本案例中的保证人和被保证人。2. 比较保证保险合同与保证合同的异同。3. 本案中保险公司被列为共同被告有法律依据吗?

知识平台

保证保险是指在约定的保险事故发生时,被保险人需在约定的条件和程序成熟时方能获得赔偿的一种保险方式,其主体包括投保人,被保险人和保险人。投保人和被保险人就是贷款合同的借款方和贷款方,保险人是依据保险法取得经营保证保险业务的商业保险公司,保证保险常见的有诚实保证保险和消费贷款保证保险。保证保险的内容主要由投保人交纳保险费的义务和保险人承担保险责任构成。保证保险的性质属于保险,而不是保证。在保证保险中,保险责任是保险人的主要责任,只要发生了合同约定的保险事由,保险人即应承担保险责任,这种责任因在合同有效期未发生保险事由而消灭。根据承保责任范围的不同,保证保险一般分为合同保证保险、忠诚保证保险、产品质量保证保险等。

一、保证保险的特征

(1) 保证保险中,保险人在保险事故发生且对被保险人进行赔偿后,有权利向投保人进行追偿,而在一般财产保险中,投保人不存在被追偿的责任。

(2) 保证保险合同是保险人对投保人的债务偿付、违约或失误承担附属性责任的书面承诺,实际上是对权利人的担保。

(3) 保险人必须严格审查投保人(被保证人)的资信。

(4) 保险费实质上是保险公司以自身名义提供担保而收取的手续费用。

二、合同保证保险

合同保证保险(又称"契约保证保险")是指因为被保证人不履行合同义务而造成权利人经济损失时,由保险人代替被保证人进行赔偿的一种保险。合同保证保险主要用于建筑工程的承包合同。根据建筑工程的不同阶段划分,合同保证保险可以分为:

(一) 供应保证保险

供应保证保险承保供货方未能按照合同的规定向需求方供货而造成需求方的经济损失。

(二) 投标保证保险

投标保证保险承保工程所有人因中标但不签订承包合同而遭受的经济损失。

（三）履约保证保险

履约保证保险承保工程所有人因承包人不能按质按量交付工程而蒙受的经济损失。

（四）预付款保证保险

预付款保证保险承保工程所有人因承包人不能履约而遭受的预付款损失。

（五）维修保证保险

维修保证保险承保工程所有人因承包人不履行规定的维修义务而蒙受的经济损失。

三、忠诚保证保险

忠诚保证保险（又称诚实保证保险）承保雇主因雇员的不诚实行为，如盗窃、贪污、侵占、非法挪用、故意误用、伪造、欺骗等而受到的经济损失。这种保险一般由雇主投保，以其正式雇员的诚实信用为保险标的。雇员忠诚保险承保投保人雇员的人品，因此，保险人承保时要了解所承保雇员过去的工作经历，如有无不诚实的记录、每次转换工作的原因和家庭、工作状况等。如果保险人了解到雇员的品格有问题，通常不予承保。

四、产品质量保证保险

产品质量保证保险（又称产品保证保险）是指因被保险人制造或销售丧失功能或不能达到合同规定效能的产品给使用者造成经济损失或人身伤亡时，由保险人对有缺陷的产品本身以及由此引起的有关经济损失和费用承担赔偿责任的一种保险。

拓展阅读 ▎▎▎

产品质量保证保险与产品责任保险的区别：

（1）保险标的不同。产品责任保险的保险标的是产品在使用过程中因缺陷而造成用户、消费者或公众的人身伤害或财产损失时，依法应由产品制造商、销售商或修理商等承担的民事损害赔偿责任。简言之，产品责任保险的保险标的是产品责任。产品质量保证保险的保险标的是被保险人因提供的产品质量不合格，依法应承担的产品本身损失的经济赔偿责任。简言之，产品质量保证保险的保险标的是产品质量违约责任。

（2）业务性质不同。产品责任保险是保险人针对产品责任提供的替代责任方承担因产品事故造成对受害方的经济赔偿责任的责任保险；产品质量保证保险是保险人针对产品质量违约责任而提供的带有担保性质的保证保险。

（3）责任范围不同。产品责任保险承保的是因产品质量问题导致用户财产损失或人身伤亡依法应负的经济赔偿责任，对产品本身的损失不予赔偿；产品质量保证保险则承保投保人因其制造或销售的产品质量有缺陷而产生的对产品本身的赔偿责任，也就是承保因产品质量问题所应负责的修理、更换产品的赔偿责任。

由于产品质量保证保险和产品责任保险的赔偿责任是紧密联系在一起的，所以，目前我国产品质量保证保险可与产品责任保险一起承保。

课后练习

一、单项选择题

1. 根据我国现行的《海洋运输保险条款》规定,自然灾害不指(　　)。

　　A. 地震　　　　　　B. 海啸　　　　　　C. 爆炸　　　　　　D. 雷电

2. 在国际货物保险中,不能单独投保的险别是(　　)。

　　A. 平安险　　　　　B. 水渍险　　　　　C. 战争险　　　　　D. 一切险

3. 为了防止运输中货物被盗,应该投保(　　)。

　　A. 平安险　　　　　　　　　　　　B. 一切险

　　C. 偷窃提货不着险　　　　　　　　D. 一切险加保偷窃提货不着险

4. 建筑工程保险为民用、工业用及公共事业用等所有建筑工程项目(　　)的自然灾害和意外事故提供风险保障。

　　A. 在建过程中　　　　　　　　　　B. 设计、施工过程中

　　C. 开发过程中　　　　　　　　　　D. 实施过程中

5. 建筑工程保险的第三者责任是指被保险人在工程保险期限内因意外事故造成工地以及工地附近的第三者(　　),依法应负的赔偿责任。

　　A. 人身伤亡　　　　　　　　　　　B. 财产损失

　　C. 人身伤亡或财产损失　　　　　　D. 责任事故

6. 建筑工程保险的保险金额为(　　)。

　　A. 保险建筑工程完工时的总价值　　B. 保险建筑工程投保时的估算价值

　　C. 保险建筑工程总概算额　　　　　D. 保险建筑工程总包合同价

7. 安装工程保险中,存在设计错误、铸造或原材料缺陷或工艺不善的被保险机器设备本身的损失,由(　　)承担赔偿。

　　A. 机器设备的生产厂家根据购货合同　　B. 承包人根据承包合同

　　C. 安装工程保险　　　　　　　　　　　D. 承包商机械设备保险

8. 下列陈述错误的是(　　)。

　　A. 产品责任险承保的不是有固定价值的标的

　　B. 保单均无保险金额而仅有赔偿限额

　　C. 赔偿限额由保险公司规定——根据不同产品发生事故后可能引起的赔偿责任大小,及产品销售区域而定,一般由被保险人提出,经被保险人同意后在保单中列明。

　　D. 产品责任保险单通常规定两项限额

9. 下面对雇主责任保险陈述错误的是(　　)。

　　A. 雇主责任险对雇员的财产损失也负责赔偿

　　B. 雇主责任险也称劳工灾害赔偿保险

　　C. 它承保雇员在受雇过程中伤亡、疾病的雇佣责任

　　D. 对非因工伤亡和疾病不予负责

10. 一批从广州运往汉堡的保险货物,途中因触礁造成船底受损,海水进入货舱打湿货物。这批货物损失属于( )的保险责任。

    A. 海洋运输货物保险   B. 出口信用保险

    C. 产品责任保险   D. 产品质量保证保险

11. 某职业责任保单的有效期为 2007 年 1 月 1 日到 2007 年 12 月 31 日,承保方式为"期内索赔式",同时,保单规定追溯期为两年,那么,保险人承担赔偿责任的全部期限为( )。

    A. 2005 年 1 月 1 日—2007 年 12 月 31 日

    B. 2007 年 12 月 31 日—2008 年 12 月 31 日

    C. 2005 年 12 月 31 日—2008 年 12 月 31 日

    D. 2005 年 12 月 31 日—2007 年 12 月 31 日

12. 某体育场投保公众责任保险,赔偿限额为 50 万元,在一次责任事故中裁定体育场赔偿金额为 80 万元,那么对被保险人支付的 8 000 元诉讼费用,保险人应摊的费用为( )。

    A. 3 000 元   B. 4 000 元   C. 5 000 元   D. 8 000 元

13. 某销售商为了转移其销售的燃气热水器因质量缺陷而致使用户遭受经济损失的风险时,应向保险公司投保的保险是( )。

    A. 产品责任保险   B. 公众责任保险

    C. 产品质量保证保险   D. 合同保证保险

14. 权利人向保险人投保债务人信用风险的保险称为( )。

    A. 保证保险   B. 信用保险

    C. 人身保险   D. 财产保险

二、案例分析题

1. 大地建筑公司承保了一项建筑工程,并就该工程向保险公司投保了建筑工程保险,包括基本险和第三者责任险。在保险期间,发生了以下事故:

(1) 本企业领有公共运输执照的货运车在公路上载本企业货物行驶时发生交通事故,将前方驶来的一辆出租车撞毁,责任在本企业。

(2) 本企业职工张某在工程施工现场高空作业时被暴风突然袭击,落地身亡。

(3) 工程项目因受雷击而发生火灾,大火蔓延到相邻一家单位的大楼,给那家单位造成损失。

(4) 在施工期间,附近某条道路被迫暂停通行,由此影响到附近一家酒店的经济效益。工程业主(建工险的被保险人之一)与该酒店签订一份协议,按协议规定,工程业主必须向酒店支付施工期间的营业损失费若干元。

问:以上事故或损失哪些属于建工险中第三者责任险的保险责任范围?

2. 我国某公司按 CIF 条件向中东某国出口一批货物,根据合同投保了水渍险附加偷窃提货不着险。但在海运途中,因两伊战起船被扣押,尔后进口商因提货不着便向我保险公司进行索赔,我保险公司认为不属于保险责任范围,不予赔偿。请分析是否赔偿,为什么?

3. 某公司出口卡车 1 000 辆,向 PICC 投保平安险,该批货物在航行途中遇到极端恶劣气候,有 990 辆卡车不慎被卷入海中。后该船又触礁,严重漏水,为了挽救船和其他货物,船长下令将余下的 10 辆卡车推入海中。问:保险公司会如何赔付?

4. 某货轮装有冷冻食品一批以及大豆 1 000 吨。货主对这些货物均投保了一切险并附加战争险和罢工险。货抵目的地后,大豆刚卸至码头便遇上当地工人罢工。在工人与政府的武装冲突中,该批大豆有的散落地面,有的被当作掩体,损失近半。另外,货轮因没有储备足够燃料,以致冷冻设备停机,造成冷冻食品变质。对这些因罢工而引起的损失,保险公司是否应该赔偿?

第七章 人寿保险

学 习 目 标

- 熟悉人寿保险商品的种类
- 掌握定期寿险、终身寿险的特点
- 掌握商业养老保险的含义与特点
- 掌握投资连结保险、分红保险和万能保险的含义及特点
- 能分析不同红利分配方式的优缺点及适合的投保对象
- 能进行人寿保险产品销售
- 熟悉人身保险常见条款
- 掌握人寿保险的理赔流程

第一节 传统人寿保险

任务描述

客户小徐,28岁,家中独子,某银行普通职员,年薪4万元,有社保无负债,目前与父母生活在一起,父母开始步入老年。

客户张女士,36岁,某外企部门主管,年薪14万元,有社保,有一个3岁小孩,一套住房按揭房贷80万元,期限20年。

客户刘先生,45岁,国内某知名律师事务所资深律师,年薪60万元以上,有房有车无负债,有社保且购买过部分商业保险。

上面这三位客户都担心自己万一发生不幸,家中亲人生活受到影响,请根据他们的具体状况,为他们各推荐一款合适的人寿保险产品。

知识平台

人寿保险是人身保险的主要组成部分,是以被保险人的生命为保险标的,以生存与死亡为保险事故,投保人向保险人支付一定数量的保费,当被保险人在保险期限内死亡或到了保险合同约定的年龄、期限时生存,由保险人向被保险人或受益人给付约定的保险金,提供经

济保障的一种业务。人寿保险是人身保险中最基本、最主要的险种,它在人身保险中发展最早,也最为发达,几乎是人身保险的代名词。

一、人寿保险的种类

按照不同的分类标准,人寿保险可以分为不同的类型

(1)按照保险责任不同,人寿保险可以划分为死亡保险、生存保险和两全保险。死亡保险是以被保险人的生命为保险标的,当发生合同约定的被保险人死亡事故时,保险人给付身故保险金的一类人寿保险。这里的生存保险也称为纯生存保险,是以被保险人在保险期满或达到某一年龄时仍然生存为给付条件,并一次性给付保险金的保险。两全保险是指无论被保险人在保险期间内死亡或保险期满时生存,保险人均需给付保险金的保险。它既为被保险人提供死亡保障,又提供生存保障。

(2)按照设计类型不同,人寿保险可以划分为传统人寿保险和新型人寿保险。传统人寿保险主要提供纯粹的保险保障功能,其中长期业务也具备储蓄功能。新型人寿保险则在提供保障功能的同时还兼具投资功能,保险资金的合理投资运用成为保险经营的主要内容,其主要种类有分红保险、变额寿险和万能寿险等。

二、定期寿险

(一)定期寿险的概念与特征

定期寿险是以被保险人在约定期限内身故或高残为赔付条件的险种。被保险人本人基本上享受不到该项保障,但能以较小的成本承担起在自己身故时给家人提供财务保障这一重要责任。理解一个典型的定期寿险产品应该把握以下特征:

1. 保费低廉

通常来说,购买定期寿险的年支出应在被保险人年收入的1%左右,即100～1 000元之间,一般不会造成购买负担。不过定期寿险的保费会随投保时年龄的增长而大幅增加,基本不适合四十岁以上人群。

2. 保障时间一般在10～30年

定期寿险的保障时间可根据需要进行选择,最常见的为10、20、30年三种,也有产品可选1、5、15、25年或至被保险人到达某一年龄时结束。

3. 没有储蓄投资功能

如果被保险人在保险期限内平安生存,缴纳的保费是拿不回来的,在期缴方式下中途退保也拿不到或者只能拿到很少的退保金。这也是该险种相对于大部分寿险险种便宜很多的最根本原因。

4. 可续保性

可续保条款允许投保人在特定的保险期限末续保一个定期寿险,而且在续保时,不必提供被保险人的可保证明(用以说明被保险人仍然属于可保风险的证明)。换言之,被保险人不必进行体检或向保险公司提供关于最近健康状况的证明材料。如果投保人要求续保,则

不论被保险人健康状况如何，保险公司都必须给以续保。

多数可续保定期寿险保单规定，投保人可以续保一个期限、保额与原保单相同的定期寿险。比如，对于保额 10 万元、期限 5 年的可续保定期寿险，投保人可以续保一个保额为 10 万元、期限为 5 年的保单。1 年定期寿险通常是可续保的，称为每年续保定期寿险。当然，保险公司通常允许续保保单的保额低于原保单，保险期限小于原保单。可续保定期寿险可能会给保险人带来逆选择风险，因此，保险人通常对投保人的续保权利有一定的限制。常见的限制包括：投保人续保时的年龄不能超过保单约定的年龄，如 65 岁或 70 岁；或者规定续保的最高次数，如 4 次，这些限制都是为了降低逆选择的影响程度。续期保费取决于被保险人的到达年龄，即被保险人在续保时的实际年龄。由于死亡率通常随着年龄的增加而不断提高，因此，续期保费将逐渐增加。由于可续保条款消除了投保人在定期寿险满期时成为不可保风险的可能性，因此，在同等情况下，可续保定期寿险的续期保费将略高于不可续保定期寿险。

5. 可转换性

可转换条款允许投保人将定期寿险保单转换为终身寿险，而且在行使转换权时，不必提供被保险人的可保证明。由于保单转换时不需要可保证明，即使被保险人的健康状况已严重恶化，成为不可保风险，保险公司也不能拒绝投保人的转换要求。转换后终身寿险的保费只能按事先约定的保险费率收取，不能根据特定被保险人的死亡风险而提高保费。由于可转换条款也会导致保险公司的逆选择风险，可转换定期寿险的保险费率通常会略高于类似的不可转换定期寿险。

为了尽量减少逆选择，保险公司通常对投保人的转换权有一定的限制。比如，某些保单规定，当被保险人到达一定年龄如 55 岁或 65 岁后不允许转换保单，某些保单规定，定期寿险生效超过一定年限后不允许行使转换权，如 10 年定期寿险通常只允许投保人在前 7 年或前 8 年行使转换权。此外，也可以将转换后的保额限制为原保额的一个约定百分比。比如某 10 年定期寿险允许投保人在前 5 年按原保额进行转换，在后 5 年只能按原保额的 60% 进行转换。

当投保人将可转换定期寿险转换成终身寿险时，保险公司通常会签发一个新的保单，并通常根据转换时被保险人的年龄计算保险费率。比如，王先生在 32 岁时为自己投保了一份 10 年期可转换定期寿险，4 年后，他因为自己的收入显著提高而决定将该保单转换成终身寿险，则终身寿险的保险费率按照被保险人 36 岁来计算。

（二）定期寿险的作用

相对其他寿险产品而言，定期寿险具有费率低、保障程度高等特点，它受到了人们的普遍重视，尤其在保险市场的初级发展阶段，定期寿险的市场份额比较高。归结起来，定期寿险具有下列重要作用：

（1）对收入低、保障需求高的个人或家庭具有重要的作用。如：某人工作不满 1 年，刚刚结婚，而且是家庭的主要收入来源，显然，他的意外死亡或残疾就会构成该家庭的重大风险，因此，对保障型保险的需求很高，但在通常情况下，他的收入不会很高，扣除日常的各项必要支出后，难以购买足够的终身寿险或其他具有现金价值的高保费寿险保单，这时，购买定期寿险是最合适的,而且可能也是唯一的选择。如果购买可转换定期寿险,还可以确保在有支付能力时不会因健康状况恶化而失去投保终身寿险的机会。

（2）作为终身寿险或两全保险的有效补充。由于定期寿险费率较低,等额保费所能购买的定期寿险保额远远高于终身寿险或两全保险,因此,在创业阶段或者在抚养子女阶段,可以购买高额的定期寿险来补充终身寿险或两全寿险的不足。

（3）改善信用的有效手段。抵押贷款偿还保险和信用人寿定期保险有效地降低了债务人的信用风险,既有利于改善贷款条件帮助其获得所需的贷款,也有利于保全房产、汽车等家庭财产。

（三）定期寿险的局限性

定期寿险的局限性主要表现在以下三个方面:

（1）保单失效率高。由于定期寿险的保险费率通常没有现金价值,所以容易引起保单失效。保单失效对保险双方都不利,被保险人可能暂时失去保险保障,而保险公司可能无法收回前期发生的高额费用,而且增加了业务的波动性。

（2）逆选择风险高。基于定期寿险低费率、高保障的特点,健康状况不好的人比较倾向于购买高额的定期寿险。如果保险公司不能准确识别风险而签发保单,实际死亡率就可能高于预定死亡率,从而不利于保险公司,构成逆选择风险。为降低逆选择程度,保险公司必须加强核保能力,而信息的不对称性加大了核保的难度和费用。无论何种情形,都将提高保险公司的经营成本,反过来又会提高定期寿险的费率,不利于定期寿险的投保人和潜在投保人。

（3）保险消费者容易产生"吃亏"心理。当定期寿险满期时,如果被保险人仍然生存,保险公司没有任何给付责任,某些消费者会产生这样一种感觉,即履行了缴保费的义务而没有获得任何补偿的"吃亏"心理。

练一练

某 10 年定期寿险保单包含一个可续保条款,规定最多允许续保 3 次,而且被保险人满65 岁后不能续保。假设投保时被保险人的年龄为① 24 岁;② 37 岁;③ 45 岁,则各种情况允许的续保次数和续保年龄分别是多少?

拓展阅读

购买定期寿险的注意事项:

（1）根据需求选择期限。比如:为了抚养子女,选择与"22 岁—投保时子女年龄"相接近的险种;为了偿还房屋贷款,可购买专门的信贷定期寿险,或者同时选几款不同期限的产品,组合成保额递减的险种。

（2）根据收入选择保额。选择保险金额除了要参考实际需要外,还需与支付能力相适应。不要盲目选择高保额产品,健康的投保目的是维护家庭原有的生活水平,而不是通过保险来让家人由贫变富。定期寿险的年保费最好不要超过被保险人年收入的 1%。

（3）保留灵活性。因为许多其他的险种也具有定期寿险的功能，所以在不确定未来是否会购买其他险种的情况下，不妨先买年限短一些的，或者不买太足的保额，以便与其他理财方式进行衔接。

（4）货比三家再购买。购买时可以先收集多家公司的同类产品和费率，对比条款费率后再进行购买。根据 2006 年开始使用的新生命表设计的定期寿险，费率一般来说要低一点，不过价格相差有限。

（5）重点阅读"保险责任"条款。应该全文阅读保险条款，而不要贪图省事盲目签名。阅读"保险责任"时请注意：有的公司只保身故不保高残；公司在投保后对疾病身故设有观察期，有的公司观察期为 180 天，有的公司为 1 年；观察期内疾病身故有的公司只退保费，有的公司可以退 10％保额，两者相差大约有十倍。

（6）重点理解"责任免除条款"和"高残定义"。定期寿险的除外责任通常为八项，可以简单理解为：投保人、受益人故意杀伤；被保险人犯罪、自伤；两年内自杀；毒品；非法驾驶；艾滋病；战争；核爆炸污染。个别公司也会添加其他的除外责任。高残定义比较严格，虽然各家公司都是相同的，在购买时仍需注意正确理解。

三、终身寿险

（一）终身寿险概念与特征

终身寿险是一种不定期的死亡保险，即保险合同中并不规定期限，自合同生效之日起至被保险人死亡为止。终身寿险具有以下特征：

（1）提供终身保障，保险给付具有必然性。终身寿险能够为被保险人提供终生的死亡保障，死亡保险金通常等于保单的保额，且在被保险人的一生中是固定不变的。例如，无论被保险人何时死亡，保额为 30 万元的终身寿险保单都将付给受益人 30 万元。

（2）年均衡保险的费率较低，适于中等收入者购买。

（3）具有储蓄性，即具有保单的现金价值。投保人可以通过不同方式处置保单现金价值，比如，投保人可以根据保单贷款条款，以现金价值为抵押，向保险公司申请贷款，保险公司将不进行资信调查而按照约定利率给予贷款，贷款上限通常是现金价值的约定比例，如 70％、80％。如果在被保险人生存期间，投保人允许保单失效或要求退保，保险公司会将现金价值扣除一定的退保费和保单抵押贷款本息后的余额退还给投保人，或者将该金额用于购买减额缴清保险、展期保险，这些通常由不丧失价值条款规定。如果被保险人活到了生命表的年龄上限（如 1990—1993 年中国经验生命表的年龄上限是 106 岁），并已按要求缴清所有保费，则保险公司将给付满期保险金。因此，终身寿险又可以看作是保险期限至生命表年龄上限的两全保险。

（4）灵活性。普通终身寿险单的条款允许把该保险单变换为减额的保险费缴清保险单。

保险单所有人还可以用普通终身寿险单的现金价值作为一次缴清的保险费把该保险单变换为定期寿险单，或者在退休时把该保险单变换为年金保险单。

（二）终身寿险的种类

1. 普通终身寿险

普通终身寿险又称终身缴费的终身寿险，保险合同规定，投保

必须按期缴纳保险费直至被保险人死亡时止，即缴费期等于保险期。它是寿险公司早期常见终身寿险形式，采取均衡费率为保户提供终身死亡保障，并在保单失效时退还保单现金价值。

2. 限期缴费终身寿险

限期缴费终身寿险限定了保险费的期限，可以用年数或被保险人所达到的年龄来表示，如缴费 5 年、10 年或保费缴至被保险人 60 周岁、65 周岁为止。在相同保险金额下，缴费期限越长，投保人每期应缴保费就越少。趸缴保费和终身缴费终身寿险是限期缴费的两种极端形式。实务中，限期缴费的终身寿险业务规模比较大。

3. 保费可以调整的终身寿险

它是终身寿险的一个变种，在最初几年内，年保险费低于普通终身寿险的年均衡保费，此后高于均衡保险费，也可以使用其他保险费调整方式。

练一练

请分别阅读平安寿险《幸福定期保险》条款摘要和中国人寿《祥瑞终身保险》条款摘要，思考以下问题：

（1）一名 30 岁男士，如果购买 10 万元保额的保险期限为 20 年的定期寿险，一次性缴清所有保费，应缴保险费多少元？ 如果他购买 10 万元终身寿险，一次性缴清所有保费，应缴保险费多少元？

（2）定期寿险与终身寿险相比，两者有什么不同之处？

平安寿险《幸福定期保险》条款摘要

1. 投保年龄

——18 至 60 周岁。

2. 保险期限

——分为 10 年、15 年、20 年、30 年四种。

3. 保险责任

——被保险人于合同生效之日起1年内因疾病身故，按保额的 10% 给付身故保险金，并无息返还保险费，合同终止。

——被保险人因意外伤害身故或于合同生效起1年后因疾病身故，按保额给付身故保险金，合同终止。

4. 保险费

——分为趸交和年交两种，年交的分 5 年交、10 年交、15 年交、20 年交、30 年交五种，选择的交费期间不超过合同的保险期间。

《幸福定期保险》男性费率摘要

每万元保额 货币单位：人民币元

投保年龄	10 年期			15 年期				20 年期				
	趸交	5 年交	10 年交	趸交	5 年交	10 年交	15 年交	趸交	5 年交	10 年交	15 年交	20 年交
20	108	28	15	156	41	22	15	219	57	31	21	17
30	145	38	20	257	67	36	25	413	108	58	40	32
40	337	88	47	618	161	87	61	1 001	261	140	99	79
50	835	219	119	1 511	396	215	153	2 372	622	338	241	198
60	2 021	537	300									

《幸福定期保险》女性费率摘要

每万元保额 货币单位：人民币元

投保年龄	10 年期			15 年期				20 年期				
	趸交	5 年交	10 年交	趸交	5 年交	10 年交	15 年交	趸交	5 年交	10 年交	15 年交	20 年交
20	63	16	9	92	24	13	9	129	34	18	12	10
30	90	23	12	157	41	22	15	254	66	35	25	20
40	210	55	29	390	102	54	38	648	169	90	63	51
50	549	144	77	1 023	268	144	102	1 669	437	235	167	135
60	1 434	379	208									

中国人寿《祥瑞终身保险》条款摘要

1. 投保范围

——凡 16 至 65 周岁、身体健康者均可作为被保险人，由本人或对其具有保险利益的人投保。

2. 保险责任

——在合同有效期间内被保险人身故，公司按保险单载明的保险金额给付身故保险金，合同终止。

3. 保险费

——分为趸交、年交和半年交三种，分期交费的交费期间又分为 5 年、10 年、15 年和 20 年四种，由投保人在投保时选择。

4. 特别条款

——减额交清保险的选择；借款；保额增加权益；可转换权益。

《祥瑞终身保险》费率摘要

保险金额：一千元　　　　　　　　　　　　　　　货币单位：人民币元

投保年龄	趸交	五年期交		十年期交		十五年期交		二十年期交	
		年交	半年交	年交	半年交	年交	半年交	年交	半年交
20	320	74	38	39	20	28	15	22	12
30	400	92	48	49	26	35	18	28	15
40	500	115	60	62	32	44	23	36	19
50	617	143	74	78	40	56	29	47	24
60	746	176	92	98	51				

四、年金保险

（一）年金保险的概念

年金指一系列的定期支付。年金保险是指保险人承诺在一个约定时期或所指定人的生存期作一系列的定期支付。一般地，年金保险有生存年金与确定年金之分，生存年金指年金支付取决于被保险人的生存，而确定年金指无论被保险人是否生存，保险公司均按照约定条件定期支付年金。

（二）年金保险与人寿保险的比较

1. 年金保险与人寿保险的不同之处

（1）防范风险不同。购买人寿保险是为了积聚一笔资金，用以防范被保险人早逝导致收入损失的财务风险，购买年金保险是为了清算一笔资金，用以防范因寿命过长而导致没有足够生活费用来源的财务风险，因此，年金保险通常被视为人寿保险的对立面。

（2）给付条件不同。年金保险以年金领取人生存为给付条件，人寿保险以被保险人死亡为给付条件。

（3）逆选择结果不同。投保人和保险人之间的信息不对称性容易导致逆选择，即不利于保险公司的选择倾向。由于年金业务和寿险业务的给付条件不同，身体健康、预期死亡率低于平均水平的人更倾向于购买年金保险；身体不好、预期死亡率高于平均水平的人更倾向于购买人寿保险。这种逆选择导致相同年龄和性别的人购买年金和寿险的死亡率出现明显的差异，前者明显低于后者，从而使得两种业务的保险成本出现明显差异。为此，保险公司经营年金业务和寿险业务采用了不同的生命表，年金保险使用年金生命表，人寿保险使用寿险生命表，前者通常低于后者。

（4）死亡率改善对保险公司的影响不同。一般地，任何生命表都有一定的安全边际，对于寿险生命表，安全边际意味着生命表中的死亡率将高于预期的死亡率，对于年金生命表，安全边际意味着生命表中的死亡率将低于预期的死亡率。随着生活条件、医疗卫生、安全设施等方面的日益改善，人们的预期寿命不断延长，这一趋势将使年金生命表的安全边际逐渐减小,而寿险生命表的安全边际将不断扩大,产生相反的影响。在产品定价时,精算师应该充分考虑未来死亡率改善这一因素,以确保适当的安全边际。

2. 年金保险和人寿保险的共同点

(1) 年金保险和人寿保险都为被保险人提供经济收入保障。年金保险为因寿命过长导致的收入不足提供保障,人寿保险为因早逝而导致的收入损失提供保障。从经济角度看,这两种不确定性都是人们希望回避的。

(2) 年金保险和人寿保险运用相同的风险汇聚技术。人寿保险是这样一种风险汇聚安排,即要求投保人按平均的死亡率缴纳保险费,形成一定规模的保险基金,当个别被保险人死亡时,其受抚养人可以从保险基金中得到约定的保险金,以弥补被保险人早逝带来的收入损失;年金保险的风险汇聚安排是,所有年金投保人按照平均的预期寿命缴纳年金保费,低于平均预期寿命的人所缴保费将高于实际领取的金额,高于平均预期寿命的人所缴保费将低于实际领取的金额,前者多余部分恰好用来弥补后者不足部分,从而为因寿命过长而生活费用来源不足的风险提供足够的经济保障。

(3) 两者的定价原理相同。一方面,两者都是基于特定生命表所反映的死亡和生存概率来确定纯保费的;另一方面,在计算纯保费时,都考虑了货币的时间价值,即保险费率都是运用适当的利率,按复利方式进行贴现得到的。

(三) 年金保险的分类

(1) 按照被保险人不同,年金保险可以分为个人年金、联合年金、最后生存者年金和联合及生存者年金。

个人年金又称为单生年金,被保险人为独立的一人,是以个人生存为给付条件的年金保险。

联合年金是指以两个或两个以上被保险人的生存作为年金给付条件的年金保险。这种年金的给付持续到最先发生的死亡时为止。

最后生存者年金是指以两个或两个以上被保险人中至少尚有一个生存作为年金给付条件,且给付金额不发生变化的年金保险。这种年金的给付持续到最后一个生存者死亡为止。

联合及生存者年金是指以两个或两个以上被保险人中至少尚有一人生存作为年金给付条件,但给付金额随着被保险人人数的减少而进行调整的年金保险。这种年金保险的给付持续到最后一个生存者死亡为止,但给付金额根据仍生存的被保险人人数进行相应的调整。

(2) 按照年金给付方式不同,年金保险可以分为终身年金、最低保证年金和定期生存年金。

终身年金是指年金受领人在一生中可以一直领取约定的年金,直到死亡为止的年金保险。

最低保证年金是为了防止年金受领人过早死亡、丧失领取年金权利而产生的一种年金保险。最低保证年金又分为确定给付年金和退还年金。确定给付年金规定了一个领取年金的最低保证确定年数,在规定期间内,无论被保险人生存与否均可得到年金给付。退还年金是指当年金受领人死亡而其年金领取总额低于年金购买价格时,保险人以现金方式一次或分期退还其差额的年金保险。

　　定期生存年金是一种以被保险人在规定期间内生存为给付条件的年金保险。这种年金的给付以一定的年数为限，若被保险人一直生存，则年金给付到期满；若被保险人在规定的期限内死亡，则年金给付立即停止。

　　（3）按年金开始给付的日期不同，年金保险可以分为即期年金与延期年金。

　　即期年金指保险合同成立后，保险人立即按照合同约定，按期开始进行给付的一种年金。延期年金是从年金购买之日起，超过一个年金期间后开始给付的年金，即合同成立后，经过一定时期或达到一定年龄后才开始给付的年金。人们通常在工作期间购买延期年金，以满足退休后的生活费用需要。对于延期年金，有两个"期间"的概念：累积期间，从投保人开始缴费到保险公司开始给付的期间；给付期间，保险公司向年金领取人提供给付的期间。

　　（4）按有无偿还特征划分，年金保险可以分为纯粹终身年金与偿还式年金。

　　纯粹终身年金是只要年金受领者生存，就继续给付年金。而偿还式年金是指保证给付一定金额或次数的年金，以使年金受领者受益人继续领取到期间届满。

　　（5）按年金给付金额是否变动分类，年金保险可以分为定额年金与变额年金。定额年金的保险金额给付固定，变额年金是指保单累计价值和年金给付金额随投资账户的业绩上下波动的年金。

拓展阅读

　　现在很多人意识到商业养老保险在自己养老规划中的重要性，可面对市面上众多的养老产品却又不知所措，购买商业养老保险时应注意哪些方面的呢？

　　（1）可适当缩短缴费期限。

　　商业养老保险有多种缴费方式，除了一次性趸缴外，还有3年、5年、10年、20年等几种期缴方式。"对于商业养老保险，缴费期限越短，缴纳的保费总额将越少。"保险专家说，在银行利率走低的背景下，消费者可缩短缴费期限，这样所需缴纳的保费总额将会减少一些。

　　（2）购买20万元左右的商业养老保险比较合适。

　　商业养老保险的领取时间最好与退休年龄衔接起来。"商业养老保险提供的养老金额度应占到全部养老保障需求的25%～40%，因此在有了社会基本养老保险的基础上，考虑到生活水平逐步提高和物价等因素，投保人购买20万元左右的商业养老保险比较合适。"保险专家介绍道。

　　（3）最好购买具有分红功能的商业养老保险。

　　商业养老保险可以分为传统型养老险和分红型养老险两种，分红型养老险将固定利率转变为浮动利率，其实际分红和结算利率视寿险公司的经营水平而定，不受保监会规定的年预定利率不超过2.5%的限制。养老险是长期的储蓄型险种，在银行利率走低的背景下，消费者应尽量选择具有分红功能的养老险。

　　（4）早买比晚买好。

　　对于商业养老保险，保险公司给付被保险人的养老金是根据保费复利计算产生的储蓄金额，因此，投保人年龄越小，储蓄的时间越长，缴纳的保费就相对较少。此外，消费者投保商业养老保险，年龄最好在50周岁以下，因为投保年龄超过50周岁，需缴付的保费比较高。

练一练

1. 孙女士在 45 岁时获得 8 万元现金收入,她用这笔现金购买了一份年金,以便在 60 岁时按月领取年金。请问:这是什么类型的年金,累积期与给付期分别指哪段时间?

2. 高先生现年 55 岁,用趸缴保费购买一个 10 年延期金额保底年金,保费为 20 万元,每年给付金额为 2 万元。假设高先生在:

(1) 60 岁死亡

(2) 70 岁死亡

(3) 80 岁死亡

保险公司给付的金额分别是多少?

3. 上网查找四家不同公司商业养老保险,分析对比其投保范围、保险期间、缴费方式、保险责任、产品特色等方面的不同,并列在一张表格中进行分析,确定不同类型的客户适合购买的商业养老保险产品及产品的销售点。

问题提示:

(1) 有社会保险的人适合购买的商业养老保险产品是哪个? 其产品特点是什么?

(2) 无社会保险的人适合购买的商业养老保险产品是哪个? 其产品特点是什么?

(3) 不同年龄段购买商业养老保险的顺序如何?

第二节　新型人寿保险

新型人寿保险,又称为非传统型寿险或投资型保险等,是保险人为了适应新的保险需求,增加产品竞争力而开发的一系列新型的保险产品。新型寿险产品是相对于传统寿险产品而言的,传统人寿保险产品保额固定、保费固定、利率固定,而新型人寿保险产品保额、保费、利率、现金价值等相对可变。

一、新型人寿保险的起源与发展

20 世纪 70 年代至 80 年代,欧美国家正值高通货膨胀及高利率时代,消费者想通过购买金融工具来获取高回报,银行和证券公司开发出大量创新的金融产品,从而吸引了大量的个人金融资产,而保险公司的传统型保险产品的给付选择无法应对高通胀,造成保险公司的资金外流,这就迫使欧美的寿险业者纷纷调整传统型寿险产品的设计方向,开发出"投资型保险"即创新型寿险产品。由于创新寿险产品的竞争对手不再是同行业的产品,而是其他金融产品,因此其应运而生了。

20 世纪 70 年代后期,投资型保险(基金连结保险)在英国的保险市场上逐渐取代传统型保险,越来越多的传统型业者开始拓展与共同基金相结合的寿险商品,再加上在股票市场的稳定获利,大多数英国人开始意识到创新型产品的好处,需求不断上升。从 1987 年至 1997 年间,英国的基金连结保险在寿险市场上的份额由 39% 提高到 50%,增长了 11%。

1976 年，美国 Eguitable 人寿保险公司开发出称为"变额保险"的第一代创新型寿险产品。从 80 年代开始，变额保险在美国获得迅速发展，共有 30 多家保险公司销售此类保单。截至 1999 年，变额保险在美国寿险市场所占份额已超过 30％。

二、新型人寿保险的特点

相对于传统的人寿保险产品，投资型的保险产品具有以下特点：

第一，具有保险与投资双重功能。创新型人寿保险与传统人寿保险最大的不同之处在于它集保险保障与投资理财于一身。该险种将客户缴付的保费分成"保障"和"投资"两个部分，一部分用于保险保障，即使投资收益不理想，客户在保险期限内也可获得身故保险金、全残保险金、满期保险金等基本保障；其余部分保费转入专门的投资账户，由保险公司的投资部门通过专业理财渠道进行投资运作，以达到资产的保值增值目的，投资收益全部归客户所有。由于投资部分没有预定的回报率，在实际收益较高时，客户可享有更大的获利空间。

第二，独立账户，运作透明。独立账户是指客户在投保创新型人寿保险后将拥有一个独立的个人投资账户。投资账户是保险公司为投保人单独设立、单独管理的资金运用账户。在这个账户中，保险公司记录投保人交费、部分领取等资金的流入流出情况，记录所有投资损益的变化情况。这一"独立账户"可以有效地将创新型人寿保险与保险公司的其他资产分割开，做到独立立账、独立管理、独立评估、独立核算，保证客户的切身利益；"独立账户"也可保证创新型人寿保险透明经营。客户所缴保险费按照保险合同条款中规定的项目、比例进行分配，客户还可以随时查询投资账户的买入价、卖出价及账户价值变化，保险公司将定期评估投资账户资产价值，公布投资业绩，使客户全面了解保单信息，并便于监管机构的监督管理。

第三，保障水平不确定。创新型人寿保险在给付保险金时取决于保险金额和投资账户投资单位价值总额的较大值。因此，当投资账户中的投资单位价总额低于保额时，保险金按保险金额给付，保障水平是确定的；而当投资账户中的投资单位价值总额高于保额时，保险金额按投资账户价值总额给付，随投资账户资产价值的增加而增加，此时保障水平就表现出一定的不确定性。

第四，收益与风险并存。创新型人寿保险不承诺投资回报率，客户实际得到的投资收益率取决于公司专门账户的投资绩效，所有的投资风险由客户自行承担。在我国，新型人寿保险产品主要有分红保险、投资连结保险（即变额寿险）和万能寿险。

三、分红保险

分红保险，就是指保险公司在每个会计年度结束后，将上一会计年度该类分红保险投资账户中的可分配盈余，按一定的比例、以现金红利或增值红利的方式，分配给客户的一种人寿保险。

（一）分红保险的特点

1. 保单持有人享受经营成果

分红保险不仅提供合同规定的各种保障，而且保险公司每年要将经营分红险种产生的部分盈余以红利形式分配给保单持有人。目前,中国保监会规定保险公司应至少将分红保险业务当年度可分配盈余的70%分配给客户。

2. 客户承担一定的投资风险

由于每年保险公司的经营状况不一样,客户所得到的红利也不一样。在保险公司经营状况好的年份,客户会分到较多的红利,在保险公司经营状况不佳的年份,客户能分到的红利较少,甚至没有。因此,分红保险使保险公司和客户在一定程度上共同承担了风险。但需注意的是,分红保险是专家理财,有效控制投资风险,集中捕捉投资机会,可享有更高收益。

3. 定价的精算假设比较保守

寿险产品在定价时主要以预定死亡率、预定利率和预定费用率等三个因素为依据,这三个因素与实际状况的差距直接影响到寿险公司的经营成果。对于分红险,由于寿险公司要将部分盈余以红利的形式分配客户,所以在定价时对精算假设估计比较保守,即保单价格比较高,以便在实际经营过程中产生更多的可分配盈余。

4. 保险给付、退保金中含有红利

分红保险的被保险人在身故后,受益人在获得投保时约定保额的保险金的同时,还可以得到未领取的累积红利和利息。在满期给付时,被保险人在获得投保时约定保额的保险金的同时,也可以得到未领取的累积红利和利息。分红保险的保单持有人在退保时得到的退保金也包括保单红利。

(二)分红保险的红利

从本质上说,分红保险是一种保户享有保单盈余分配权的产品,即将寿险公司的盈余,如死差益、费差益、利差益等,按一定比例分配给保单持有人。分配给保户的盈余,称为红利。

1. 分红保险红利来源

(1)死差益。这是由于实际死亡率低于预定死亡率所得的利益。显然依预定死亡率收取的保费足够支付实际死亡成本,这是对保险公司有利的。保险公司经营上担心的是实际的死亡情形超出保险公司的预测,即实际死亡率高于预定死亡率,则会产生死差损的不利情形。为了确保获得死差益,在经营上就应注重对被保险人的风险选择,并大力保证获得优良的合同,尽力避免逆选择的产生。

(2)利差益。当实际收益率高于预定利率时,则产生利差益。一般保险公司在计算保费时对预定利率均采取保守的低估政策,以期获取足够的保费支付所需的成本。如果预定利率过于高估,所收保费可能会不足支付所需成本,同时资金运用收益率也并不如预定利率来得高的话,此时会危及公司的财务安全,即产生了利差损现象。责任准备金是寿险公司的主要资金来源,它的运用的实际情形即为产生利差益或利差损的原因。利差益的产生与责任准备金具有比例关系,即随着年数的增加而增多。为确保取得利差益,经营上应对资金加以妥善运用,并注意提高保单继续率防止解约失效的情形。

(3)费差益。这是公司的实际营业费用少于预计营业费用所产生的利益、行政管理混乱会造成许多无谓的浪费,营业费用必定会比预计的来得高而产生费差损的情形。所以费

用的控制是公司经营的重点,而且如果可以合理控制费用就可以正确预计成本,有利于提高经营效率。

2. 红利分配方式

根据保监会规定,在每一会计年度保险公司应将不低于当年全部可分配盈余的 70% 分配给保单持有人。分红保险红利分配有两种方式,即现金红利和增额红利。现金红利是直接以现金的形式将盈余分配给保单持有人。增额红利是指整个保险期限内每年以增加保险金额的方式分配红利。目前国内大多保险公司采取现金红利方式。

在具体的分配过程中,由于不同分红保单在不同年度对死差益、利差益和费差益的贡献会有不同,每张保单能分配到的红利数额是保险公司基于公平的原则,按照保单贡献的大小来确定的。

同时,保险公司在每一会计年度还会向保单持有人寄送分红保险客户报告,说明公司分红保险经营状况及分红政策、当年度可分配盈余、保单持有人应获的红利金额及其计算基础和计算方法,充分做到对客户透明。

练一练 ▍▍▍

阅读平安鸿利终身保险(分红型)条款,想一想分红保险的优势在哪里?

平安鸿利终身保险(分红型)

第三条　保单红利

在本合同有效期间内,本公司每年将根据分红保险业务的实际经营状况,按照保险监管机关的有关规定确定红利的分配。若本公司确定本合同有红利分配,则该红利将于保单周年日分配给投保人。

投保人在投保时可选择以下红利领取方式之一:

一、累积生息:红利留存于本公司,按本公司每年确定的红利累积利率,以复利方式储存生息,并于本合同终止或投保人申请时给付。

二、抵交保险费:红利用于抵交下一期的应交保险费,若抵交后仍有余额,则用于抵交以后各期的应交保险费。抵交保险费方式下红利余额不予计息。抵交保险费方式在交费期满后自动变更为累积生息方式。

三、购买交清增额保险:依据被保险人的当时年龄,以红利作为一次交清保险费,按相同的合同条件增加保险金额。

如投保人投保时未选择红利领取方式,则以累积生息方式办理。

四、变额人寿保险

(一)变额人寿保险的含义

变额人寿保险又称投资连结保险,是一种终身寿险。变额人寿保险的"变"体现在,变额寿险的保险金和退保金(现金价值)是变动的,它随着为保单持有人设立的分离账户的投资收益(包括资本升值、股息、利息等)的变动而变化。

购买变额寿险,投保人支付保费以后,寿险公司扣除保险费用,将剩余资金放在以保单持有人名义设立的分离账户内,分离账户的资金用来购买一个或几个单位的投资基金,投资基金主要投资于各种证券。

在死亡保险金额的设计上,存在两种方法:一种是给付保险金额和投资账户价值两者较大者(方法 A),另一种是给付保险金额和投资账户价值之和(方法 B)。方法 A 的死亡给付金额在保单年度前期是不变的,当投资账户价值超过保险金额后,随投资账户价值波动;方法 B 的死亡给付金额随投资账户价值而不断波动,但风险保额(死亡给付金额与投资账户价值之差)保持不变。

(二) 变额人寿保险的特点

与传统寿险相比较,变额人寿保险通常具有以下特点:

第一,其保费的缴纳与传统寿险产品相同,是固定的,但保单的保险金额在保证一个最低限额的条件下,却是可以变动的。变额寿险也是因此而得名的。变额寿险保险金额的变动取决于投保人所选择的投资分立账户的投资效益。

第二,变额寿险通常开立有分立账户(分立账户是美国的叫法,在加拿大叫独立账户,而在中国则叫投资账户)。在寿险公司内部,对应于传统终身寿险的保单责任准备金的资产都要记入保险公司的综合投资账户,为了使这些资金获得较为稳定的资产回报率,保险公司将之投资于一系列的较为安全的项目;而对应于变额寿险的保单责任准备金的资产,则单独开立一个分立账户或多个不同收益、风险特性的分立子账户,由投保人或保单所有人自由选择,由保险公司本身或委托基金公司专业经营。投保人缴纳的保费,在减去费用及死亡给付分摊额后被存入选择的投资分立账户。

第三,变额寿险保单的现金价值随着客户所选择投资组合中投资业绩的状况而变动,某一时刻保单的现金价值决定于该时刻其投资组合中投资分立账户资产的市场价值。

在该种保单的死亡给付中,一部分是保单约定的固定的最低死亡给付额,一部分是其分立账户的投资收益额。保险人根据资产运用状况,对投资分立账户的资产组合不断进行调整;保单所有人也可以至少每年一次地在各种投资产品中自由选择调整组合。所选择的投资分立账户的投资收益高则保单的现金价值高,死亡保险金即保险金额也高;反之,则保单的现金价值低,死亡保险金即保险金额也低。

变额寿险产品除了具有保险的保障功能外,最显著的特点是其通过独立投资账户的投资基金来实现投资功能。客户的保费进入投资账户中,由保险公司或委托基金公司的投资专家进行投资运作,投资收益全部归客户所有,但投资账户不承诺投资收益,投资风险由保单所有人承担,保险人只是负责管理投资账户。保单的现金价值可能因投资账户的收益不好而为零。正是如此,在美国,变额寿险产品被认为是一种有价证券产品,经营变额寿险产品的保险公司须作为投资公司经纪商在美国证券交易委员会(SEC)注册,同时出售各种变额寿险保单的也必须在 SEC 注册,并且只有根据联邦证券法取得经纪人或交易商许可证和保险双重从业资格的销售代理人才有资格销售这类产品。但在加拿大等其他一些国家,仍将变额寿险视为寿险产品,由保险公司及其代理人在无特别许可的条件下也可销售。

练一练

阅读平安世纪理财投资连结保险条款，想一想投资连结保险的优势与劣势在哪里？

平安世纪理财投资连结保险条款

【责任条款】

第二条　保险责任

在本合同有效期内，本公司承担下列保险责任：

一、身故保险金

被保险人在保险期间内身故，本公司根据本合同项下的投资单位价值总额或者保险金额，取二者中金额较大者，给付身故保险金，本合同终止。

本合同项下的投资单位价值总额根据本公司收到被保险人死亡证明书后的下一个资产评估日的投资单位卖出价和本合同项下的投资单位数计算。

二、全残保险金

三、豁免保险费

四、满期保险金

五、满期特别给付金[投资单位]指本公司投资账户资产的计量单位。[买入价]指本公司分配保险费进入投资账户时每一投资单位的价格。[卖出价]指本公司将投资单位转为现金时每一投资单位的价格。

【一般条款】

第一条　投资账户

投资账户的资产以投资单位计量。每期保险费中转入投资账户的部分，均按投资单位买入价计算相应的投资单位数。

第二条　投资单位价格

投资账户中的投资单位价格分为买入价和卖出价。

投资单位买入价由本公司决定，但不得高于：(略)

投资单位卖出价由本公司决定，但不得低于：(略)

第三条　投资单位数量确定

本公司按照本合同的规定，确定每期保险费转入投资账户的金额并计算相应的投资单位数，计算方法如下：(略)

投保人延迟交付保险费时，投资单位的买入价为保险费实际收到日的下一个资产评估日的投资单位买入价。

第四条　投资账户资产管理费

本公司在每个资产评估日收取投资账户资产管理费，收取标准为：(略)

投资账户资产管理费收取比例根据投资账户资产类型确定，但每月最高不超过 0.2%。

五、万能寿险

（一）万能寿险的概念与特征

万能寿险是指包含保险保障功能、并至少在一个投资账户拥有一定资产价值的人身保险产品。

万能寿险除了同传统寿险一样给予保户生命保障外，还可以让客户直接参与由保险公司为投保人建立的投资账户内资金的投资活动，将保单的价值与保险公司独立运作的投保人投资账户资金的业绩联系起来。万能寿险大部分保费，用来购买由保险公司设立的投资账户单位，由投资专家负责账户内资金的调动和投资决策，将保户的资金投入到各种投资工具上。对投资账户中的资产价值进行核算，并确保投保人在享有账户余额的本金和一定利息保障前提下，借助专家理财进行投资运作的一种理财方式。

万能寿险具有较低的保证利率，这点与分红保险大致相同；保险合同规定交纳保费及变更保险金额均比较灵活，有较大的弹性，可充分满足客户不同时期的保障需求；既有保证的最低利率，又享有高利率带来高回报的可能性，从而对客户产生较大的吸引力。

万能寿险的保险费缴纳方式很灵活，保险金额也可以调整。投保人在缴纳了首期保险费后，可以选择在以后任何时候缴纳任意数额的保险费（但有时会有一定的整数要求，例如以 100 元为单位），只要保单的现金价值足以支付保单的各项保险成本和相关费用，保单就持续有效。投保人还可以在其有可保性的前提下，提高保额或降低保额。出于上述特点，万能寿险可以适应客户对人寿保险的个性化需求。投保人在缴纳首期保费后，首期的各种费用、死亡给付分摊、附加优惠条件的费用等从中扣除，剩余部分为保单最初的现金价值。该部分价值按新投资率计息，累积到期末，成为期末现金价值，同时也是下一周期的期初价值额。

在第二周期，投保人根据自己的情况缴纳或不缴纳保费，若该周期的起初价值额足以支付第二期的费用及死亡给付分摊额，投保人就不用缴费；若现金价值额不足，投保人缴纳的保费不够，则保单会因此而失效。若投保人在第二期期初缴纳了保费，则第二期的期初现金价值额为上期末现金价值加上第二期保费减去费用和死亡给付额。第二期的期初现金价值额按新的投资利率累积到期末，成为第二期的期末现金价值额。该过程不断重复，一旦其保单的现金价值额不足以支付保单的死亡给付分摊和费用，又未有新的保费缴纳，则保单失效。

拓展阅读

购买万能险之前有哪些注意事项？

购买万能险之前，一定要先了解清楚初始费用、手续费等必须支付的费用，另外还要看清楚利益演示表、问清楚所演示的预期年化收益率情况，以及过往产品的预期年化收益率。同时也要注意在不同阶段调整好保额，减低风险。

（1）要清楚初始费用、提取手续费用等必须支付的部分，看清楚利益演示表。

一般在投保万能产品的时候，营销人员都会提供一份利益演示表供客户参考的，虽然这只是演示预期年化收益，而并非真实预期年化收益，但也能够从中看出自己账户的变化情况,做到心中有数。

(2)问清演示预期年化收益率以及历史预期年化收益率。

在看演示利益表的时候,最好能够问问高、中、低档的演示预期年化利率各为多少,并且自己粗略核算一下;另外,了解一下该产品的历史预期年化收益率如何。这么做的目的是避免一下子被表格上的数字所迷惑,毕竟,表上仅是演示预期年化收益,有的公司为了使自己的产品更加有吸引力一些,演示预期年化收益会做得很高,与真实预期年化收益有一定的差距。

(3)注意合同中的一些保险公司保留调整权利的条款,如有的产品对保底利益有时间限制,有的是以当时一年期定存利息为标准,有的对账户管理费保留有调整权等。

(4)注意风险保费。

不要认为万能险本身的寿险额度是赠送的,要知道,世上没有免费的午餐。虽然你可以自己设定寿险额度,但是相应的风险保费也全是自己支付的。

万能寿险的风险保费采用的是自然费率的形式,也就是随着年龄的不同,每年对应于同样保额的费用是不同的,当然,年龄越大越贵。

到了60岁以后,每年的风险费用是相当厉害的;如果你恰好又在万能险上面附加了重疾,那么每年风险费用就要扣掉几千上万块,这都是消耗掉的。所以,一定要在适当的时候调整保额,甚至结束掉这份保险,把账户里的钱拿出来。

练一练

上网查找资料,并填写下表(见表7-1)

项　目	国寿福禄鑫尊两全保险 (分红型)	国寿裕丰投资连结保险	国寿瑞平两全保险 (万能型)
险种类型			
保障期限			
缴费期			
保险期间			
投保年龄			
保障范围			
优势与特点			
30/男/5万元保费	月缴: 年缴:		
保费总额	月缴 年缴		
60岁账户价值			
75岁账户价值			

以小组为单位,确定不同类型的客户适合购买的投资理财保险产品及产品的销售点。

问题提示：

1. 分红保险的目标市场是什么？适宜购买分红保险的是哪些人？其客户群特点是什么？

2. 投资连结保险目标市场是什么？适宜购买投资连结保险的是哪些人？其客户群特点是什么？

3. 万能保险目标市场是什么？适宜购买万能保险的是哪些人？其客户群特点是什么？

拓展阅读

都作为理财工具的投连险、万能险和分红险有什么区别呢？这三种险种又分别适合哪些人群呢？

一、分设账户的区别

分红险不设单独的投资账户，分红险的保障和分红账户是混合的。

万能险设有保障账户和一个单独的投资账户。

投连险也是保障账户和投资账户分离，并设置有几个不同投资账户，可能享有较高回报的同时也需承担一定的风险，其投资账户的形态有激进型，稳健性，保守型可供选择。

二、投资渠道及投资比例的区别

按照目前我国保监会的规定，分红险的投资渠道为：① 大额银行长期协议存款；② 国债，3AA级以上信誉企业债券；③ 国家金融债券；④ 同行业拆借；⑤ 证券一级市场（10%），证券2级市场（10%）；⑥ 直接或间接投资国家基础设施建设等。

万能险设立的投资账户，除了可以做债券投资外，其投资股票二级市场的比例不能超过80%。

投连险设立的投资账户，除了可以做债券投资外，其投资股票二级市场的比例可以为100%。

三、利润来源的区别

分红险的红利主要来自三个方面，费差益，死差益和利差益。此外，还有退保差益等微弱因素影响。虽然其保障部分的资金预定利率为2%～2.5%左右，但允许保险公司每年向投资者派发可浮动的"红利"。

而投连险和万能险的利润来源则来自投资账户的投资收益。

四、投资风险性的区别

投连险的投资收益与风险由保单持有人承担，所以风险性较高。

万能险的投资收益与风险由保险公司与客户共同承担，风险性相对较小。

分红险的投资渠道收益相对稳定，风险最小。

五、缴费灵活度的区别

分红险交费时间及金额固定，保障的保额不可调整（但可退保或者减保，并获得相应的现金价值）。

万能险与投连险具有缴费灵活，保额可调整的特点。（像万能寿险，它在支付了初期最低保费之后，只要保单投资账户足够支付保单费用客户甚至可以暂停保费支付）

六、透明度不同

分红险资金的运作不向客户说明，保险公司只是在每个保险合同周年日书面形式告保单持有人该保单的红利金额。

万能险则会每月或者每季度公布投资收益率。

投连险投资部分运作透明，各项费用的收取比例分项列明，保费的结构、用途、价格均一一列出，每月最少一次向客户公布投资单位价格，客户每年还会收到年度报告，透明度较高。

七、保障功能的区别

分红险一般采用恒定费率（即缴费时间及金额固定），保证自动连续续保，最长可以保障终身，在发生保险责任理赔后，保险合同即行终止。

而投连和万能险在保障方面采用自然费率（年龄越大，交费越多）超过 45 岁以后其保障费率会很高，并且不能保证连续自动续保，当发生保险责任理赔后，对应该项的保险责任即行终止，同时投资账户金额将等额减少。

八、适宜人群

分红险表现形式通常为"保障＋分红"适合于风险承受能力低，有稳健长期理财需求，并且希望获得长期连续保障为主的投保人。

万能寿险适合于需求弹性较大，风险承受能力较低，对保险希望以投资理财为主，保险为辅的投保人。

投资连结保险则适合于经济收入水平较高，希望以投资为主，保障为辅，并追求资金高收益同时又具有较高风险承受能力的激进型投保人。

第三节　人寿保险常见条款解读

任务描述

2008 年 10 月 8 日谢某投保终身寿险 1 份，住院医疗险 1 份。2012 年 10 月 26 日谢某因遭遇车祸意外身故，但还未缴纳当年度续期保险费。2012 年 10 月 29 日谢某妻子到保险公司报案并申请给付身故保险金，公司应该如何处理？

知识平台

一、宽限期条款

宽限期条款是分期缴费的人寿保险合同中关于在宽限期内保险合同不因投保人延迟缴费而失效的规定。在分期缴费的人寿保险中，如果投保人未按时缴纳第二期及以后各期的保险费时（投保人如未缴纳第一期保险费则寿险合同一般不生效），在宽限期（一般为 30 天或 60 天)内保险合同仍然有效,如果发生保险事故,保险人仍予负责,但要从保险金中扣除所欠的保险费。如果宽限期结束后投保人仍然没有缴纳保险费,也无其他约定,则保险合同自宽限期结束的次日起失效。

我国《保险法》第三十六条规定:"合同约定分期支付保险费,投保人支付首期保险费后,除合同另有约定外,投保人自保险人催告之日起超过三十日未支付当期保险费,或者超过约定的期限六十日未支付当期保险费的,合同效力中止,或者由保险人按照合同约定的条件减少保险金额。"

二、复效条款

复效即保险合同由于投保人主观或客观原因中止后,如果投保人希望恢复合同效力,就应在规定的期间(一般为两年)内补交保费及其他费用,书面提出复效申请,符合保险合同规定的重新生效的条件,经过投保人和保险人的协商一致,恢复保险合同效力。

申请复效须符合下列条件:

(1)被保险人必须提供使保险人感到满意的可保性证据。

(2)必须补缴拖欠的保险费及其利息。

(3)必须归还所有保险单质押贷款。不曾退保或把保险单变换为定期寿险,保险单所有人行使复效权利较之重新取得一份新的保险单有利。

不过,保单复效是有成本的,特别是健康险因为牵涉到观察期、健康状况等问题,可能面临加费,甚至复效的保单在出险时出现得不到理赔等情况。另外,办理复效保户还需要交纳一定的滞纳金。

练一练

1. 刘女士 5 年前投保了一份重大疾病保险。今年初,她过了缴费期两个多月后,才发现早已过了 60 天缴费宽限期,于是向保险公司提出复效申请。但在补办保单手续时,保险公司让她再做一次体检。体检后,她查出血压偏高等症状。因此,每年要增加近 400 元保费。请问保险公司做法合理吗?

2. 吴小姐投保长期寿险附加一份住院医疗保险。第二年该交费时,吴小姐虽然收到了保险公司提醒交费的通知,但因工作忙耽搁了,直到三个月后才到保险公司申请保单复效。保险公司审核后同意了复效申请。两周后,吴小姐因急性肺炎住院治疗,出院后,她到保险公司索赔住院医疗保险,保险公司以观察期为由拒付了,你认为是否正确?

3. 关于宽限期条款与复效条款,以下认识不正确的是(　　)。

A. 宽限期内发生保险事故,保险人承担赔偿或给付保险金的责任,但可以扣减欠交的保险费

B. 宽限期内投保人补缴保险费,通常不需要支付利息

C. 保单中止后在一定期限内选择复效,投保人不需要提交可保性证明

D. 合同复效时,投保人需要支付所有欠缴保费及其利息

三、自动垫缴保费条款

保险合同生效满一定期限(一般是一年或两年)后,如果投保人不按期缴纳保费,保险人则自动以保险单现金价值垫缴保险费。对于此项垫缴保险费,与保单贷款条款同样的原理,投保人要偿还并支付利息。在垫缴保险费期间,如果发生保险事故,保险人要从应给付的保险金中扣除垫缴的保险费和利息,当垫缴的保险费及利息达到退保金的数额时,保险合同即行终止。

自动垫缴保费条款属于选择性条款,即只有当保险合同中列有自动垫缴保险费条款,投保人又同意或对未对此提出异议的条件下,保险人才能以责任准备金垫缴保险费。否则,保险人未经投保人同意擅自将责任准备金用于垫缴保险费,投保人退保时可能就没有退保金,这就侵害了投保人利益。规定自动垫缴保险费的目的是避免非故意的保险单失效。为了防止过度使用这种条款,有些保险公司会对使用次数及每次使用的间隔加以限制。

拓展阅读

现金价值又称"解约退还金"或"退保价值",是指带有储蓄性质的人身保险单所具有的价值。保险人为履行合同责任通常提存责任准备金,责任准备金中归属于投保人的部分就叫现金价值。如果投保人中途退保,即以该保单的责任准备金作为给付解约的退还金。

有些投保人将保费自动垫交和保费减额交清混淆,以为都是在自己未能及时交纳保费的情况下,由保险公司动用保单的现金价值来垫付。实际上,它们是有区别的。使用保费自动垫交功能,并不改变保险金额,只是保单现金价值随着交费年期不断扣取,保单至现金价值扣完后即告失效。而减额交清是在保险合同具有现金价值的情况下,投保人可以按照合同当时的现金价值,将扣除欠交的保费及利息、借款及利息后的余额,作为一次交清的全部保费,以相同的合同条件减少保险金额,合同继续有效。换句话说,就是将保单的现金价值一次性充作保费,因而保单不再具备现金价值,但将有效至保险合同约定的日期,这比较适合未来很长一段时间无法交纳保费的投保人。

练一练

李某投保了一份普通终身寿险,受益人指定为他的儿子。采取的是分期缴费的形式,2001 年 6 月 13 日,李某应缴费而未缴费,7 月 5 日,李某遇车祸不幸身亡,请问李某的儿子还能得到保险公司的赔偿金吗?理由是什么?

四、不可抗辩条款

人寿保险合同生效满一定时期(一般为两年)之后,就成为无可争议的文件,保险人不能再以投保人在投保时违反最大诚信原则,没有履行告知义务等理由主张保险合同自始无效。

在保险合同中列入不可抗争条款,是维护被保险人利益、限制保险人权利的一项措施。

不可抗辩条款一般仅限于保单有效性的争议,旨在禁止因投保人欺诈、隐匿或重大误述而对保单的有效性提出争议。该规则也有例外情况,在欺诈性冒名顶替、缺乏可保利益、蓄意谋杀被保险人等情况下,即使争议期结束,保险人也可提出抗辩。

一般而言,不可抗辩条款不适用于自始无效的合同。例如:

保险法第 31 条明文规定:保人对保险标的应当具有保险利益,投保人对保险标的不具有保险利益的,合同无效。无效合同是自始至终不发生法律效力的合同,因此合同法第 56 条规定无效合同或者被撤销的合同自始没有法律约束力当事双方都不得依据合同履行权利和义务,所以根本就不存在不可抗辩的问题。

保险法第 34 条规定:以死亡为给付保险金条件的合同,未经被保险人同意并认可保险金额的,合同无效。这样规定是非常必要的,如果允许未经被保险人同意,私下投保以死亡为给付保险金条件的合同,或未经被保险人书面同意认可保险金额,甚至篡改保险金额,会导致不知情的第三人的生命和身体处在危险之中。

练一练

2005 年 8 月,刘先生向某人寿保险公司投保了一份重大疾病险,保险金为 10 万元。填写投保单时,刘先生没有在该投保单上的告知事项中表明自己有既往疾病,8 月底,保险公司签发了保险单。2008 年 10 月,刘先生因左肾多囊出血住院治疗,2009 年 1 月,经医治无效死亡。2009 年 3 月,受益人提出理赔。保险公司在理赔查勘的过程中发现,刘先生在 2004 年曾因肾病(肾病属于该重大疾病险承保的疾病)做过检查。于是,保险公司以刘先生在投保时未告知既往肾病病情,没有履行如实告知义务、带病投保为由拒赔,并解除合同。刘先生家人起诉保险公司,要求法院判决其支付保险金 10 万元。这起案件法院应如何处理呢?

五、自杀条款

在保险合同生效或复效后的一定时期内(我国《保险法》规定为 2 年),被保险人因自杀死亡属于除外责任,保险人不给付保险金,只负责退还现金价值。如果被保险人在此期限之后因自杀死亡,保险人要承担保险责任,按照约定给付保险金。

我国《保险法》第四十四条规定:"以被保险人死亡为给付保险金条件的合同,自合同成立或者合同效力恢复之日起二年内,被保险人自杀的,保险人不承担给付保险金的责任,但被保险人自杀时为无民事行为能力人的除外;保险人依照前款规定不承担给付保险金责任的,应当按照合同约定退还保险单的现金价值。"

练一练

1. 某毛织厂女工朱某,因恋爱受刺激两次自杀未遂被及时发现而救下,经医生诊断为

"抑郁性精神病"。出院后的朱某,并无异常行为,只是变得更加抑郁寡欢,常流露出悲观厌世的情绪。一日,朱某乘母亲外出买菜时,悬梁自尽了。3年前朱某投保了20年期简易人身保险10份,保险金额4 000元,其间并无欠缴保险费的记录。朱某死后,其母亲以受益人的身份向保险公司申请给付4 000元的死亡保险金。问保险公司是否给付保险金,说明理由。

2. 2010年4月,段某投保了保额6万的终身寿险,条款约定,被保险人因意外事故伤害死亡的,给付双倍保额。2011年9月,段某热恋中被抛弃而郁郁不欢,经诊断为情感性精神病入院治疗,11月段某自己在医院坠楼身亡。请问保险公司应如何处理?

六、保单贷款条款

人寿保险合同生效满一定期限(一般是一年或两年)后,投保人可以以保险单为抵押向保险人申请贷款,贷款金额一般低于该保险单项下积累的责任准备金或退保金(因为要预留利息空间)。同时,由于人寿保险计算保费时已包含预定利率,保单贷款后影响保险人资金运用,难以获得预定收益,所以投保人应支付利息。贷款利率一般参考市场利率而定。投保人应按期归还贷款并支付利息。如果在归还贷款本息之前发生了保险事故或退保,保险人则从保险金或退保金中扣除贷款本息。当贷款本息达到责任准备金或退保金的数额时,保险合同即行终止。保单贷款条款一般属于选择性条款,多见于两全保险合同或终身寿险合同中。

人寿保险保险单具有现金价值,一般规定在保险单经过两年后,可将保单抵押给保险人申请贷款。实际操作中,一般贷款额度不超出保单现金价值的一定比例,比如80%。当贷款本利和达到保单现金价值时,投保人应按照保险人通知的日期归还款项,否则保单失效。领取保险金时如果款项未还清,则保险金将扣除该款项后支付。保单贷款期限一般为6个月,时间短、额度小、笔数多,一般贷款净收益低于保险人投资收益,所以该条款是保险人向投保人的优惠行为。《中华人民共和国保险法》并没有规定此条款,有些保险公司的一些条款规定了此款。此外,根据我国《保险法》第三十四条规定,以死亡为给付保险金条件的保险合同,未经被保险人书面同意,不得转让或者质押。

补充知识 |||

银行贷款与保单贷款虽同属贷款,但两者有很大区别:

一是银行与保险公司的保单贷款利率不同。一般通过银行办理保单质押贷款的利率主要与央行公布的商业贷款利率持平,通常情况下高于保险公司的保单贷款利率。

二是银行与保险公司的保单贷款额度和参考标准不同。保险公司提供的保单贷款,它的额度一般根据保单的现金价值来定,最高借款金额不得超过保险合同当时的现金价值扣除欠交保险费、借款及利息后余额的80%,有的甚至更低,只有70%。但是,银行的保单质押贷款就不同了,某些银行能够提供的贷款额度达到保单当时现金价值的90%;而且有一些银行还会同时参考贷款人的信用、存款数量等指标来确定贷款额度。

三是银行与保险公司的保单贷款办理手续及所花费时间不同。在保险公司办理保单贷款只需前往公司柜台申请办理即可,手续比较简单。前往银行办理保单质押贷款,你还需要保险公司出示相关资料,例如保单现金价值证明、保单冻结证明等。这些资料不得委托办理,都必须贷款人自己提前准备。正因为这些证明需要经过保险公司的确认与核实,而银行与保险公司之间没有实时沟通渠道,所以办理时间会比直接到保险公司办理长一些。

四是银行与保险公司的保单贷款对保单的要求不同。对保险公司来说,只要保单符合贷款标准,都可以办理。而银行承认的保单种类有限,开办这项业务的银行和网点也较少。比如中国银行,虽然提供保单贷款业务,但只能为平安的寿险保单提供贷款服务。另外,可能由于地区的不同,业务上也会有所区别。比如招商银行在上海地区不开放保单贷服务,而在北京就已经推出了此类服务。此外,广发银行、平安银行、工商银行也都有保单质押贷款产品。

综上所述,保险公司的保单贷款利率较低、手续较方便,而且对保单的产品限制性比较小,但它不及银行保单质押贷款的贷款额度高、时间上比较灵活。

微信扫码查看

第八章　健康保险及人身意外伤害保险

学习目标

- 熟悉健康保险的概念、分类
- 了解健康保险的特征和特殊条款
- 熟悉意外伤害保险的概念与特征
- 了解意外伤害保险的保险责任、给付方式及主要险种
- 熟悉团体保险的概念、特征与作用,了解其分类与主要险种
- 能就具体的健康险与意外伤害保险产品向客户进行产品介绍
- 能综合运用所学知识对相关案例进行分析或计算

第一节　健康保险

任务情景

案例1:年轻人有社保,需要买商业健康医疗保险吗?

张小姐,20岁,已经购买了社保,最近有朋友给他介绍了一些健康医疗保险。她有些困惑,自己已经买了社保,还有必要购买商业保险吗?

案例2:家庭支柱如何买健康医疗险?

周先生,78年生人,家庭支柱,计划意外、寿险、重疾、医疗、养老全面兼顾,如何规划保险好?

案例3:已婚女性如何买健康医疗险?

王小姐,33岁,标准朝九晚五的上班族,育有一个2岁女儿。平时工作繁忙,回家还要做家务带孩子。朋友看她太累了,提醒她给自己投保一份健康医疗保险。不过面对保险,王小姐自己却是一片茫然。

案例4:未成年人、孩子如何买健康医疗险?

青岛的赵先生与妻子,想给刚出生30天的宝宝买个健康医疗保险。咨询:买什么样的保险比较好? 费用怎么交,交多少年,交多少钱,保哪些方面?

案例5:中老年人如何买健康医疗险?

老王,今年48岁了,虽然单位也办了保险,但他还是想再购买份商业健康医疗险。但

是,他听说,现在适合中老年人的健康险种不多,而且年纪越大越不好买。因为投保年龄越大,出险率越高,投保的费用也相对较高,所以中老年人买保险越早越划算。

结合以上具体案例,了解健康保险的特征与分类,思考如何购买健康保险才是比较恰当的?

知识平台

一、健康保险的概念与特征

（一）健康保险的概念

健康保险是以人的身体为保险标的,保证被保险人在因疾病（生育）或意外事故导致费用支出或收入损失时,保险人补偿或给付保险金的保险。一般而言,保险界把不属于寿险和意外险的险种都归为健康保险。

这里的疾病有三个构成要件,一是必须是由人体内部的生理和疾病因素造成的。是否是明显外来的原因是区别疾病和意外伤害的分界线,由非本意的、外来的、剧烈的原因造成视为意外伤害。二是必须是非先天的原因所造成的,健康保险仅对被保险人的身体由健康状态转入病态承担责任。三是必须是由于非长存的原因所造成的。对人到一定年龄以后出现的衰老现象,不能称为疾病,也不是健康保险的保障范围。

目前,世界上不同国家对健康保险的定义不尽相同,在美国等国家,健康保险是包括意外保险、疾病保险、医疗费用保险、失能收入保险以及意外伤害残疾保险等多个险种的统称,涵盖范围相当广泛,这些国家健康险保费收入可以达到人身险保费收入一半左右。一些高福利的发达国家明文规定健康保险的保险人是政府或健康保险合作社,私人保险人很少经营。

在我国,根据2007年《健康保险管理办法》,健康保险是指保险公司通过疾病保险、医疗保险、失能收入损失保险和护理保险等方式对因健康原因导致的损失给付保险金的保险。

经营健康保险业务的保险公司主要有人寿保险公司和健康保险公司,除此之外,其他保险公司,也可以经营短期健康保险业务。

（二）健康保险的特征

相对于其他人身保险的险种而言,健康保险具有以下特征:

1. 综合性

健康保险内容广泛而复杂,凡不属于人寿保险、意外险的人身保险都可归入健康保险。

2. 经营风险特殊

健康保险经营的是伤病发生的风险与人寿和意外伤害保险相比较易发生逆选择和道德风险。因为,一方面健康保险各环节中的技术问题其结论往往不是唯一的。例如,被保险人的疾病可选择的合理的诊疗方法有多种,但其花费是不同的,有的相差甚远。另一方面,健康保险的构成环节较多,包括被保险人门诊、住院治疗、医生开药方出具有关证明和被保险人持单索赔,其中任一环节都可能发生道德风险。例如,小病大治,冒名顶替他人就诊,带病投保等。因此,为降低逆选择和道德风险,健康保险的核保要严格得多,对理赔工作的要求也高得多,同时也要求精算人员在进行风险评估及做好计算保费时,不仅依据统计资料,还要获得医学知识方面的支持。此外,在医疗服务的数量和价格的决定方面保险人难以控制,也是健康保险的风险之一。

3. 保险期限较短

健康保险的期限与人寿保险比较,除重大疾病保险外,绝大多数为一年期的短期合同。主要原因:一是医疗服务成本呈递增趋势;二是疾病发生率每年变动较大,保险人很难计算出一个长期适用的保险费率,而人寿保险的合同期限多为长期合同,在整个缴费期间可以采用均衡的保险费率。

4. 费率厘定复杂

健康保险与其他人身保险,特别是人寿保险相比较,在产品的定价基础和准备金计算方面有较大的不同。人寿保险在制定费率时是依据人的生死概率、费用率、利息率来计算的,而健康保险计算费率是依据发病率、伤残率和疾病(伤残)持续时间等因素,并以保险金额损失率为基础,同时结合药品价格和医疗费用水平对费率进行调整。年末到期责任准备金一般按当年保费收入的一定比例提存。此外,健康保险合同中规定的等待期、免责期、免赔额、共保比例和给付方式、给付限额也会影响最终的费率。

5. 健康保险的给付特殊

健康保险的给付依据保险合同中承保责任的不同,而分为补偿性给付和定额给付。费用型健康保险,即对被保险人因伤病所致的医疗花费或收入损失提供保险保障,属于补偿性给付,类似于财产保险。定额给付型健康保险,则与人寿和意外伤害保险在发生事故时依据保险合同事先约定的保险金额予以给付相同。

二、健康保险的分类

(1)按保险保障的内容分类,健康保险可以分为医疗保险、疾病保险、失能收入损失险和长期护理保险。

医疗保险又称医疗费用保险,保障的是被保险人因疾病或生育需要治疗时支出的医疗费用的保险。

疾病保险指被保险人罹患合同约定的疾病时,按投保金额定额给付保险金以补偿被保险人由此带来的损失的保险。通常这种保单的保险金额比较大,给付方式一般是在确诊为特种疾病后,立即一次性支付保险金额,重大疾病保险是其常见形式。重大疾病保险保障的疾病一般有心肌梗死、冠状动脉绕道手术、癌症、脑中风、尿毒症、严重烧伤、急性重型肝炎、瘫痪和重要器官移植手术、主动脉手术等。

失能收入损失险指当被保险人由于疾病或意外伤害导致残疾,丧失劳动能力不能工作以致失去收入或减少收入时,由保险人在一定期限内分期给付保险金的一种健康保险。该类健康保险的给付一般是按月或按周进行补偿,每月或每周可提供金额相一致的收入补偿。

长期护理保险是为因年老、疾病或伤残而需要长期照顾的被保险人提供护理服务费用补偿的健康保险,这一险种的产生是适应人口老龄化的需求,最早产生于美国。

(2) 按照合同形式分为主险合同和附加险合同。主险合同是指健康保险可以独立出单,承保由于意外事故或疾病造成的收入损失或医疗费用,或者同时承保这两类损失。附加险合同是指健康保险不能单独出单,只能作为附加出单。

(3) 按给付方式分,健康保险可以分为给付型、津贴型和报销型三种。

给付型健康保险是指保险公司在被保险人患保险合同约定的疾病或发生合同约定的情况时,按照合同规定向被保险人给付保险金。保险金的数目是确定的,一旦确诊,保险公司按合同所载的保险金额一次性给付保险金。各保险公司的重大疾病保险等就属于给付型。

津贴型健康保险是指保险公司依照被保险人实际住院天数及手术项目赔付保险金。保险金一般按天计算,保险金的总数依住院天数及手术项目的不同而不同。如住院医疗补贴保险、住院安心保险等就属于津贴型。

报销型健康保险是指保险公司依照被保险人实际支出的各项医疗费用按保险合同约定的比例报销。如住院医疗保险、意外伤害医疗保险等就属于报销型。

三、健康保险的特殊条款

健康保险是一类具有很多特性的保险,其保险合同有一些特殊的条款,主要包括:

(一) 免赔额条款

免赔额条款是健康保险合同的常用条款,也是健康保险合同区别于其他人寿保险合同的主要特征之一。其基本内容是,当约定的保险事故发生后,在保险人给付保险金之前,被保险人必须自己先支付一部分医疗费用,即保险人只负责对其医疗费用中超过免赔额的部分进行补偿。

(二) 比例给付条款

比例给付条款,又称共保条款,该条款规定对医疗费用中超过免赔额的部分,采用保险人与被保险人共同分摊的比例给付办法。一般而言,被保险人需要自己负担一定比例的医疗费用,自付比例约为 20%～30%,保险人承担余下的部分。

(三) 给付限额条款

该条款针对被保险人的医疗花费规定了赔付的最高限额。限额以内由保险人提供,限额以外则由被保险人自己负担。

(四) 等待期条款

等待期条款,也称观察期条款。设置该条款的目的在于减少被保险人的逆向选择和控制道德风险。该条款规定,在保险单生效后的一段时间内(这段时间称为等待期),如果被保险人因疾病而发生医疗费用支出或导致收入减少,保险人将不承担责任。等待期的时间视保险期限的长短而定,通常一年期的健康保险为 31 天,长期健康保险则为 90～180 天。

(五) 体检条款

该条款规定在被保险人提出索赔后,保险人有权要求被保险人接受由保险人指定的医生或医疗机构的体检,以便确认索赔的有效性以及具体的赔付数额。体检条款主要适用于疾病保险和收入损失保险。

（六）职业变更条款

在健康保险中，被保险人的职业变动会直接影响发病率、遭受意外伤害的危险，所以通常在职业变更条款中规定，如果被保险人的职业危险性提高，保险人可以在不改变保险费率的前提下降低保险金额。

（七）既存状况条款

既存状况条款规定，在保单生效的约定期间内，保险人对被保险人的既往病症不给付保险金。既往病症是指在保单签发之前被保险人就已患有，但却未在投保单中如实告知的疾病或伤残。通常保单规定被保险人必须告知保单签发前二年或更多年内所患过的疾病。对被保险人因既往病症而发生属于保险责任范围内的损失时，保险人只在保单生效二年以后才给付保险金。既存状况条款有助于当被保险人出现逆向选择时，避免那些得过某些疾病但有复发风险或未痊愈的人通过购买健康保险获得保险给付。

例如：既存疾病条款

当被保险人因既往症（根据本保单释义）而发生的费用损失属于保险责任范围，而且发生在保单生效满两年后，保险人才负责给付保险金。如果该病症已列入责任免除条款，则保险人不承担任何费用，包括保单生效满两年后发生的费用。

有些条款更严格，例如：

因下列情形之一，造成被保险人医疗费用支出的，本公司不负给付保险金责任：保单中特别约定的除外疾病和未告知的既往症、先天性畸形、变形和染色体异常。既往症是指在保单生效日之前罹患的被保人已知或应该知道的有关疾病或症状。

练一练

1. 李女士 2012 年 12 月投保重大疾病险，投保时无疾病告知，相关条款约定观察期为 6 个月。今年 3 月单位体检中查出她患有疾病需住院治疗，一个月后出院。后李女士向保险公司申请重大疾病险的理赔，遭到拒付。

保险公司此举是否合理呢？

2. 被保险人刘正发生的合理医疗费用为 6 180 元，绝对免赔额 500 元，给付比例为 80%（保险人责任），则保险人应补偿给被保险人的医疗保险金是多少？

四、重大疾病保险

（一）重大疾病的界定

重大疾病保险是指医疗花费巨大且在较长一段时间内严重影响患者及家庭的正常工作和生活的疾病，一般包括恶性肿瘤、严重心血管疾病、需要进行重大器官移植的手术、有可能造成终身残疾的伤病、晚期慢性病、深度昏迷、永久性瘫痪、严重脑损伤、严重帕金森病和严重精神病等。

在临床医学中,每种疾病有轻度、中度和重度不同程度之分,而不同程度的疾病,对身体的影响是截然不同的,因此,重大疾病保险定义的疾病,不是指所有程度的疾病,从 2007 年 4 月 3 日起开始实施的《重大疾病保险的疾病定义及使用规范》中规定"保险公司将产品定名为重大疾病保险,且保险期间主要为成年人(18 周岁以上)阶段的,该产品保障的疾病范围应当包括本规范内的恶性肿瘤、急性心肌梗死、脑中风后遗症、冠状动脉搭桥术(或称冠状动脉旁路移植术)、重大器官移植术或造血干细胞移植术、终末期肾病(或称慢性肾功能衰竭尿毒症期);除此六种疾病外,对于本规范疾病范围以内的其他疾病种类,保险公司可以选择使用;同时,上述疾病应当使用本规范的疾病名称和疾病定义。"

(二)重大疾病保险的特点

1. 专款专用

避免选择所谓养老与重大疾病相结合产品,造成养老不足,重大疾病不够的尴尬局面。

2. 保障期限长

我国女性平均年龄 80 周岁,男性为 75 周岁,因此重大疾病保险的保障期限至少覆盖到平均年龄,因为人 60 岁后患重大疾病的概率是最高的,而收入几乎中断,储蓄消耗大半,医疗保险的准备金尤其重要。

3. 年缴保费控制在年收入的一定比例

一般而言,年缴保费尽量控制在年收入的 15%~20% 的预算比较合理。

4. 分红型,保值增值

分红型的重大疾病保险可以抵消部分通货膨胀,让保障更安心。

5. 期满返还

如果健康生活至 75 周岁或 80 周岁,而社保早已经领完,此时重大疾病保险的期满返还金会为我们解决活得长久这一人生第二难题。

(三)重大疾病保险的类别

1. 按保险期限分为定期保险和终身重疾保险

定期保险以重疾保障为主险,在一定期限内给予保障,一般采用均衡保费。这类重疾险最多保障期限是 30 年,20 岁买就只能保障到 50 岁,30 岁买就只能保障到 60 岁。需要说明的是,这种保险虽然是主险,但是也属于消费型的,没有理赔则不能返还保费。

终身重大疾病保险为被保险人提供终身的保障。终身保障有两种形式,一是为被保险人提供的重大疾病保障,直到被保险人身故;另一种是当被保险人生存至合同约定的极限年龄(如 100 周岁)时,保险人给付与重大疾病保险金额相等的保险金,保险合同终止。一般终身重大疾病保险产品都会含有身故保险责任,因风险较大费率相对比较高。

2. 按给付形态划分,分为独立给付主险型、比例给付型、回购式选择型和主险捆绑附加型保险

独立给付主险型重大疾病保险包含死亡和重大疾病的保险责任,而且其责任是完全独立的,并且二者有独立的保额。如果被保险人身患重大疾病保险人给付重大疾病保险金,死

亡保险金为零,保险合同终止,如果被保险未患重大疾病,则给付死亡保险金。此型产品较易定价,只需考虑重大疾病的发生率和死亡率。但对重大疾病的描述要求严格。

按比例给付型重大疾病保险是针对重大疾病的种类而设计,主要是考虑某一种重大疾病的发生率、死亡率、治疗费用等因素,来确定在重大疾病保险总金额中的给付比例。当被保险人患有某一种重大疾病时按合同约定的比例给付,其死亡保障不变,该型保险也可以用于以上诸型产品之中。

回购式选择型重大疾病保险产品,在我国尚属空白。该型产品是针对提前给付型产品存在的因领取重大疾病保险金而导致死亡保障降低的不足而设计的,其规定保险人给付重大疾病保险金后,若被保险人在某一特定时间仍存活,可以按照某些固定费率买回原保险额的一定比例(如 25%)使死亡保障有所增加,如果被保险人再经过一定时期仍存活,可再次买回原保险总额的一定比例,最终使死亡保障达到购买之初的保额。回购式选择带来的逆选择是显而易见的,作为曾经患过重大疾病的被保险人要按照原有的费率购买死亡保险也有失公平。因此对于"回购"的前提或条件的设计至关重要,是防范经营风险的关键。

主险捆绑附加型保险产品多以生死两全保险为主险,捆绑附加重大疾病险。所谓两全险就是保障期限内身故保险公司要给钱,保障期限后没有身故保险公司也要给钱的那种保险。这类保险的保险期限一般都在 80 岁期满,附加上重疾后就成为过去最常见的有病赔病,无病返钱的那种保险。在这种保险中,附加险是不标明费率的,已经计入两全主险费率中。但可以肯定的是,附加重疾是均衡费率,而且附加的重疾险保障期等于两全险的期限,一般都在八十岁左右。

3. 按保费是否返还划分,分为消费型重疾险和返还型重疾险

消费型重疾险通常价格比较实惠,往往在几百元左右,且保障范围也比较全面,不仅涵盖了重大疾病保障,还带有意外和医疗方面的保障。但是,重大疾病保险投保后会有一个等待期限制,如果投保对象在等待期发生重大疾病将不在保险保障的范围,为避免重大疾病保障脱节,建议优先选择续保没有等待期限制的产品。

返还型重大疾病保险指为投保人提供重大疾病保障的同时,在保障期限内未患所保重大疾病,满期后返还所缴保费。返还型重大疾病保险价格相对较昂贵。

拓展阅读 ▮▮▮

怎样选购重疾险对个人和家庭保障而言也相当重要。那么,如何选择一份适合自己的重疾险产品呢?

一是确定合适的保额。目前对于重大疾病的治疗器械及所需药物多依靠进口,而且成本极高。这些药物是癌症的特效药,不像治疗普通病理,以疗程计算,是一直吃,直至抑制了新的癌细胞产生和癌细胞扩散。所以整个下来,费用高达 10 万以上不等。癌症的治疗过程非常痛苦和复杂,需要定期进行放化疗,通过这样的方式对体内的癌细胞进行清除,现在的癌症医疗技术未完全成熟,不能 100%精准击杀癌细胞,会把正常细胞也击杀。所以治疗过后的病人身体非常脆弱,这就是为什么后期康复显得尤为重要,在计算重疾险保额的时候,通常会算上基本治疗费加年收入的 3~5 倍。

二是不要过度关注重大疾病种类数量。早期重疾病种制定比较不人性,基本上罹患这样的疾病,这人也活不久了,出现了很多争议。为此中国保险行业协会与中国医师协会共同制定重大疾病保险的疾病定义,指导保险公司使用疾病定义《重大疾病保险的疾病定义使用规范》,由必须包含的 6 种大病,外加行业公认的 19 种疾病,组成共计 25 种重疾。重疾种类数量这个不是特别重要的考量因素。按往年保险公司发出的年度理赔数据来看,占重疾理赔最多的就是恶性肿瘤,其次是心血管类,其余发病率很低。25 种基本覆盖常见重疾,所以没必要一直盯着重疾数量而纠结。

三是关注豁免条款。豁免条款的制定可以说是保险公司的进步,它适用于大人小孩互保,夫妻互保。目前豁免条款有以下几种,可附加投保人和被保险人。轻症豁免、重疾豁免、全残豁免、身故豁免。轻症相比重症和其他,获理赔的条件没那么苛刻。轻症豁免条款指当发生合同约定的轻度疾病,那么保单剩余各期保险费均不用再交,由保险公司买单,重疾保障利益不变。目前已有产品增加了被保人轻症豁免和投保人轻症豁免条款。这对于消费者利益很大,当双方同时附加,轻症种类越多越占优,再加上投保人轻症豁免,那么触发豁免条款的概率就越大。

四是关注重疾增值服务。一些保险公司为招徕客户,重疾险附加了一些诸如门诊住院协调,专家病房,专家手术,全程导医,报销陪同人员的车费和住宿费用等增值服务。

五是关注条款细节问题。例如一些产品对轻症有 28 天生存期要求,并且将原位癌和皮肤癌分开,而其他一些产品则将原位癌、皮肤癌、早期恶性病变归为一类。一些产品轻症赔付保额和主险共用。也就是说,当赔付了轻症保额后,主险保额相应减少,重疾保障额度减少。其他产品均为额外给付。

练一练

上网查找资料,填写下表

项目	中国人寿	信诚人寿	平安人寿	泰康人寿
险种名称及类型				
保障期限				
缴费期				
观察期/等待期				
投保年龄				
保障范围				
投保服务				
优势与特点				
30/女/10 万元保额 月缴: 年缴:				

项目		中国人寿	信诚人寿	平安人寿	泰康人寿
保费总额	月缴： 年缴：				
70 岁利益					
80 岁利益					

以小组为单位结合上述四个公司重大疾病保险产品进行分析,确定不同类型的客户所适合购买的重大疾病保险产品及产品的销售点。

问题提示：

1. 企业主特点是什么？适合购买的重大疾病保险产品是哪个？其产品特点是什么？

2. 单身女性特点是什么？适合购买的重大疾病保险产品是哪个？其产品特点是什么？

3. 打工者特点是什么？适合购买的重大疾病保险产品是哪个？其产品特点是什么？

五、商业医疗保险

商业医疗保险是在经济发达国家最普及的险种之一,主要内容就是个人在健康的时候,用很少的钱购买保险,当其生病或受伤应承担高额的医疗费用时,保险公司就会帮助其按比例支付医疗费用。商业医疗保险由商业保险公司经办,以盈利为目的,企业或职工自愿参加。商业医疗保险是社会医疗保险的补充。

（一）商业医疗保险的界定

1. 社会医疗保险的含义

社会医疗保险是国家通过立法形式强制实施,当劳动者患病时,社会保险机构对其所需要的医疗费用给予适当的补贴或报销,使劳动者恢复健康和劳动能力,尽快投入社会生产过程,需由雇主和个人按一定比例缴纳保险费,进而建立社会医疗保险基金,支付雇员医疗费用的一种医疗保险制度。它属于社会保险的组成部分,一般由政府承办,政府会借助经济手段、行政手段、法律手段强制实行以及进行组织管理。

我国的社会医疗保险由基本医疗保险和大额医疗救助、企业补充医疗保险和个人补充医疗保险三个层次组成。

（1）基本医疗保险和大额医疗救助。

所谓基本医疗保障是指保证职工在患病时能得到目前所能提供给他的、能支付得起的、适宜的治疗技术,包括基本药物、基本服务、基本技术和基本费用等内容。

大额互助报销的是一年内超过统筹基金报销封顶线的费用,如普通门诊起付线是 1 000 元（相当于免赔额）,1 000 元以上报销 50%,最多可以报销 2 万元,特别门诊和住院报销的是超过统筹基金封顶线（7 万元）的那部分费用,最多报销 10 万元。

（2）企业补充医疗保险金。

企业补充医疗保险金是指企业在参加基本医疗保险的基础上,根据自身的经济承受能力,本着自愿的原则,自出资金,对本企业职工超过基本医疗保险金支付以外的医疗费用,实行医疗补助的医疗保险。

企业补充医疗保险金费用由企业缴纳,原则上控制在工资总额的4%以内,具体比例可以根据当地基本医疗保险缴费和企业上年度支付医疗费情况而定。对于企业补充医疗保险费,在职职工从福利费中列支,不足列支部分,经同级财政批准记入成本;退休人员从劳保费列支。个人不缴纳企业补充医疗保险费。

（3）个人补充医疗保险。

个人补充医疗保险指个人根据需要购买商业医疗保险或意外保险。

2. 商业医疗保险的含义

商业医疗保险是医疗费用保险的简称,是指当被保险人患有某种疾病或因遭受意外伤害及疾病而导致支出医疗费用时,由保险人支付保险金的商业保险。

商业医疗保险是社会医疗保险的重要补充。根据国务院对基本医疗费用缴费费率水平的规定,社会统筹部分职工的医疗保险最高限额一般在4万元上下,且根据医疗费用金额的不同,还需自付20%~30%不等的费用,这并不能解决大病患者及慢性非感染性重病患者的问题。此外,对非基本医疗项目的检查、治疗、用药都有限制。另一方面,商业医疗保险是社会保险未保障人群的补充保险。

（二）商业医疗保险的基本条款

1. 保险期限与责任期限

保险期限指保险人对保险合同约定的保险事故所造成的损失承担给付保险金责任的时间段。责任期限指被保险人自患病之日起的时间段,有90天、180天、360天,通常以180天居多。如果被保险人患病治疗超过保险期限,则保险人只负责责任期限内的医疗费用开支。

2. 保险金额

医疗保险中的保险金额是保险人赔偿的最高限额,无论被保险人在保险期限内一次还是多次患病治疗或者因为意外伤害接受治疗,保险人均按实际支出的医疗费用赔付,但是累计的赔付金额以保险金额为限。

3. 保障项目

被保险人在治疗疾病或伤残的过程中会发生各种各样的医疗费用,为了在给被保险人提供充分的医疗费用保障的同时控制自身的经营成本,保险人通常在保险合同中明确规定医疗费用保障的项目,把属于保障范围的医疗费用项目在保险责任中明确列明,把不予赔付的医疗费用项目列入除外责任。

4. 代位追偿

医疗保险属于补偿性质的保险,当被保险人发生医疗费用支出后,如果医疗费用已经从第三方得到了全部或部分赔偿,保险人就不再支付保险金或者只支付第三方赔偿后的差额部分;如果保险人按照保险合同规定支付了医疗费用,那么保险人有权代替被保险人向第三方追偿。

（三）商业医疗保险常见重要条款

1. 免赔额条款

保险公司一般会对住院医疗保险规定一个免赔额，即如果医疗费用超出免赔额，保险公司将按一定比例进行赔付。

2. 比例给付条款

比例给付条款又称为共保比例条款。在大多数健康保险合同中，对于保险人医疗保险金的支出均有比例给付的规定，即对超过免赔额以上的医疗费用部分，采用保险人和被保险人共同分摊的比例给付办法。

3. 给付限额条款

一般对于保险人医疗保险金的最高给付均有限额规定。

练一练

1. 张先生购买了一份住院医疗保险，保险期限是从 2014 年 6 月 1 日至 2015 年 5 月 31 日，责任期限为 180 天，如果发生以下情况，保险公司应承担什么时间段的医疗费用？

（1）张先生在 2014 年 7 月 2 日患病住院治疗，2015 年 6 月 4 日治愈出院。

（2）张先生在 2015 年 3 月 2 日患病住院治疗，2015 年 8 月 1 日治愈出院。

（3）张先生在 2015 年 3 月 2 日患病住院治疗，2015 年 10 月 5 日治愈出院。

2. 被保险人刘正发生的合理医疗费用为 6 180 元，绝对免赔额 500 元，给付比例为 80%（保险人责任），则保险人应补偿给被保险人的医疗保险金是多少？

第二节　人身意外伤害保险

任务描述

李某投保了人身意外伤害保险，同时附加了意外伤害保险。一天李某支气管发炎，去医院求治。医院按照医疗规程操作，先为被保险人进行青霉素皮试，结果显阴性。然后按医生规定的药物剂量为其注射青霉素。治疗两天后，被保险人发生过敏反应，虽经医院全力抢救，但医治无效死亡。医院出具死亡证明是：迟发性青霉素过敏。请问保险公司是否应该赔付？

知识平台

意外伤害保险是被保险人在保险有效期间内，因遭遇意外事故，致使其身体蒙受伤害而残疾或死亡时，由保险人按照保险合同的规定给付保险金的一种人身保险。它包含三层含义,首先,必须有客观的意外事故发生,且事故原因是意外的、偶然的、不可预见的。其次,被保险人必须因客观事故造成人身死亡或残疾的结果。再次,意外事故的发生和被保险人遭受人身伤亡的结果,两者之间有着内在的、必然的联系。

一、意外伤害的界定

(一)伤害的界定

伤害是指被保险人身体受到侵害的客观事实,包含三个构成要素,即致害物、侵害对象和侵害事实。

(1)致害物:直接造成伤害的物体或物质。主要包括器械伤害、自然伤害、化学伤害、生物伤害等。

(2)侵害对象:意外险所承保的伤害必须是发生在被保险人生理或身体上的侵害,而不是权利等方面的侵害。例如:姓名权、肖像权、名誉权、荣誉权、著作权等伤害则不认为构成保险意义上的伤害。

(3)侵害事实:即致害物以一定的方式破坏性地接触、作用于被保险人身体的客观事实。

在保险实践中,常见的伤害方式主要有:碰撞、撞击、坠落、跌倒、坍塌、淹溺、灼烫、火灾、辐射、爆炸、中毒、触电、接触、掩埋、倾覆等。

(二)意外事故的构成要素

(1)意外发生的,指被保险人未预料到和非本意的事故,不是被保险人主观愿意的。这里包含三个层次的意思,第一,指被保险人事先未预料到的,或因过失而没有预料到的,如飞机坠毁等。第二,被保险人能够预料但无法逃避的,如失火跳窗。第三,被保险人能够预料也能逃避,但出于法律和职业道德无法逃避的,如民警与歹徒搏斗。

(2)外来因素造成的,是指由于被保险人身体外部原因造成的事故,如车祸、被歹徒袭击、溺水、食物中毒等。

(3)突发的。事故的原因与伤害的结果之间具有很直接的关系,在瞬间造成的事故,没有较长的过程,如落水、触电、车祸等。而铅中毒、汞中毒等职业病是由于伤害逐步形成的,而且是可以预见和预防的,故不属于意外事故。

(4)非疾病的。疾病所致伤害,虽不是本人事先所能预料的,但它是人体内部生理故障或新陈代谢的结果,不属于意外事故。如被保险人因高血压病导致脑溢血,在路上突然摔倒而死亡。

二、意外伤害保险的特征

(一)季节性明显

人身意外伤害保险的许多险种往往因季节变化而有不同的投保高峰。如:春、夏、秋季往往是风景游览区的旅游人身意外伤害保险的投保旺季。

(二)保险费的厘定根据损失率来计算

一般不需要考虑被保险人的年龄、性别等因素,不以生命表为依据,因为被保险人面临的风险与其职业、工种或从事的活动关系密切,被保险人遭受人身意外伤害的概率并不因被保险人的年龄、性别不同而有较大的差异。在其他条件相同的情况下,被保险人的职业、工种或从事的活动危险性越高,应交的保费越多。

（三）承保条件一般较宽松

高龄者可以投保,被保险人不必体检。

（四）保险期间与责任期间不一致

人身意外伤害保险的保险期间较短,一般为一年,有些极短期人身意外伤害保险的保险期间只有几天、几个小时甚至更短,但责任期限并不随着保险期限的结束而终止。

责任期限是人身意外伤害保险特有的概念,强调被保险人在遭受伤害后的死亡或残疾必须发生在责任期限内,只要被保险人遭受的人身意外伤害事故发生在保险有效期内,而且自遭受人身意外伤害之日起一定时期内造成死亡、残疾的后果,保险人都要承担保险责任,给付保险金。

三、意外伤害保险的可保风险

并非一切意外伤害都是意外伤害保险所能承保的。意外伤害按照是否可保划分,可以分为不可保意外伤害、特约承保意外伤害和一般可保意外伤害三种。

（一）不可保意外伤害

不可保意外伤害也可以理解为意外伤害的除外责任,即从保险原理上讲,保险人不应该承保的意外伤害,如果承保,违反法律规定或违反社会公共利益。不可保意外伤害一般包括:

（1）被保险人在犯罪活动中所受的意外伤害。

（2）被保险人在寻衅殴斗中所受的意外伤害。

（3）被保险人在酒醉、吸食（或注射）毒品（如海洛因、鸦片、大麻、吗啡等麻醉剂、兴奋剂、致幻剂）后发生的意外伤害。

（4）由于被保险人的自杀行为造成的伤害。

对于不可保意外伤害,在意外伤害保险条款中应明确列为除外责任。

（二）特约可保意外伤害

特约保意外伤害指经过保险双方特别约定后才予承保的意外伤害,其风险发生概率高于正常水平。特约承保意外伤害包括:

（1）战争使被保险人遭受的意外伤害。

（2）被保险人在从事登山、跳伞、滑雪、赛车、拳击、江河漂流、摔跤等剧烈的体育活动或比赛中遭受意外伤害。

（3）核辐射造成的意外伤害。

（4）医疗事故造成的意外伤害（如医生误诊、药剂师发错药品、检查时造成的损伤、手术切错部位等）。

在保险实务中,特约保意外伤害一般在保险条款中列为除外责任,只有经投保人与保险人特别约定承保后，由保险人在保险单上签注特别约定或出具批单，对该项除外责任予以剔除。

（三）一般可保意外伤害

即在一般情况下可承保的意外伤害。除不可保意外伤害、特约保意外伤害以外，均属一般可保意外伤害。

四、意外伤害保险的保险责任

意外伤害保险的责任是保险人因意外伤害所致的死亡和残废，不负责疾病所致的死亡。只要被保险人遭受意外伤害的事件发生在保险期限内，而且自遭受意外伤害之日起的一定时期内（责任期限内，如 90 天、180 天等）造成死亡、残疾的后果，保险人就要承担保险责任，给付保险金。意外伤害保险的保险责任由三个必要条件构成：

（1）被保险人遭受了意外伤害，即被保险人遭受意外伤害必须是客观发生的事实，而不是臆想的或推测的，并且被保险人遭受意外伤害的客观事实必须发生在保险期限之内。

（2）意外事故造成了被保险人死亡或残疾。死亡即机体生命活动和新陈代谢的终止。在法律上发生效力的死亡包括两种情况，一是生理死亡，即已被证实的死亡；二是宣告死亡，即按照法律程序推定的死亡。可以在意外伤害保险条款中订有失踪条款或在保险单上签注关于失踪的特别约定，规定被保险人确因意外伤害事故下落不明超过一定期限（如三个月、六个月等）时，视同被保险人死亡，保险人给付死亡保险金，但如果被保险人以后生还，受领保险金的人应把保险金返还给保险人。

残疾包括两种情况，一是人体组织的永处性残缺（或称缺损）；二是人体器官正常机能的永久丧失，如失去听觉、视觉、语言障碍或行为障碍等。目前，关于残疾的保险给付主要依据《人身保险残疾程度与保险金给付比例表》（2013 版）和国家劳动保障部门 2014 年 9 月发布的《劳动能力鉴定职工工伤与职业病致残等级》鉴定标准执行。

（3）意外事故造成的死亡或残疾发生在责任期限内。责任期限是意外伤害保险和健康保险特有的概念，指自被保险人遭受意外伤害之日起的一定期限（如 90 天、180 天、一年等）。

拓展阅读 ▎▎▎

所谓宣告死亡，是指公民下落不明超过法定期限，人民法院根据利害关系人的申请，依法宣告该公民死亡的一种法律制度。我国现行的民法通则第 23 条规定：公民有下列情况之一的，利害关系人可以向人民法院申请宣告他死亡：

（1）下落不明满四年的；

（2）因意外事故下落不明，从事故发生之日起满二年的。

战争期间下落不明的，下落不明的时间从战争结束之日计算。宣告一个人死亡，关系到终止他的民事主体资格，须慎重从事，所以需要有较长的失踪时间。

同宣告失踪一样，宣告死亡也须按法定程序进行。根据有关法律，宣告死亡应按如下程序进行：首先由利害关系人提出申请，这些人包括失踪公民的配偶、父母、成年子女和其他法定继承人、财产管理人、债权人等。其次，由人民法院依有关特别程序审理。人民法院受理案件后，应发出寻找失踪人的公告，公告为期一年。公告届满后仍无失踪者生存的消息时，可做出宣告死亡判决。

练一练

1. 张先生，30 周岁，若其购买一年期中国人寿人身意外伤害保险与平安人身意外伤害保险分别可获得哪些保险利益？
2. 任选三家保险公司的交通工具意外伤害保险产品进行比较。

五、赔款理算

（一）身故保险金的给付计算

$$身故保险金＝保险金额－已给付的保险金之和$$

例：某被保险人参加人身意外伤害保险，保险金额 5 000 元，保险期间自 2002 年 11 月 9 日零时起至 2003 年 11 月 8 日 24 时止。2002 年 12 月 8 日因发生车祸死亡，此前未向保险人申请过赔付，则保险人应给付保险金为 5 000 元，即：身故保险金＝保险金额×100％＝5 000 元。

但若被保险人此前发生一目失明（残疾程度百分比为 30％），已给付残疾保险金 1 500 元，则身故保险金应扣除已给付的残疾保险金，即 3 500 元。

（二）残疾保险金的给付计算

（1）一次意外事故，在同一肢多处残疾，且以前未曾发生意外事故残疾的，保险金按残疾中最高的给付比例计付，即：

$$保险金＝保险金额×残疾中最高的给付比例$$

例：某被保险人保险金额 5 000 元，一次意外伤害造成左上肢的腕关节机能永久完全丧失（残疾程度百分比为 20％），并在同一肢丧失一拇指（残疾程度百分比为 10％），则保险人应给付保险金为 1 000 元，即：5 000 元×20％＝1 000 元。

（2）一次意外事故，在不同肢多处残疾，且以前未曾发生意外事故残疾的，则保险金按各残疾给付比例之和给付，即：

$$保险金＝保险金额×每项残疾给付比例之和$$

例：某被保险人保险金额 5 000 元，一次意外伤害造成左上肢的腕关节机能永久完全丧失（残疾程度百分比为 20％），右上肢丧失一拇指（残疾程度百分比为 10％），两眼眼睑显著缺损（残疾程度百分比为 20％），则保险人应给付保险金为 2500 元，即：5 000 元×（20％＋10％＋20％）＝2500 元。

若本例中同时还导致被保险人右上肢三大关节全部机能永久丧失（残疾程度百分比为 50％），则保险人应给付保险金为 4 500 元，即 5 000 元×（20％＋50％＋20％）。

（3）一次意外事故残疾，合并以前残疾，可领较严重残疾程度的残疾保险金，则保险金按较严重残疾程度的给付百分比减去以前残疾的给付百分比给付，即：

$$保险金 = 保险金额 \times (合并残疾后的给付百分比 - 以前残疾给付百分比)$$

例：某被保险人保险金额 10 000 元，在保险期间内，第一次意外伤害造成一手丧失一拇指（残疾程度百分比为 10%），给付残疾保险金 1 000 元，第二次意外伤害在同一手丧失一食指（残疾程度百分比为 10%），合并第一次残疾丧失一拇指，在给付表中可查到，在同一手丧失一拇指及一食指的残疾程度百分比为 15%，则该被保险人第二次可获得的保险金为 500 元，即：保险金 = 10 000 元 × (15% - 10%) = 500 元。

（三）烧伤保险金的给付计算

（1）一次意外事故烧伤或残疾的，按残疾或烧伤中最高的给付比例给付保险金，即：

$$保险金 = 保险金额 \times 最高的给付比例$$

例：某被保险人保险金额 5 000 元，发生一次意外伤害，头部表皮烧伤面积 4%（烧伤给付比例 50%），躯干及四肢表皮烧伤面积 18%（烧伤给付比例 75%），则应支付的保险金为 3 750 元，即 5 000 元 × 75%。但若被保险人同时双目永久完全失明（残疾程度为 100%），则应支付的保险金不是 3 750 元，而是 5 000 元，即 5 000 元 × 100%。

（2）多次意外事故在同一部位烧伤，且本次烧伤比例高于前次烧伤比例的，则：

$$本次烧伤保险金 = 保险金额 \times (本次烧伤给付比例 - 前次烧伤给付比例)$$

例：某被保险人保险金额 5 000 元，第一次意外伤害，头部表皮烧伤面积 4%（烧伤给付比例 50%），已付烧伤保险金 2 500 元，第二次头部表皮烧伤面积 7%（烧伤给付比例 75%），则本次烧伤保险金为 1 250 元，即：5 000 元 × (75% - 50%) = 1 250 元。

（3）多次意外事故在不同部位烧伤，且本次烧伤比例≤(100% - 前几次烧伤给付比例之和)，则：

$$本次烧伤保险金 = 保险金额 \times 本次烧伤给付百分比$$

例：某被保险人保险金额 5 000 元，第一次意外伤害，头部表皮烧伤面积 4%（烧伤给付比例 50%），已付烧伤保险金 2 500 元，第二次躯干及四肢烧伤面积 13%（烧伤给付比例 50%），则本次烧伤保险金为 2 500 元，即：5 000 元 × 50% = 2 500 元。

（4）多次意外伤害在不同部位烧伤，且本次烧伤比例>(100% - 前几次烧伤给付比例之和)，则：

$$本次烧伤保险金 = 保险金额 - 已给付的烧伤保险金$$

例：某被保险人保险金额 5 000 元，第一次意外伤害，头部表皮烧伤面积 7%（烧伤给付比例 75%），已付烧伤保险金 3 750 元，第二次躯干及四肢烧伤面积 25%（烧伤给付比例 100%），则第二次烧伤保险金为 1 250 元，即：5 000 元 - 3 750 元 = 1 250 元。

（四）被保险人职业风险等级增加而未向保险人做变更通知的保险金给付计算

$$保险金 = 保险金额 \times 伤害项目的给付比例 \times \frac{职业变更前已交保险费}{职业变更后应交保险费}$$

例：某一被保险人投保了保险金额为 10 000 元的一年期人身意外伤害保险，原费率为 2.4‰，保险期间被保险人因交通意外导致左手丧失一食指（残疾程度百分比为 10%）。索赔时保险人发现被保险人出险时职业危险程度已增加,依据其职业类别其职业变更后的费率为 3‰,则保险人应给付保险金为 800 元,即:10 000 元×10％×2.4‰/3‰＝800 元。

若该被保险人在保险期间多次发生保险事故的,保险金额给付总额以保险金额×(职业变更前已交保险费/职业变更后应交保险费)为限。

(五)意外伤害医疗费用的计算

(1)意外伤害医疗费用的保险金额与其他责任保险金额为同一保额,总赔偿金额以意外伤害医疗费用限额为限。

意外伤害医疗费用的计算公式为:

$$赔付医疗费用＝(实际支出符合规定的医疗费－免赔额)×赔付比例$$

例:某被保险人参加人身意外伤害综合保险,保险期间 2002 年 6 月 16 日零时起至 2003 年 6 月 15 日二十四时止,保险金额 50 000 元,其中意外伤害医疗费用限额为 5 000 元。2003 年 6 月 13 日,被保险人因不慎滑倒受伤,送县级医院治疗。2003 年 9 月 25 日该被保险人出院,共支出医疗费 8 560 元。经调查审定:被保险人住院责任期限 90 天内(即从 2003 年 6 月 16 日至 9 月 13 日),实际支出医疗费 7 850 元,其中不符合当地社会医疗机构规定的医药费 750 元。

住院医疗费＝(7 850－750－100)×80％＝5 600(元)。

则保险人应给付被保险人的住院医疗费为 5 000 元。

若上例中,该被保险人经治疗无效而死亡,保险人仅给付身故保险金 50 000 元,医疗费不再另行给付。

(2)意外伤害医疗费用保险金额为单独保险金额的,单独计算。

意外伤害医疗费用的计算公式为:

$$赔付医疗费用＝(实际支出符合规定的医疗费－免赔额)×赔付比例$$

第三节　团体保险

任务描述 ▎▎▎

绿城食品公司有员工 200 人,其中管理、技术人员约 40 人,企业为员工参保了社会养老保险和社会医疗保险。某日,保险公司业务员小刘与绿城食品公司总经理廖总在朋友的酒席上相遇。小刘经聊天得知,绿城食品公司经济效益好,故热心为廖总推荐团体保险计划。廖总向小刘提出疑问:公司已经为员工办理了社会保险,部分员工还购买了商业保险,还需要团体保险吗? 团体保险与个人保险有什么区别? 如果你是小刘,你会怎样回答?

知识平台 ▎▎▎

团体保险产生于 20 世纪初的美国,一个世纪以来,已经发展成为人身业务的重要部分。

一、团体保险的含义

团体保险是以团体为投保人,由保险公司签发一张总的保险单为团体中的成员提供保障的保险。根据 2005 年中国保监会颁布的《关于规范团体保险经营行为有关问题的通知》,在我国,团体保险是指投保人为 5 人以上特定团体成员(可包括成员配偶、子女、父母)投保,由保险人用一张保险合同提供保险保障的一种人身保险。投保团体的成员人数少于或等于 8 人的,所有成员必须全部投保,投保团体的成员人数多于 8 人的,投保成员必须占团体成员总数的 75% 以上(含 75%)。它不是一个具体的险种,而是一种承保方式。团体保险一般有团体人寿保险、团体年金保险、团体意外伤害保险和团体健康保险四类。

二、团体保险的特征

(一)风险选择对象时投保团体而非个人

用对集体的选择来代替对个别被保险人的选择,这是团体保险最主要的特征。保险人关注团体的整体特征,如团体形成的原因、保险费缴纳的形式,团体的大小等,而不是个体的年龄、健康状况等信息。虽然以对投保团体的风险选择代替对被保险人个人的风险选择,但通过对团体及其成员的要求,对团体保险的续保和再保险安排等,可以有效降低团体保险的逆选择风险和业务风险,使团体保险的风险水平比较稳定。

(二)保险费率优惠

团体保险能减少逆选择的消极因素,降低保险公司内部的管理费用,所以相对于个险,其费率相对较低。团体保险采取一张保单承保大量个人,节省了单证印制成本与管理成本。并且由于业务量大具有规模效益,降低了保险公司经营成本。此外,团体保险中参保率要求至少不低于 75%,逆选择的风险较低,出险率和赔付率通常也较低,使得团体保险费率一般较低。

(三)可以免除体检

由于团体中的绝大部分人体质健康,即使有老、弱、病、残的有些已经退休或离职,所以团体保险基本上可以消除个人的逆选择倾向,可以免除体检。

(四)费率厘定的特殊性

团体保险费率厘定主要考虑投保团体所从事的工作性质、职业特点、以往的理赔记录等,其中理赔记录是决定费率的主要因素。在团体保险中,一般以上一年度该团体的理赔记录决定次一年度的保险费率,即采用经验费率法。

(五)手续简化

一张保单就可以承保数百人、数千人、甚至数万人。

三、团体保险的起源

团体保险在形式上的出现最早可以追溯到 19 世纪,当时奴隶买卖盛行,为确保美国国内运输的黑奴以及中国到巴拿马运送的苦力的安全,出现了专门承保黑奴和苦力的团体保险单。但是,由于当时黑奴和苦力在法律上仅仅是一种财产,因此,这些保险单并不属于人身保险,因此也就不属于团体保险的范畴。

19世纪后期,曾出现了几张具有现代团体保险特征的意外伤害保单,但保险费完全由员工负担,因此,并非是实际意义上的团体保单。当然,也有学者认为1890年旅行者保险公司提供消防员的保障是美国的第一份团体健康保险合同。

另外值得一提的是,1905年由美国公平人寿保险社与联合烟草公司签订的一份团体人寿保险单。公平人寿保险社签发一份主保单给联合烟草公司,而每一被保险人获得一张保险凭证,这已经具有了现代意义的团体保险的特征。但是,由于此份保险单是由被保险人个人提出投保申请而不是由雇主自愿投保,同时被保险人必须进行体检,因此这份保险单确切地说仍然是个人保险的简单集合形式,不能算是真正意义上的团体保险。

1907年,美国哥伦比亚大学的海勒·锡格教授明确提出了团体保险的思想:雇主应当对自己雇佣的雇员因为意外事故、疾病、年老所致的伤残、工作能力丧失、死亡等带来的社会问题,承担相应的责任,其最好的方式就是由雇主支付保险费为雇员购买保险。

1911年6月,美国公平人寿保险社与班达梭皮革公司签订世界上第一张真正意义上的团体人寿保险保单,从而标志着团体人寿保险的产生。

在西方,保险市场高度成熟,但公司团体的市场成长仍经久未衰,各家保险公司仍致力于开发新产品,探索潜在的市场。在美国,各种劳工组织将公司团体纳入劳资协议中,使其成为劳工福利。在英国,企业将团体定期保险成为退休年金制度的一部分。在德国,团体养老保险的市场占有率极高。在法国,公司团体主要是用于补充社会保障的不足。

在我国,公司团体逐渐成为企业福利保障的重要组成部分,企业通过购买保险来处理人才中途流失、员工生老病死等风险的发生以及带来的财务压力。

拓展阅读

投保团体保险的好处

团体保险覆盖意外伤害、住院医疗和企业年金等内容,是企业竞争力的组成部分,是员工福利的具体体现。

对雇主的好处:

(1)降低企业经营风险。天下没有无经营风险的企业,有经营风险就要有对策,就像企业擅长于化解市场风险、财务风险和政策风险一样,保险公司擅长转移人身风险,而人身风险是企业的致命风险。我没见过面对自己企业出现人身风险无动于衷的企业家,倒是见过不少对自己企业的人身风险毫无防范的老板。其实用投保团体保险的方法转移人身风险,不仅简单实用,而且费用比雇主想象的要低得多。

(2)提升企业在行业中的竞争力。没有差异就没有竞争力,企业的竞争力一定是表现在与同行的差异上,而差异体现在员工待遇上具有最明显的竞争力效果。企业要想在工资等刚性待遇上超过同行往往要付出很高的代价,而在福利等柔性待遇上超出同行则往往非常容易。例如为员工每人每月提高100元工资,员工满意效果几乎为零,而且第二年还必须水涨船高,直到雇主无力提高工资;而为员工每人每月投保100元团体险,对员工的意外和住院保障就可以达到目前国内企业的平均水平之上。

(3)建立良好的劳资关系。员工对企业的归属感必须建立在最基本的人身安全感之上,这种安全感的成本非常低,但是是由雇主主动提供的,还是由员工自己提供的,对员工归属感的作用是大不相同的。

对雇员的好处:

(1)在一家福利保障完善的企业工作,是自身职业地位的标志。理由很简单,在一家福利保障全面的单位工作,自己在家人和朋友面前很有面子。尤其是一旦发生了住院或手术的情况下,亲朋好友都去医院看你,你告诉他们单位能给报销费用,对他们是莫大的安慰。

(2)不必动用税后收入购买基本保障。像意外伤害和住院医疗这样的基本保障是每个人都需要的,如果企业不主动给员工上团险,员工就要用自己的税后收入为自己买保险,企业购买团体保险可作为福利费在税前列支,能够节省企业所得税和个人所得税,这2个税能省下至少38%的费用。下面的示例有具体的数据。

(3)核保相对宽松,一般不需要体检。团险在操作上比个险要简单,尤其是基本上不需要核保体检,能够节省时间和精力。如果你在上个险的时候因体检没过关而被拒保,那么跟着单位上团险是你最后的机会了。

练一练

试计算以下团体保险的保费。

表8-1　国寿绿洲团体意外伤害保险保险责任表

国寿绿洲团体意外伤害保险(A/B型)		
险种	A型	B型
投保范围	5人以上,占团体人数75%以上	
保险期间	最长一年,可投保极短期业务	
保险责任	意外身故、意外伤害残疾、意外伤害导致Ⅲ度烧伤	
A、B型区别	意外伤害残疾七级内	意外伤害残疾十级内

表8-2　国寿绿洲团体意外伤害保险(A款)产品费率表

职业类别	一	二	三	四	五	六
年交保险费(每1000元保险金额)	1	1.03	2.4	3.6	5.4	6.6

极短期费率表(按年费率的百分比计算)

保险期间(个月)	1	2	3	4	5	6	7	8	9	10	11	12
百分比(%)	10	20	30	40	50	60	70	80	85	90	95	100

注:保险期间在15日以上(含15日)不满一个月,按一个月计算;不足15日的,按日费率计算,公式为:

日费率＝年费率÷360×2.5

一企业为员工购买国寿绿洲团体意外伤害保险(A型),保额10万,员工的职业风险为一级,投保人数为50人。请问保险费如何计算?

课后练习

一、单项选择题

1. 健康保险的保险标的是(　　)。
   A. 被保险人的生命　　　　　　　　B. 被保险人的身体
   C. 被保险人的疾病　　　　　　　　D. 被保险人所受伤害

2. 除重大疾病等保险以外,绝大多数健康保险尤其是医疗费用保险的合同期限通常为(　　)。
   A. 半年期　　　　B. 1年期　　　　C. 两年期　　　　D. 3年期

3. 健康保险费率的计算以(　　)为基础。
   A. 费用率　　　　B. 利息率　　　　C. 伤残率　　　　D. 保险金额损失率

4. 定额给付型健康险的保险金给付(　　)。
   A. 适用补偿原则　　　　　　　　　B. 不得高于实际花费的医疗费用
   C. 与实际损失无关　　　　　　　　D. 与费用型健康保险相同

5. 健康保险的基本责任主要是指(　　)。
   A. 医疗给付责任　　　　　　　　　B. 重大疾病责任
   C. 失能收入损失责任　　　　　　　D. 意外伤害责任

6. 被保险人提供治疗疾病时需要的一般性医疗费用的险种是(　　)。
   A. 普通医疗保险　　B. 住院保险　　　C. 手术保险　　　D. 综合医疗保险

7. 医疗保险具有的特征之一是(　　)。
   A. 规定受益人条款　　　　　　　　B. 规定年龄误告条款
   C. 规定免赔额条款　　　　　　　　D. 规定不丧失价值条款

8. 附加给付型重大疾病保险不同于提前给付型的是(　　)。
   A. 保险责任不同
   B. 有确定的生存期间
   C. 不得提前领取重大疾病保险金
   D. 因重大疾病保障的给付而减少死亡保障

9. 回购式选择型重大疾病保险的弊端在于(　　)。
   A. 降低了死亡保障
   B. 回购手续过于烦琐
   C. 回购式选择带来的逆选择是显而易见的
   D. 回购的费率高于原合同

10. 以下关于保险凭证的说法不正确的是(　　)。
    A. 鉴于团体保险的特殊性,通常是在一份团体保险合同下,给每一个参加保险的人

　　　　签发一张单独的保险凭证

　　B. 保险凭证又称小保单,它与保险单一样,是由保险人向被保险人开具的证明保险合同已经有效成立的文件,但它不具有与保险单同样的法律效力

　　C. 在保险凭证的内容与保险单的相应内容相矛盾或者相抵触时,如果保险凭证是对保险合同的全面陈述,那么保险凭证应当优于保险单

　　D. 凡是保险凭证上没有列明的,均以同类的保险单为准

11. 根据《健康保险管理办法》有关规定,保险公司以附加险形式销售无保证续保条款的健康保险产品时,下列说法正确的是(　　)。

　　A. 附加健康保险的保险期限不得小于主险保险期限。

　　B. 附加健康保险的保险金额不得小于主险保险金额。

　　C. 附加健康保险的保险期限不得大于主险保险期限。

　　D. 附加健康保险的保险金额不得大于主险保险金额。

12. 根据《健康保险管理办法》有关规定,长期健康保险产品应当设置合同犹豫期,并在保险条款中列明投保人在犹豫期内的权利。长期健康保险产品的犹豫期不得少于(　　)天。

　　A. 10　　　　　　B. 15　　　　　　C. 20　　　　　　D. 30

13. 影响健康保险保费高低的因素主要有(　　)。

　　A. 残疾率、利率和费用率　　　　　　B. 残疾率、利率和汇率

　　C. 残疾率和利率　　　　　　　　　　D. 残疾率和费用率

14. 人身保险实务中,健康保险的种类主要包括(　　)。

　　A. 医疗保险、疾病保险、收入保障保险和长期护理保险

　　B. 检查保险、疾病保险、收入保障保险和长期护理保险

　　C. 门诊保险、疾病保险、收入保障保险和长期护理保险

　　D. 工伤保险、疾病保险、收入保障保险和长期护理保险

15. 比例给付条款,又称为共保比例条款,即对(　　)采取由保险人和被保险人共同分摊的比例给付方法。

　　A. 医疗费用部分

　　B. 收入损失部分

　　C. 超过免赔额以上的医疗费用部分

　　D. 超过免赔额以上的医疗费用和收入损失部分

16. 对于因为饮食不当造成突发性肠胃疾病而住院治疗的病人而言,如果他投保了(　　)能够得到赔付。

　　A. 人寿保险　　　　B. 疾病保险　　　　C. 住院医疗保险　　D. 失能收入保险

17. 健康保险投保中,刘某对下列哪些人员具有保险利益(　　)。

　　① 亲姐姐　　　② 丈夫　　　③ 姐夫　　　④ 私生子　　　⑤ 养父

　　A. ①②　　　　　　B. ④⑤　　　　　　C. ②④⑤　　　　　D. ①②⑤

18. 疾病保险中,如果被保险人在观察期内出现疾病,那么保险人(　　)。

　　A. 承担完全保险责任　　　　　　　　B. 承担部分保险责任

　　C. 不承担任何保险责任　　　　　　　D. 协商解决

19. 收入保障保险中,(   )指的是因残疾使得被保险人不能从事任何职业的情况。

    A. 绝对全残   B. 原职业全残   C. 推定全残   D. 列举全残

20. 某些情况下,被保险人患病或遭受意外伤害,最终是否残疾在短期内难以判定,为此保险公司规定一个定残期限,过了该期限后仍无明显好转征兆的,认定为全残。这种情况称为(   )。

    A. 列举式全残   B. 绝对全残   C. 原职业全残   D. 推定全残

21. 一般而言,等待期不适用于(   )。

    A. 重大疾病保险   B. 住院费用医疗保险

    C. 失能保险   D. 意外伤害保险

22. 根据我国保险相关法规规定,我国商业健康保险的经营主体不包括以下哪种(   )。

    A. 人寿保险公司   B. 财产保险公司

    C. 健康保险公司   D. 农业保险公司

23. 观察期条款规定了健康保险合同中有无观察期及观察期的长短,在观察期内发生保险事故,保险公司(   )。

    A. 履行保险责任   B. 部分履行保险责任

    C. 不履行保险责任   D. 与被保险人协商是否履行保险责任

24. 重大疾病保险中,(   )的保险责任是将重大疾病和死亡高残分开的。

    A. 提前给付型   B. 附加给付型   C. 独立主险型   D. 按比例给付型

25. 开展健康保险理赔工作时,索赔申请人需要提交的常见索赔申请材料包括(   )。
① 医疗费用原始发票 ② 住院明细账单 ③ 医疗诊断证明书 ④ 病理诊断报告书 ⑤ 病历

    A. ①②⑤   B. ②③⑤   C. ①③④⑤   D. ①②③④⑤

二、问答题

1. 简述人身意外伤害保险的可保风险。

2. 简述健康保险的定义及其主要类别。

3. 简述团体保险与个人保险的区别。

微信扫码查看

第九章　保险规划

- 了解保险规划的定义
- 熟悉保险规划的基本原则
- 熟悉保险规划流程
- 了解家庭生命周期特点与相应的保险需求
- 能根据客户的家庭情况量身定做保险规划

第一节　保险规划概述

任务描述

　　电力公司张勇总经理最近十分焦虑,因为他还有两年即将退休,最近他才知道他退休后的社会养老保险金每月只有不到2 000元。而对于一位年薪几十万元的电力公司总经理来说,退休后的收入与在职时的收入落差太大,退休生活将十分拮据,并且电力公司像他一样的老职工还不少。不仅如此,退休后的医疗保障也很低,每年门诊看病只有不到400元的报销额度,超出部分需要自理。此时他才意识到,由于缺乏保险意识,没有在工作期间为自己购买年金保险和医疗保险,没有给职工进行退休规划和医疗规划,给自己和企业员工造成了很大的困难。你认为张勇总经理应该怎样解决即将面临的困境。

知识平台

一、保险规划的含义与功能

(一)保险规划的含义

　　保险规划是指理财顾问人员结合客户的具体情况和需求,给出一份适合客户的保险方案。一般认为理财规划起源于20世纪30年代美国保险业。当时,由保险营销人员提供最早的个人理财服务。从20世纪60年代末到90年代,在发达国家特别是美国,个人理财发展为一个全新的金融服务业。随后在欧洲以及亚洲等经济发达地区获得了迅速的推广,现已成为世界各大银行的一项主要业务。

（二）保险规划的功能

保险规划是理财规划的重要内容,一般认为,保险具有分摊损失、补偿损失等基本职能,以及由此派生出的防灾防损、投资理财等功能。就家庭理财这一角度而言,保险规划主要具有以功能:

1. 风险保障

目前,我国的社会保障制度不是很完善,并且家庭对灾害的承受能力比较脆弱,不论是家庭成员的生老病死还是火灾,水灾对家庭的冲击都是巨大的。家庭在平时资金宽裕的情况下缴纳保险费,而在面临危难时得到援助,使生活能够得以正常维持,这是保险最根本的职能,也是家庭理财规划中对保险的基本定位。

2. 储蓄功能

对于长期寿险,保单现金价值的存在使得保单具有储蓄功能,并且保单现金价值采取复利计算账户收益,即在保险期内投资账户中的现金价值以年为单位进行利滚利。而像银行等其他理财产品采取主要是单利,即一定期限、一定数额的存款会有一个相对固定的收益空间。不论是采取固定收益还是浮动利息,在理财期限内,银行理财产品都采取单利计算。从这个角度看,部分寿险产品在储蓄生息方面具有一定优势。

3. 资产保护功能

在特定条件下,寿险保单能够起到资产保护的功能。以企业主为例,当由于债权债务问题发生法律诉讼时,银行里的资金甚至股票、房地产等都可能被冻结。但是,投保形成的人寿保单的相应价值却不受影响。因为人寿保险合同是以人的寿命和身体为保险标的,依据《保险法》,未经被保险人书面同意,保单不得转让或者质押,因此当所有的财产都被冻结甚至拍卖时,人寿保险的保单不会被冻结和拍卖,而其保单贷款功能则又使其成为最好的"变现"工具。即便企业遇到破产情形,也不会因此一贫如洗。

4. 融通资金功能

保险,尤其是长期寿险,可为投保人提供临时的融资功能。这种功能主要通过保单质押贷款来实现。保单质押贷款的根本作用在于能够满足保单的流动性和变现要求。金融理论认为,流动性是金融资产的基本属性,几乎所有的金融资产都需要有流动性和变现能力,保险单作为一种金融资产也不例外。一般金融资产的流动变现能力是依靠二级市场的资产交易得以实现的。但人寿保险保单具有长期性的特征,同时它不能通过建立二级市场和保单交易来实现其流动性变现要求。因此,为赋予保单一定的流动性和变现能力,寿险公司设计出的各种保单质押贷款行为应运而生。

就提供变现、融资的渠道来看,保单质押贷款有别于商业贷款,主要体现在:一是保单持有人没有偿还保单质押贷款的法定义务,由此保单持有人与保险公司之间并非一般的借贷关系;同时保险人只需要根据保单的现金价值审批贷款,不必对申请贷款的保单持有人进行资信审查;而商业贷款,银行则有严格的审查。因此对保险公司而言保单质押贷款业务可以看作一项附加服务,管理成本较低。因此对于投保人而言,利用保单贷款是一种较为便捷的获得临时资金的方式。

5. 避税功能

利用合法的手段和税收的监管规定,在节省上缴税收额度的情况下,为员工、自己或家人增加一份收入,就是很好的理财。保险在这方面有着独特的功能。

(1)企业可以合理法地为员工投保进而达到避税的目的

根据有关规定,企业拿出职工工资总额的 4% 为员工购买商业保险是完全免税的,如若补缴金额较大的还可以获得"不低于三年的期内分期均匀扣除"费用的权限;同时由于员工将来从保险公司获得的保险金按税法规定也同样是免税的,因此不论是企业还是个人都可以获得资产保全。

(2)保险是规避遗产税的有效工具

我国已经开始讨论并出台了《中华人民共和国遗产税暂行条例(草案)》,这意味着遗产税的征收已经纳入了国家法律健全化的日程。根据草案,遗产越多,税率就越高,最高可达 50%。

二、保险规划的类型与流程

(一)单一保险规划

单一保险规划指仅就单一保险需求进行规划。例如:购买了一部车,需要了解增添了哪些风险,需要衡量这些风险大小以及如何处理这些风险。

单一保险理财规划比较简单,基本上只需要考虑保险产品是否能满足客户需求,以及客户对保费的心理接受程度和经济负担能力即可。

(二)复合保险规划

就多种保险需求协调平衡和整合处理,就是复合保险规划。复合保险规划包括人身保险复合规划、财产保险复合规划以及产寿险复合规划。

复合保险规划的流程包括以下步骤:

第一步,确定个人保险需求组合和优先顺序。

个人(家庭)需要购买哪些保险?哪些保险需求需要优先考虑购买?前一问题是保险需求组合问题,后一问题是保险需求的优先顺序问题。

(1)确定个人保险需求组合。个人(家庭)常见的保险种类有:人身保险,包括寿险、健康保险、人身意外保险、残疾收入保险、年金保险、投资型保险;财产保险,包括汽车保险、家庭财产保险、个体和合伙企业保险。

(2)确定个人(家庭)人身保险需求的优先顺序的必要性。不同个人(家庭)不仅需要的保险种类不同,而且保险种类需要的优先顺序也不同,个人(家庭)财务资源的有限性,决定了需要根据个人(家庭)人身保险需求的优先顺序,来分配资源,保证最重要的人身保险需求得到优先满足。

(3)确定人身保险需求优先顺序的影响因素。人身保险需要的优先顺序取决于多种因素,其中最基本的有生命周期、收入水平和教育水平。

（4）人身保险需求组合优先顺序表。

中国人寿保险公司聘请麦肯锡咨询公司以上述要素为依据,将家庭划分为20个不同类型并分别制定了与之适应的家庭人身保险需求组合的优先顺序。

表 9-1　家庭人身保险需求组合的优先顺序

生命周期 收入/教育	单身	两口之家	三口之家	成熟家庭	退休生活
高收入 高教育程度	意外 健康 重大疾病 父母医疗保险 养老	健康 重大疾病 意外 投资/储蓄 父母养老	自身保障 子女 健康意外 教育资金 投资/储蓄 养老	健康 一般疾病 重大疾病 住院医疗 意外 养老	健康 保本储蓄 孙辈教育 意外
高收入 普通教育程度	意外 投资/储蓄 健康 重大疾病	投资/储蓄 健康 重大疾病 意外	子女 教育资金 健康意外 投资/储蓄 自身保障 养老	稳健投资 健康 一般疾病 重大疾病 住院医疗 意外	保本储蓄 健康 孙辈教育 健康 意外
平均收入 高教育程度	意外 健康 重大疾病 父母医疗保险	健康 重大疾病 意外 储蓄	自身保障 子女 健康意外 教育资金	健康 一般疾病 重大疾病 住院医疗 储蓄 意外	保本储蓄 孙辈教育 健康 意外
平均收入 普通教育程度	意外 健康 重大疾病	健康 重大疾病 意外 储蓄	子女 教育资金 健康意外 自身保障	储蓄 健康 一般疾病 重大疾病 住院医疗	保本储蓄

（5）确定个人家庭财产保险需求的优先顺序

① 个人(家庭)保险需求的优先顺序。

个人家庭财产的基本状况决定了个人家庭财产保险的优先顺序,一般而言,个人(家庭)财产保险需求的优先顺序为:汽车保险—个体(合伙)企业保险—购房按揭保险—家庭财产保险。

在每一个险类里,又有不同的优先顺序,例如:在汽车保险中,不同险种的优先顺序为:机动车辆第三者责任保险—车身险—盗抢险—司乘人员平安险—不计免赔险—玻璃破碎险—划痕险。

② 个体(合伙)企业财产保险需求的优先顺序。

个体(合伙)企业保险优先顺序为:企业财产险—运输货物险—建安险—责任险—出口

信用险—利润损失险—企业年金。

第二步，确定不同种类保险的需求总量。

（1）人身保险有效需求总量＝人身保险需求×人身保险保费支付能力

① 按照人身保险保费支付能力确定人身保险需求总量，我国寿险公司一般按照人们收入的 10％～15％确定他们人身保险需求总量。

② 按照人身保险客观需求确定人身保险需求总量。例如：可以用生命价值法和家庭需求法衡量寿险总额。

（2）财产保险需求总量分析。财产保险金额一般以保险利益为限。

第三步，扣除已有的可替代保险资源，得出保险净需求量。

第四步，制订保险方案和计划。

根据了解到的客户的财务情况，对照客户的理财目标和科学理财标准指标，分析整理客户财务问题，制定保费预算和保单规划，撰写和呈交书面规划。

第五步，执行和修正保险规划。

对于个人与家庭而言，保险规划不是一成不变的。通常在购买保险之后，一般每隔 5～10 年，应该对自己的保险规划进行调整。另外，当生活中出现一些特殊时点，例如家庭成员组成情况变化以及工作性质变化，也应该检查并调整自己的保险规划。

（三）综合理财保险规划

以上两种规划都是仅就保险需求进行保险规划，可以说是属于单纯保险规划。然而，保险需求实际上与消费、投资等其他需求紧密相关，保险规划与其他规划也须臾不离，在综合理财规划中进行保险规划即综合理财保险规划。

综合理财规划的流程包括以下步骤：

第一步，制定资产负债表与现金流量表，识别其中潜藏的个人财产和家庭人身风险。

第二步，确定综合理财保险目标。综合理财规划的目的是通过合理地安排与运用资金，使得资金发挥最大效用。

第三步，制订综合理财计划。

第四步，执行和修正综合理财保险计划。

三、保险规划的原则

（1）"双十"原则。保险的"双十"原则，即保费占年收入的 1/10，保额是年收入的 10 倍。一般而言，用 1/10 的收入来交保费，这样的比例不会对我们的正常生活产生影响，而 10 年的保险赔付金可以帮助一个家庭度过可能的危机。

（2）先保大人，后保小孩。"优先考虑孩子的保障"是很多客户初次购买保险常犯的错误。其实对孩子而言，父母才是他们最好的保障。如果父母发生风险，收入中断，没有任何收入来源的孩子才是真的失去依靠。所以就科学的保险规划而言，应该先保大人后保小孩。

（3）优先考虑保障型保险。保险工具分为保障型保险、储蓄型保险以及投资型保险。风险管理的一个基本原则是，重点保障可能对家庭造成巨大损失的风险。如果目前家庭收入有限，没有能力购买保费较高的终身寿险或其他分红、投资型保险，消费者就可以选择消费型的定期寿险,用以保证在遭遇损失时,有足够的财务保障。意外险、健康险(重疾险)和定期寿险等都是具有保障意义的险种,所以投保人在保费预算有限的情况下,应优先满足意外险、疾病险和定期寿险类保障需求。如果客户经济状况较好,可在完善家人保障的前提下,再考虑投资型保险产品。

(4)保额至重,保费合理。在国外,保险都讲究保额制,即保额至重,保费合理。保额的标准最好是如果有风险发生的话,保险公司支付的理赔金额可以完全覆盖掉风险带来的损失。要知道,作为必要的风险保障额度,购买得太少,起不到保障家庭的作用;购买得太多,则会影响到客户的生活品质。在满足客户家庭必要的保障额度的前提下,客户家庭保费的支出则可以根据投保人的实际情况来调整,不同的人生阶段、不同的财务状况、不同的职业类别,可以有不同的选择方式。比如,消费型产品与返还型产品的选择、保费交纳期限长短的选择、保障型产品和投资型产品的选择等。

(5)保单不是一成不变的,保险方案不是一成不变的。在人生的不同阶段,应适时对自己的保单以及保障计划进行调整。

第二节　保险需求分析

一、保险需求分析原理

人身保险需求分析是以家庭风险(没有考虑家庭企业或家族企业的风险)为基础,基于稳健原则,一般以家庭主要成员万一不幸作为分析情景,在客户既定的理财目标前提下,分析该家庭为实现既定理财目标的资源缺口,该资源缺口即为人身保险保障需求。

(一)以家庭风险分析为基础

家庭风险包括人身风险、财产风险和责任风险,寿险保障需求主要是基于人身风险。而人身风险包括生命风险(生与死)和身体风险(健康风险、意外风险),生命风险与身体风险发生,将会影响家庭的收入能力,同时使家庭产生应急的现金需求,从中长期来看,还会影响家庭既定的理财目标是否能实现。

(二)以家庭主要成员万一不幸为条件

基于人身保险保障规划的稳健原则,在确定客户的寿险需求时,一般是以客户家庭成员的最大风险的万一发生为条件。比如在实际的规划中,可以假定某家庭的主要收入者如果第一年发生死亡,在保持客户家庭原有较合理的理财目标前提下,客户家庭如果有最大风险的"万一发生",客户家庭的资源缺口。在实际的人身保险需求测度中,比如在需求的敏感度分析和客户家庭的现金流敏感性测试中,假定客户在不同年度发生最大风险对家庭现金流所产生的影响,以及在不同现金流情形下的最大风险发生的资源缺口。

(三)测度继续实现主要家庭财务目标所需的资源缺口

理财规划的重要任务之一是要在基于客户的收入与家庭资源的条件下,与客户充分沟通,帮助客户建立合理可行的理财目标。为了保证理财目标的实现,分析在最大不幸发生时,客户在既定理财目标前提下因风险发生而产生的总的资源需求,然后考虑已经有的风险保障(已经购买的寿险保障)、家庭的生息资产状况,便可得到客户家庭继续实现理财目标所产生的资源缺口。

换言之,如果提前帮助客户做好了人身风险可能发生的风险保障(寿险保障需求),即使最大风险已经发生,客户家庭的理财目标仍然可以实现。

二、寿险保障需求估算

(一) 倍数法则

倍数法则是指以简单的倍数关系估计寿险保障的经验法则。如根据"十一法则",家庭需要的寿险保额约为家庭可支配收入的十倍,保费支出占家庭可支配收入的十分之一。该法则又称为"双十法则"。"十一法则"与理财规划中的 6:3:1 法则具有一致性,即家庭可支配收入中,60%用于生活消费,30%用于储蓄投资,10%用作保费预算。

倍数法则的优点在于其简便性与可理解性,简便性是指当理财顾问或理财规划师知晓客户的基本收入状况时,可简便地测度客户的寿险保障需求和保费预算;可理解性是指理财规划师与客户之间的沟通较为顺畅,便于客户理解。倍数法则的缺点在于其适应性较差,寿险保障需求测度科学性差,不能适应所有人或家庭。

一般而言,采用倍数法则是在对客户的经济收入、家庭资源情况未能充分把握,或者双方之间沟通不畅时,常使用的简略方法。

(二) 生命价值法

生命价值法是以生命价值理论为基础计算人的生命价值的方法。生命价值理论认为,人的生命价值是指个人未来收入或个人服务价值减去个人生活费用后的资本化价值,是个人未来工作期间净收入的资本化价值(又称收入法)。人的生命价值在本质上是个人经济价值创造的源泉。如果人的生命不发生风险(死亡或残疾),在既定的工作期限内将创造其经济价值,作为其个人或者家庭的经济保障。反之,如果生命发生风险,其生命价值将会减少或丧失。而人寿保险基于对生命风险的保障,在经济保障方面提供生命风险发生前的寿险保障,即使相关风险发生,家庭或个人的理财目标或应该有的经济保障仍然在不同程度可以实现。因此,估算家庭成员不幸给家庭造成的净收入损失,就是生命价值的损失,也是寿险保障的需求基础。

运用生命价值法计算寿险需求一般有以下四个步骤:

(1) 确定个人的工作或服务年限;

(2) 估计未来工作期间的年收入;

(3) 预期年收入扣除税及本人消费;

(4) 选择贴现率计算前项的余额的经济价值,即生命价值。

生命价值法较倍数法则先进,该方法反映出不同个体的预期收入差异和支出差异,反映出不同生命周期的收入与消费特征,对生命个体的寿险需求具有相对较好的适应性。生命价值法的缺陷主要体现在以下几个方面,第一,对未来工作收入成长比、生活消费的通货膨胀率、贴现率的假设要求较高,需求测度的参数假设与实际很难保持一致;第二,不是基于对整个家庭的收入情况进行考虑;第三,未考虑遗产需求、家庭接受捐赠、目前生息资产的资源状况。

案例分析 ▮▮▮

某经理现年35岁,预计工作至65岁退休。目前年薪12万元,个人消费支出每年5万元。预计未来工作期间年收入按5%递增。假设通货膨胀率3%,问该经理36岁时寿险需求是多少? 如果年收入增长为3%,通货膨胀率为5%时,该经理36岁时寿险需求又是多少?

(1) 年收入按每年5%递增,通货膨胀率为3%时的寿险需求:

$$寿险需求 = -(12-5) \times \frac{\left(\frac{1+3\%}{1+5\%}\right)^{30}-1}{3\%-5\%} = 153.44(万元)$$

(2) 年收入按每年3%递增,通货膨胀率5%时寿险需求:

$$寿险需求 = -(12-5) \times \frac{\left(\frac{1+5\%}{1+3\%}\right)^{30}-1}{5\%-3\%} = 273.2(万元)$$

练一练 ▮▮▮

王先生43岁,王太太35岁,两人的月平均工资分别为8 000元和3 000元。王先生夫妻俩目前的月生活费4 000元。夫妻俩准备到王先生60岁时一起退休,并希望退休以后能保持目前的生活水平。王先生夫妻俩所在城市的上年社会月平均工资为2 200元,退休金个人账户现有积累王先生10万元,王太太8万元。不考虑别的资源,请为王先生夫妻俩作一退休规划。

(三) 遗属需求法(需求法)

遗属需求法是从需求的角度考虑某个家庭成员不幸后会给家庭带来的现金缺口。该方法假定家庭(主要)收入者万一发生不幸,遗属一生支出现值的缺口状况(遗属一生支出现值－已累积的生息资产净值)。为预防万一不幸的发生,该收入者提前通过寿险保障的方式准备未来可能发生的遗属一生支出现值缺口,因此又称(收入者)养生负债法,或(遗属一生)支出法。

遗属需求法测算寿险需求主要包含以下步骤:

第一步,计算维持目前家庭生活水平的财务需求,其中包括:家庭需还清的债务、依存者的生活费支出、子女教育费支出、商业保险费支出等。

第二步,查明已有财务资源,其中可能包括的项目有:社会保险金、金融资产。

第三步,扣除掉已有的财务资源,得到家庭财务净需求,即寿险需求。

最后,安排购买与家庭寿险需求相当的寿险保额。

遗属需求法具体测算方法如下:

1. 遗属必要生活备用金可以分成三块测算

第一块是子女 22 岁大学毕业参加工作之前配偶与子女的必要生活备用金,第二块是子女 22 岁大学毕业之后配偶的必要生活备用金,第三块是赡养父母备用金。即:

遗属必要生活备用金＝子女 22 岁前遗属必要生活备用金＋子女 22 岁后配偶必要生活备用金＋赡养父母备用金

(1) 子女 22 岁前遗属必要生活备用金需求。

$$s_1 = 目前全家月生活费 \times 0.7 \times \frac{\left(\frac{1+c}{1+i}\right)^n - 1}{c-i}$$

其中,s_1 为子女 22 岁前遗属必要生活备用金需求;c 为每月生活费上涨率;i 为生活备用金投资月收益率;n 等于(22－子女目前年龄)年。

(2) 子女 22 岁后配偶必要生活备用金需求。

$$s_2 = 子女 22 岁时全家月生活费 \times 0.5 \times \frac{\left(\frac{1+c}{1+i}\right)^n - 1}{c-i}$$

其中,s_2 为子女 22 岁后遗属必要生活备用金需求;n 等于(子女 22 岁时配偶的平均寿命)年。

(3) 赡养父母备用金需求。

$$s_3 = 目前赡养父母生活费 \times \frac{\left(\frac{1+c}{1+i}\right)^n - 1}{c-i}$$

其中,s_3 为赡养父母月生活费;n 等于父母的平均余生年数。

2. 应准备的生活备用金的测算

应准备的遗属生活备用金＝遗属必要生活备用金－家庭已有生活费资源家庭已有生活费资源包括家庭资产现值、社保个人账户金额、抚恤与丧葬金等等。

案例分析 |||

张某,42 岁,月工资 8 000 元,享有社保,个人养老账户余额 8 万元;妻子 39 岁,家庭妇女,无固定收入;儿子 13 岁。三口人目前月生活费 3 500 元。张某父亲 65 岁,母亲 60 岁,均依靠张某每月寄钱 600 元赡养。张某家有 15 万元存款和 10 万元股票。2 000 年花 60 万元购入一商品房用于出租,房租月收入 2 000 元。该房目前还有 38 万元贷款本利没有付清。假定生活费每年上涨 3%,并且退休准备金投资收益率为 5%,请计算张某应该购买多少寿险来保障家人。

从张某的情况来看,张某一家的现金流充沛,财务情况目前看也良好。但由于张某是全家的唯一经济支柱,因此潜伏着很大的人寿风险。张某应该以自己为被保险人购买寿险,来保障家人未来生活幸福平安。具体计算如下:

第一步计算家庭生活保障总需求。

(1) 偿还债务备用金需求＝38 000(元)。

（2）丧葬善后等其他费用＝50 000(元)。

（3）儿子教育备用金需求＝100 000(元)。

（4）遗属必要生活备用金需求＝759 946.95(元)。

计算过程如下：

（1）儿子22岁前遗属张太太必要生活备用金需求现值：

$$s_1 = 3\,500 \times 70\% \times \frac{\left(\frac{1+3\%/12}{1+5\%/12}\right)^{108}-1}{3\%/12-5\%/12} = -241\,418.36(元)$$

（2）儿子22岁后张太太必要生活备用金需求。

先求出儿子22岁时张太太每月必要生活费标准：

儿子22岁时张太太每月必要生活费＝3 500×50%(3%,9)＝2 283.35(元)

假设张太太55岁准备25年的必要生活费，则必须在儿子22岁时为张太太准备32年即384个月的必要生活费：

$$S_2 = 2\,283.35 \times \frac{\left(\frac{1+3\%/12}{1+5\%/12}\right)^{384}-1}{2\%/12-5\%/12} = 646\,076.59(元)$$

（3）遗老必要生活备用金需求(以张某为父亲准备8年的赡养金计算)。

$$S_3 = 600 \times \frac{\left(\frac{1+3\%/12}{1+5\%/12}\right)^{96}-1}{2\%/12-5\%/12} = 53\,065.14(元)$$

（4）遗属必要生活备用金总需求

$$\sum S = 241\,418.36 + 646\,076.59 + 53\,065.14 = 940\,560.09(元)$$

5. 家庭生活保障总需求＝380 000＋5 000＋100 000＋940 560.09＝1 425 560.09(元)

第二步，计算家庭生活保障已有资源：

（1）个人养老账户余额80 000元。

（2）股票100 000元。

（3）房产投资220 000元。

（4）丧葬补助和一次性抚恤金10 000元。

（5）家庭生活保障已有资源总计＝560 000元。

第三步，计算家庭生活保障净需求：

家庭生活保障净需求＝1 425 560.09—560 000＝875 560.09(元)

答：根据测算结果，为了确保家人未来生活幸福平安，张先生现在应购买大约88万元保险金额的人寿保险。

课外拓展

目前，一些保险公司在计算人寿保险保额时，多运用简化的方法计算人寿保险需求金额。例如：某保险公司计算人寿保险需求金额的方法为：

家庭需求保障缺口＝家庭保险总需求额—自身已有资源

其中,自身已有的资源主要指社保补贴、客户已经购买的寿险等等。

具体而言,在人寿保险中,先生的寿险保障需求＝太太的(年生活费用×保障年数)＋子女的(年生活费用×保障年数)＋房屋费用＋子女教育费＋其他费用,而太太的寿险保障需求＝先生的(年生活费用×保障年数)＋子女的(年生活费用×保障年数)＋房屋费用＋子女教育费＋其他费用。

例如:司马先生,28岁,是外资软件公司软件设计师,年收入5万元,预计60岁退休,有社保,养老金15 000元每年,统筹医疗报销额为50％,住院费预计200元/天,重大疾病报销预计为10万元,司马太太今年26岁,是某股份公司财务人员,年收入3万元,预计55岁退休,退休后每年可以领8 000元养老金,统筹医疗报销额为50％,住院费预计200元/天,重大疾病报销预计为10万元。司马先生一家目前还有35万元房贷未还清,父母赡养费预计12 000元每年,预计需赡养25年。司马先生估计年生活费25 000元/年,退休年生活费估计20 000元/年,司马太太年生活费20 000元/年,退休后年生活费估计16 000元/年。

下面,根据简易方法为司马先生规划寿险保障缺口为:

$20\ 000×53+12\ 000×25+350\ 000-30\ 000×29-8\ 000×24=648\ 000(元)$。

司法太太寿险保障缺口为:

$25\ 000×48+12\ 000×25+350\ 000-50\ 000×32-15\ 000×16=10\ 000(元)$。

练一练 ▮▮▮

肖志今年40岁,妻子伍虹37岁,儿子10岁。肖志月工资22 000元,伍虹月工资3 000元。夫妻俩享有社保。社保个人账户累计金额肖志有5万元,伍虹3万元。去年夫妻俩还各买了10万元人寿保险。肖志家有存款和证券投资现值80万元。五年前贷款买了一套房,现在还有30万元贷款未还清。目前全家每月生活费开支5 300元,赡养双方父母每月2 000元,大约还要赡养15年。肖志还有一个愿望,就是送儿子出国读大学和研究生,让他接受最好的教育。根据咨询,到儿子18岁时,就要准备好80万元。假设生活费每年上涨3％,肖志所在市月平均工资增长率4％,并且社保养老金为2％,投资收益率为5％,请问肖志夫妻俩应该各购买多少寿险?

三、其他人身保险需求估算

(一)健康保险估算

重疾险额度＝大病平均花费＋本人年收入×平均恢复年限－社保报销额度－已有商业保险额度

一般疾病医疗险额度＝当地一般疾病的平均花费－社会保险报销比例×(理想额度－社保起付线)住院津贴＝本人年收入/365

(二)意外险

意外险额度＝本人年收入×期望保障年限×舒适指数－已有意外险赔付额度

意外伤害医疗险额度＝当地一般疾病的平均花费×风险程度系数－已有意外险医疗赔

付额度

其中,期望保障年限指因意外造成残疾或行动障碍失去劳动能力后,需要资金来维持基本生活的保障年限,通常最少设为 20 年。舒适指数是指在伤残或失去劳动能力后期待的生活质量,如为 1 的就意味着赔偿的额度为意外发生前自己的年收入,也就是生活水平基本不降低;但其中要注意意外发生后每年的医药费会增加,且如果行动不便请人照顾,必定要话费额外的费用,所以建议所设值要比 1 大。风险程度系数是指所发生风险对标的破坏程度。因为意外伤害造成的事故通常情况下会比一般疾病要重,大多数情况下需要人照顾,所以总的费用也会多一些。那么,在预估意外伤害的医疗费用时,一般应比当地一般疾病的平均花费多一倍,即风险程度系数通常设为 2。

（三）养老险

养老险首先要根据现在的基本生活支出、工资水平、社会养老保险的覆盖率(现阶段水平基本为 50%)和假定的通货膨胀率测算出退休的基本生活支出(要使得生活水平不降低,大致为退休前的 80% 左右)和社会养老保险能领取的养老金,测算出养老金的缺口(即每月需补充的金额),再依据所能承受风险的程度选择适当的养老保险产品和缴费方式。

（四）子女教育金

子女教育金要依据家庭的经济状况制订出子女今后的教育方案,并考虑好一系列的问题。比如中学的费用是否要现在储蓄? 上什么样的大学? 是否供孩子上研究生? 是否出国深造? 年轻的父母认为这些问题也许还有些遥远,但孩子的教育还是越早规划越好。也就是根据现有的学费、每年上涨的比例、汇率的变化(出国留学)等测算出以后要用的额度,再依据所能承受风险的选择程度选择好适当的教育金产品和缴费方式,以保证孩子在不远的未来能够得到良好的教育。

案例分析 ▐▐▐

一、客户基本资料

王先生,32 岁,已婚,与妻子共同在 IT 行业工作,妻子今年 30 岁,两人有一个 2 岁的宝宝,还未上幼儿园,由双方父母照看。王先生月收入 7 000 元,爱人 5 000 元,双方家长不用负担,房子无贷款,日常消费支出约 3 000 元,无其他额外支出。家庭成员都有社保,均无商业保险。预计退休年龄王先生 60 岁、妻子 55 岁。目前有 20 万闲置资金,打算进行保险方面的理财。

二、保险需求分析

王先生一家为温馨三口之家,宝宝刚 2 岁,双方父母不用供养,家庭开支不大,每月能有不少的节余。保障方面,家庭成员现在只有基本的社会保险。初为父母,肩上的责任会逐步加大。如果家庭有风险发生,无疑对配偶和子女是巨大的打击。现在的家庭的经济负担较轻,养老应提早做好规划,因为妻子年龄较轻,且夫妻双方共同生活,养老险以妻子作为被保险人为宜。而对于王先生来说,也应该趁着自己年轻,身体状况还不错,尽早做好保障规划以应不时之需,未雨绸缪。宝宝即将到上幼儿园的年龄,以后还有小学、中学、大学、研究生等高额的教育费用,这些都要为孩子提早做好规划。

根据客户的家庭结构、经济状况及工作性质,王先生主要考虑的商业保险保障依次为人身寿险、健康险,妻子主要考虑的保障依次为健康险、人身寿险、养老险,宝宝主要考虑的保障依次为意外险、健康险、教育金保险。

三、额度测算

王先生:

(1) 人身寿险保险额度:本人年收入占比(84 000 元/144 000)元×家庭年度支出总额(36 000 元)×子女成人所需年限(20 年)+家庭总负债(0 元)=420 000 元。

(2) 重疾险保障测度:大病平均花费(300 000~500 000 元)+本人年收入(84 000 元)×平均恢复年限(2 年)-社保报销额度(70 000 元)-已有商业保险额度(0 元)=39 800~598 000 元。

(3) 一般疾病的医疗:一般疾病的平均花费(12 743 元)-社保保险比例(0.87)×[理想额度(12 743 元)-1 300 元]=2 788 元。

(4) 住院津贴:本人年收入(84 000 元)/365 天=230 元/天

妻子:

(1) 重疾险额度:350 000~550 000 元。

(2) 住院津贴:164 元/天。

(3) 人身寿险额度:30 万元。

(4) 养老费用:现在基本支出 3 000 元/月,通货膨胀率假设平均记为 4%,爱人 55 岁时为 7 998 元/月;退休后支出未退休前的 80%,即 6 398 元/月;按现在情况社保中养老保险平均覆盖率计 50%,即 3 999 元/月;至少还需要解决 2 399 元/月,预计领取 20 年。

宝宝:

(1) 意外伤害医疗:一般疾病的平均花费(12 743 元)×风险程度系数(2.0)=25 846 元。

(2) 重疾险:30 万元左右。

(3) 一般疾病的医疗:一般疾病的平均花费(12 743 元)-社保保险比例(0.7)×[理想额度(12 743 元)-1 300 元]=4 732.9 元

(4) 教育金:现阶段国内大学(18~21 岁)1 万元/年,共 4 万元,预计教育费用增长率 5%,则宝宝大学时需要 87 315 元,平均每年 2.2 万元左右。

四、保费支出测算

(1) 合理的保障性费用(保障性费用主要指人身寿险、健康险、意外险的保费)占年收入的 10%~15%为宜,尽量不超过 20%,即保障性费用 14 400~21 600 元/年。

(2) 子女教育金和养老规划利用保险作为投资方式的年支出费用,以不超过年收入的 20%为宜,即不超过 28 800 元/年;另可以拿出 20 万元中的一部分作为教育、养老的保险投资,可以购买一次性趸缴和年缴附加的产品,既可以提高收益,又能减少每年的支出费用。

第三节　保险产品组合设计

任务描述

根据张先生的人生轨迹表讨论张先生在各阶段面临的人身风险、寿险需求及解决方案。

表 9-1　张先生的人生轨迹表

序号	年龄	阶段	重要事件
1	22～26	开始就业	公司职员
2	27～30	结婚购房	结婚,购买婚房,贷款 40 万
3	30～34	立业生子	喜得贵子,升任项目经理
4	35～39	任重道远	升任部门经理,孩子上学,父母退休
5	40～44	辛苦创业	辞职,与朋友合办公司
6	45～54	事业发展	公司发展顺利,二次置业,贷款 100 万,儿子出国留学
7	55～60	退居二线	爱人退休,自己退居二线,当顾问

知识平台

一、保险产品组合设计流程

人在不同的人生阶段,具有不同的特征,面临着不同的风险,承担着不同的责任。俗话说:天有不测风云,人有旦夕祸福。而就人生而言,任何一个人,在他的一生中都会面临着"生、老、病、死、残"。进行保险产品组合设计,首先要分析人生所面临的三大风险:死亡、疾病与养老风险。接着,结合客户提供的相关财务资料与理财目标,利用生命价值法分析计算寿险、健康险与养老险需求缺口,在此基础上,结合人生不同阶段保障需求与购买能力,设计科学的保险产品组合。

二、人生不同阶段保险需求侧重点分析

人生每个阶段面临着不同的风险,可将人生分为单身期、家庭形成期、家庭成长期和退休期 4 大阶段,每个阶段的保险规划也都有所不同,见表 9-2。

（一）单身期

工作不久、尚未成婚的年轻人,又没有多少家庭负担,应重视的是自身的意外和意外医疗类保障。可考虑一定数额的定期寿险,万一发生意外,可得到充分的赔偿用于治疗和渡过

受伤后的难关,万一身故,也可为父母提供抚恤金用于晚年的生活费。若收入尚可,可考虑重疾险,毕竟"年纪越轻,保费越便宜",这是购买寿险产品的最基本观念。如果有医保或单位能报销一部分,就可选择津贴类保险,也可考虑购买一些住院医疗中报销型和津贴型的保险产品,以填补社保的不足;反之,则需要购买住院费用险或包括手术费用、住院津贴的综合医疗保险。建议年轻人的组合应为意外险+定期寿险+住院医疗险。

（二）家庭形成期

此时的家庭责任感逐渐形成,而夫妻双方也正出于收入高峰期和责任高峰期。夫妻对双方、对父母都承担着责任,可选择保障性高的终身寿险、附加定期寿险、意外险、重疾险和医疗险。另外,可以购买适量的两全保险储备孩子的教育费用以及自己年老以后的养老金。建议成年人(有家庭)的组合应为终身寿险+重疾险+意外险+医疗险。

（三）家庭成长期

家庭成长期是人生最辛苦的"上有老,下有小"的夹心时代。作为家庭的经济支柱,应当为自己构筑充分的保障。中年人承载着整个家庭的压力和责任,要考虑家庭、家人健康的双重保障,根据家庭状况选择适当的健康险就显得尤为重要,建议首选重疾险,同时,需为自己购买较高额的寿险、意外险和特种疾病险,再配合住院险和津贴型保险,万一发生意外,可使孩子和家庭得到经济保障。需要提醒的是,人到中年,鉴于女性的高发病率,中年女性可再考虑购买女性疾病险。建议中年人的保险组合应为重疾险+住院险+津贴型保险。

（四）家庭成熟期

在这个阶段,一般的保障保险已不宜购买。由于这一阶段各种保险的费率都很高,应该主要依靠自己早年积累的健康保险金和子女赡养。如果考虑到为子女减轻压力,也可投保一些保费不是很高的意外险等险种。建议老年人的保险组合应为意外伤害险+意外医疗保险。

表 9 - 2　人生不同阶段保险需求侧重点分析

人生阶段	死亡		健康		养老	其他	
	意外身故	疾病身故	医疗	重疾	养老	投资	教育
单身期	●	◐	●	◔	◔	●	○
家庭形成期	●	●	●	◕	◔	◐	○
家庭成长期	●	●	●	●	◔	●	◐
家庭成熟期	◐	●	●	◐	◔	○	○

三、保险购买能力分析

在做好基本规划之后,要分析客户保险购买能力,即判断保费支出是否在客户经济承受范围之内。如果超出了客户经济承受范围就要进行调整。一般而言,保费支出占客户年收入总额的 10％～15％比较适宜。根据客户所处生命周期不同阶段承受的经济压力不同,可以有所调整。一般而言,单身期客户,保费支出总额占家庭年收入总额 5％以内比较适宜,而处于家庭形成期的客户,保费支出总额占家庭年收入总额的 6％以内比较合适,处于家庭成长期与家庭成熟期的客户,保费支出不应超过家庭年收入总额的 10％。当然,保险规划还应结合客户保险理念与消费习惯进行调整。

课后练习

　　根据以下客户信息,结合附录中保险需求分析表为该客户制作保险规划书。

　　张先生,30 周岁,硕士研究生学历,目前任职技术经理,年收入 21 万,计划 55 岁退休;张太太,29 周岁,硕士研究生学历,目前任职工程师,年收入 9 万元;

　　张先生和张太太有 1 个 1 岁的女儿,计划于 2029 年开始接受 7～10 年的高等教育,夫妻双方计划给女儿准备 50 万教育金。

　　张先生和张太太每年生活开销在 5 万元左右,每年给双方老人各 1.5 万元生活费,计划以年 15％幅度递增,已知张先生母亲现年 57 岁。

　　张先生和张太太目前现金存款 23 万元,拥有一辆市值 13 万的私家车和一套市值 240 万的房产,尚无其他负债和理财项目,计划在五六年内首付 150 万的基础上购置总价 200 万左右的第二套房产。

　　除了社保,张先生和张太太尚未规划商业保险,用于保险规划的预算在 3 万左右。

　　张先生和张太太依次比较关注下列财务目标:子女教育储备→健康保障→家庭生活费用→养老金储备→老人赡养

微信扫码查看

第十章 保险公司业务经营环节

学习目标

- 熟悉保险公司经营管理各环节及其内容
- 了解保险商品的特性
- 掌握专业化销售的主要流程
- 理解保险承保、核保的含义及其关系
- 熟悉保险核保流程
- 熟悉保险理赔流程
- 了解保险公司客户服务的内涵及重要意义
- 熟悉寿险公司保全的流程及主要内容
- 能在模拟的环境中进行承保与理赔业务操作

第一节 保险专业化销售

任务描述

　　美国首都华盛顿广场的杰弗逊纪念馆大厦年深日久，建筑物表面出现斑驳，后来竟然出现裂纹，采取若干措施耗费巨大仍无法遏止。政府非常担忧，派专家们调查原因，拿出办法。后来报告交上来写明调查结果：最初以为蚀损建筑物的原因是酸雨。研究表明，原因是冲洗墙壁所含的清洁剂对建筑物有酸蚀作用，而该大厦墙壁每日被冲洗，大大频繁于其他建筑，受酸蚀损害严重。

　　但是，为什么要每天冲洗呢？

　　因为大厦每天被大量鸟粪弄脏。为什么这栋大厦有那么多鸟粪？

　　因为大厦周围聚了特别多的燕子。为什么燕子专喜欢聚在这里？

　　因为建筑物上有燕子最喜欢吃的蜘蛛。为什么这里的蜘蛛多？

　　因为墙上有蜘蛛最喜欢的飞虫。为什么这里飞虫多？

　　因为飞虫在这里繁殖的特别快。为什么？

　　因为这里的尘埃最宜飞虫繁殖。为什么？ 尘埃本无特别，只是配合了从窗子照射进来的充足阳光，正好形成了特别刺激飞虫繁殖兴奋的温床，大量飞虫聚集在此，以超常的激情繁殖，于是给蜘蛛提供超常集中的美餐，蜘蛛超常聚集，又吸引了燕子聚集流连，燕子吃饱了，就近在大厦上方便……

最后，解决问题的结论是，关上窗帘。自此，杰弗逊纪念馆大厦保存完好。

阅读以上故事，想一想保险销售的真谛是什么？

一、保险商品的特性

保险产品是保险公司为市场提供的有形产品和无形服务的综合体。保险产品在狭义上是指由保险公司创造、可供客户选择在保险市场进行交易的金融工具；在广义上是指保险公司向市场提供并可由客户取得、利用或消费的一切产品和服务，都属于保险产品服务的范畴。进一步讲，保险产品是由保险人提供给保险市场的，能够引起人们注意、购买，从而满足人们减少风险和转移风险，必要时能得到一定的经济补偿需要的承诺性组合。从营销学的角度讲，保险产品包括保险合同和相关服务的全过程。

保险也是一种商品，既然是商品，它也就像一般商品那样，具有使用价值和价值。保险商品的使用价值体现在，它能够满足人们的某种需要。例如，人寿保险中的死亡保险能够满足人们支付死亡丧葬费用和遗嘱的生活需要；年金保险可以满足人们在生存时对教育、婚嫁、年老等所用资金的需要；财产保险可以满足人们在遭受财产损失后恢复原状或减少损失程度等的需要。同时，保险产品也具有价值，保险人的劳动凝结在保险合同中，保险条款的规定，包括基本保障责任的设定、价格的计算、除外责任的规定、保险金的给付方式等都是保险人智力劳动的结晶。

但是，与一般的实物商品和其他大众化金融产品相比，保险商品又具有自己的特点。

（一）与一般实物商品相比较

1. 保险产品是一种无形商品

实物商品是有形商品，看得见，摸得着，其形状、大小、颜色、功能、作用一目了然，买者很容易根据自己的偏好，在与其他商品进行比较的基础上，做出买还是不买的决定。而保险产品则是一种无形商品，保户只能根据很抽象的保险合同条文来理解其产品的功能和作用。由于保险商品的这一特点，它一方面要求保单的设计在语言上简洁、明确、清晰、易懂；另一方面要求市场营销员具有良好的保险知识和推销技巧。否则，投保人是很难接受保险产品的。

2. 保险产品的交易具有承诺性

实物商品在大多数情况下是即时交易。例如，消费者到商店去购买电视机，当他做出购买的决定以后，这个消费者一手交钱，商店一手交货，这笔交易就完成了，也可以说，就这个商品的交易来看，该消费者与商家的关系也就终结了。而保险产品的交易则是一种承诺交易。当投保人决定购买某一险种，并缴纳了保费之后，商品的交易并没有完成，因为保险人只是向投保人做出一项承诺，该承诺的实质内容是：如果被保险人在保险期间发生了合同中所规定的保险事故，保险人将依照承诺做出保险赔偿或给付。可见，在保险产品交易的场合，投保人缴付了保费以后，该投保人与保险公司的关系不仅没有结束，反而是刚刚开始。由于保险产品承诺性交易的这一特点，对于保险人和投保人（被保险人）来说，相互选择就是非常重要的。从保险人的角度来说,它需要认真选择被保险人,否则将遭受"逆选择"之苦;从投保人的角度来说,他需要认真选择保险公司和保险产品,否则,不论是保持合同关系还是退保,都将给自己带来不必要的损失。

3. 保险产品的交易具有一种机会性

实物商品的交易是一种数量确定性的交换。例如,只要买者交了钱,不论是一手交钱、一手交货的现货交易,还是赊销、预付形式的交易,买卖双方都能明确地得到货币或者商品。而保险合同则具有机会性的特点。保险合同履行的结果是建立在保险事故可能发生、也可能不发生的基础之上的。在合同有效期间内,如果发生了保险事故,则保险购买者从保险人那里得到赔偿、给付,其数额可能大大超过其所缴纳的保险费;反之,如果保险事故没有发生,则保险产品的购买者可能只是支付了保费而没有得到任何形式的货币补偿或给付。

(二) 与其他大众化金融产品相比较

与股票、债券、银行储蓄等大众化的金融商品一样,保险也是一种金融商品,因为它也具有资金融通这一金融商品的共性。与实物商品相比较,这些金融商品都具有产品的无形性、交易的承诺性等特点,但保险产品又具有自己的特点,这主要表现在以下两个方面:

(1) 保险产品是一种较为复杂的金融产品。对于普通投资者来说,他只要知道存款本金和利息率、股票的买入价和卖出价、债券的票面价格和利息率,就很容易计算出其收益率来。而保险产品涉及保障责任的界定、保险金额的大小、保费的缴纳方式、责任免除、死亡类型、伤残界定等一系列复杂问题。况且,大部分保险事故的发生是不以被保险人和保险人的意志为转移的,被保险人很难知道自己将在何时发生保险事故(这也正是人们需要保险的原因),也很难明确计算出成本和收益的大小。因此说,保险产品是比其他大众化的金融商品复杂得多的一种金融商品。

(2) 保险产品在本质上是一种避害商品在投资者买卖股票和债券等金融商品时,他们是以承担一定的风险作为代价,期冀获取更大的收益的。因此,这些金融商品在本质上是一种"趋利"商品。而在购买保险的场合,大多数人是以支付一笔确定数额的货币来转移(可能存在的)风险,来换取对未来不确定性的保障的。同时,由于保险所涉及的内容大都是人们不愿谈及或者避讳的事情,如死亡、伤残等,因此,保险产品在本质上是一种"避害"商品。

此外,从人们的消费购买习惯来看,保险商品是一种非寻求商品,即人们是不会主动购买的,除非一些突发的灾害事故促使消费者不得不正视风险,或者调高自己对风险大小的估计,在短期内会出现主动购买行为。

课外拓展 ▌▌▌

阅读以下短文,思考买保险的意义。

(1) 人生其实是拉着车走上坡路,年龄越大,家庭之车的分量就越沉重,一不小心,拉车的绳子断了,家庭将会受到很大的震动,甚至会急速下滑。如果事先花一点钱雇一个人帮忙推车,在车下滑时,他就可伸出有力之手,帮助你渡过难关,钱也只是暂时给他,到了约定的时间,你如果不需要他推车,他还会把钱全部奉还,再加上并不低于银行的利息,这个好人就叫——保险。

（2）在我们的办公室或家中，总有一些东西不常用却不得不准备；如字典里有数十万字，我们可能只查一两次；墙角的灭火器或许过了使用年限还没派上用场；不一定会停电，但抽屉总放着手电筒；小偷不一定上门，但我们能放心不锁门吗？

保险是家庭经济的备用胎，虽不常用但我们必须准备。

二、保险销售的含义

保险销售是将保险产品卖出的一种行为，是保险营销过程中的一个环节。保险销售是保险经营中至关重要的一个环节。

保险营销是指一保险产品为载体，以消费者为导向，以满足消费者的需求为中心，运用整体手段，将保险产品转移给消费者，以实现保险公司长远经营目标的一系列活动。

专业化销售是按一定的程序、一定的方法将推销过程分解量化，进而达到一定目标的销售活动。是专业不断支配行动，进而养成的专业销售习惯。保险行业中把它分成了七个步骤：计划与活动、客户开拓、接触前准备、接触、说明、促成、售后服务。

掌握专业销售流程对保险代理人能否长期做好营销有重要影响，对签单效率和结果起到决定性的作用。

三、专业化销售的主要流程

（一）计划与活动

计划与活动是制定详细的工作计划及各项销售活动的目标。计划活动是整个销售过程的灵魂，它可以清晰地让业务人员知道，什么时候该做什么事情，把有限的力量用在销售的关键点上，尽可能避免一些吃力不讨好的盲动式销售。设置我们的活动目标，规划销售人员的情景，设置目标，做好自我工作量的管理。让我们养成良好的习惯：

（1）坚持每日有效4访。

（2）坚持每天制定工作计划及记录工作日志。

（3）坚持每月制定目标和拜访计划。

（二）准保户开拓

准保户开拓就是识别、接触并选择准保户的过程。准保户开拓是保险销售环节中最重要的一个步骤，可以说，保险销售人员最主要的工作是在做准保户的开拓。

（1）准保户的鉴定。对保险销售人员来说，合格的准保户有四个基本标准：有保险需求、有交费能力、符合核保标准、容易接近。

（2）准保户开拓的步骤。第一，获取尽可能多的人的姓名；第二，根据这些姓名了解情况，即确认他们是否有可能成为保险的购买者；第三，建立准保户信息库，将准保户的资料储存起来；第四，经人引见，拜访准保户；第五，淘汰不合格的准保户。

（3）准保户开拓的途径。保险销售人员常通过有陌生拜访、缘故开拓、连锁介绍、直接邮件和电话联络等途径，了解准保户感兴趣的产品，发现他们的真正需求，从而决定是否需要面谈或约定面谈的具体时间。

缘故法：通过各种社会关系认识的人成为缘故法，成功的机会较大。

介绍法：例如客户介绍客户，有影响力人士的运用。

陌生拜访法：此方法的益处在于客户的来源很多。而且能够锻炼胆量和接触技巧。

目标市场法：根据自身的特点，寻找有相同点的人群，用统一的拜访方法，统一的建议书，进行开拓，走专业化的道路，例如：某个社区，以前从事过的行业。

职场开拓：通过团体保险进入单位，以服务带动销售，对整个单位进行开拓。

交叉销售：与证券的业务人员联合，交换名单，进行开拓。

创意销售：通过旅游参加社会活动等方式进行开拓。

练一练 |||

两人一组分别模拟保险业务员与客户，演练以下保险销售话术：

业：表哥你好，我在保险公司接受了训练，也通过了国家考试，目前在××保险公司上班。在这次训练当中，我学会了一套家庭风险管理计划，非常受用，而在我们众多的亲朋好友当中，就数你最有远见，最能接受新的观念，我很想与你一同分享，不过表哥你千万不要因为我在卖寿险保单，就以为需要跟我买保险，这样你会觉得浪费钱，而我也会有很大压力，因为这是人情保，我也没有什么成就感。（倾听客户的反应，如无异议则继续）

我希望你听一听，顺便可以多一些常识，而我讲一讲，也可以多了一些本事，因为我多讲了一次，就会更加熟练一次，如果有不对的地方，你也可以指点我一下。如果听完之后，你觉得不错，可以投资，我也会给你最满意的服务；如果你不满意，那也没关系，我会把你的意见带回公司研究，直到你满意为止。（若无异议，则进入销售流程；有异议，如不能处理则记下问题带回，然后按以下用语获取名单）

总归一句话："买卖不成仁义在。"因为陌生人绝不会给我这个机会，不论你买或不买，我都非常感谢你。我最多请你想一想，在你的朋友当中有谁适合这份保险计划的，也能让我去跟他分享。当然我会顾及你的情面，善待你的朋友，绝不会勉强他购买，这样你能接受吗？（取出纸笔，准备记录）

（三）接触前准备

接触前准备是指保险销售人员在与客户见面前所做的准备工作，包括以下内容：

（1）个人的准备：衣着、谈吐、礼仪、时间的安排等

（2）客户资料准备：家庭背景、现有的保障、个人的性格爱好等，越详细越好。但注意个人的隐私。

（3）展业工具：名片以及涉及的展业资料，比如条款、投保单、费率表，计算器等工具。

（4）选择恰当的时间地点：要事先电话约访，熟悉对方的时间，上班空闲等，无特殊情况避免在午休和双休日时间约客户，要成为一个识趣的拜访者。

（5）电话预约：目的要明确，言辞简洁，语气坚定运用二择一法提出。

（四）接触

做了充分的准备后，开始接触和面谈，接触的常用方法：

（1）开门见山：一开始就道明来意，直奔主题。

（2）讨教法：用讨教问题的形式与客户进行接触。

（3）以故事引入法：最近社会上的热点新闻或者我们生活中发生的故事引导与客户进行接触。

（4）介绍法：利用介绍关系去接触客户，也成为转介绍。

（5）推广新险种：利用公司退出的新险种作为与客户接触的话题。

（6）休闲活动法：通过参加各种聚会，活动结交更多的朋友

（7）问卷调查法：通过调查市民对保险商品和服务的需求为主题，采用问卷的形式接触客户。

（五）说明

好不容易争取到面谈机会。一定要好好把握。以我们专业的知识为客户量身定做方案。

首先，设计方案的时候尽量站在客户的角度，多问自己如果我是客户需要什么保障。方案尽量全面让客户做减法。

其次，讲解建议书是尽量连贯，不要让客户，打断你的讲解可以采用这样的话术：你提的问题很好，但请您给我几分钟我把建议书讲完，这样你所提出的问题可能就有答案了。如果还不清楚，我一并解答。（尽量生活化，避免专业的术语）

说明中注意两点：

（1）仔细倾听：听客户提出的问题判断其购买的可能性。

（2）认真观察：观察客户的反应和动作，例如，抹鼻子表示怀疑，挠头表示不清楚，频频点头，表示赞同认可等。

练一练

两人一组分别模拟保险业务员与客户，演练以下保险销售话术：

1. 问："王（刘）老板，早就从陈行长那里听说了像您这样年轻有为，事业有成的成功人士，实在是钦佩之至，今天有幸前来拜访，不知道能否请教您一个问题？您这样辛苦的赚钱到底是为了什么？"

答："哪里，还不是为了生活，我们这种人没有国家管，不像老陈他们，国家干部老来无忧。"

问："您太谦虚了，我有一个观点不知您认不认同：其实我们每个人辛苦的工作都为了年老后有体面的生活、与家人能共享天伦之乐。"

答："嗯，不错。"

问："如果有一种方式，能让我们轻松得到以上所说，您愿意了解吗？"

答："你不会是说保险吧！"

问："您真料事如神，正是如此。您刚才说国家不会管我们的养老问题，但我们可以自己提早准备。我公司最新推出一种终身养老与健康保障理财计划：它既保证老来无忧的生活，同时为随时可能发生的疾病与意外提供全面的风险保障，让您在享受'夕阳无限好的美满人

生'同时,也为您的家人与子女准备了一份终身礼物;同时我公司分红派发,让您能轻松地享受专家理财,使您身价倍增,人生风采。您看这份为您量身定做的"中流砥柱"锦绣人生计划书,您可享受终身高达近100万元的保障……"(3至5分钟内做好说明)

2.业:张先生你好,我是××保险公司的业务员小田,今天利用休息的时间专门登门拜访你,免费为你提供相关的一些咨询服务,顺便向你请教几个问题,那我可以进来吗?

张先生,你们家装修得可真现代!装修时你们一定动了许多脑筋吧?

客:是啊!

业:张先生,你开车吗?平时开车时可不可以一面刹车一面加油门?(笑)

客:不行。

业:这样是不是很危险?

客:是啊!

业:张先生,你每天工作赚钱就像在加油门,可是你每天家里的花费就像是在踩刹车,这两者每天都在不断地交互进行,你不觉得越来越辛苦吗?

客:不会,赚钱本来就是要花啊!

业:张先生,一家的生活担子是由你来担的,你觉得担子重吗?(关心地问)

客:很重啊!

业:张先生,你那么爱你的妻子,如果有一天你不能再挑了,你想有谁可以代替你?(停顿一下)现在有一份养老专案,能够免除你们的这份担忧(递上保险专案)。

业:每天12元,也就是说每天少抽一包烟,就可拥有这份保障(导入说明)。

(六)促成

促成是销售流程的关键步骤,在多得资料搜集计划与准备,最终体现在促成是否成功。促成的方法:

(1)推定问承诺法:假设我们的解说已经很详细而且客户也被说动,就应该着手投保单的填写。

(2)默认暗示法:在感觉促成时间出现时,不要犹豫迟疑,肯定客户对保险的认同。

(3)礼仪驱动法:因为很多人都怕吃亏,爱占小便宜的潜意识,所以我们可以利用一些优惠的措施,让客户体会现在投保是最好的时机。

(4)二择一法:由客户做出决定,就向服务员问加一个蛋还是两个蛋一样,无论他怎样选择,实际都是购买了。

练一练

两人一组分别模拟保险业务员与客户,演练以下保险销售话术:

1.陈姐,从小到大您经过几次毕业典礼?

(四次:小学,初中,高中,大学)

您想我们的人生是不是也是一段一段的,很像读完小学读初中,读完初中读高中,读完高中读大学,是吗?(是啊)

陈姐请教您一个比较严肃的问题,可以吗?(可以啊)

我们人生是不是终有一天要毕业?(是啊)

陈姐,您有没有想过,当我们人生即将毕业的时候,您是留东西照顾您的亲人呢?还是留下长期负担?

陈姐,这张保单算不算是您一生给亲人最好的照顾?(应该算吧!)

那这张保单今天就让它生效好吗?

2. 王总在生意上您有用支票的习惯吗?(有啊)

那偶尔您也会收到其他公司开给您的支票,对吧?(对)

王总,如果您收到了一张无法兑现的支票,您会不会生气?(会啊)

相同的,如果您今天开给人家的支票无法兑现,您想对方会不会生气?(会啊)

您知道您一生中开出去最大张的支票金额是多少吗?(无论说什么)

生了小孩就代表开出了一张最大金额的生活支票,如果您无法兑现,他一定很生气对吧?

这张支票钱一定要兑现,重点在兑现的人不同而已,对吧!王总,有人是用他自己银行的积蓄,有人是用他小孩一生辉煌的读书时间,有人是用保险公司的钱。请问王总,这三项给您选您会选哪一项?(无论说什么)

今天我来就是专程为这张重要的支票做背书的。您是否可以在这张保单上签字?

(七)售后服务

售后服务是专业化销售流程的最后一个环节,好的售后服务可以给你带来忠诚的客户群,也可以带来更多的客户。通常可以分为两种:

(1)定期服务:定期做服务,让客户感觉我们时刻关心着他。

(2)不定期的服务:过年过节电话联系客户建立感情,给客户提供感兴趣的咨询,通过一些小事,却能收到大的效果。

第二节　保险承保

任务描述

长春市民李女士,身高1.65米,体重80公斤,当她打算在一家保险公司购买健康险时,保险公司对她说,正常的人要2000多块钱,因为你的身体太胖得交3000多元。李女士不明白,自己没有任何病史,只是体重过重而已,为什么就得多交保费?

在国际上,判定体重过重的标准是用体质指数(Body Mass Index,简称BMI)测量,BMI=体重(kg)÷身高的平方(m)。一般来说,BMI19～24.9为标准体重,25～30则过重,大于30为肥胖。BMI指数愈高,患上胆结石、第二型糖尿病、高血压、心脏病及高脂血症等的概率会随之增高。BMI每增加2,冠心病、脑卒中、缺血性脑卒中的相对危险将增加15.4%、

6.1％和 18.8％。BMI 超过 30 的人死亡率较之 BMI 为 25 以下者高出 50％～100％。

　　BMI 指数是投保体检最常用的指标之一，简单、实用，能准确反映身体因超重而面临糖尿病、心脏病、高血压等风险。在不同的保险公司执行稍有不同的标准，当 BMI 超出 26 时，有的公司就列入加费的考虑条件，但一旦 BMI 超出 30 者，肯定是有加费的了，如果再高，可能面临拒保。

　　根据以上案例材料分析为什么要进行保险核保？人身保险和财产保险在核保时一般会考虑哪些因素？

知识平台 ▍▍▍

　　保险承保是签订保险合同的过程，即投保人和保险人双方通过协商，对保险合同的内容取得一致意见的过程。承保是保险经营的一个重要环节。承保质量如何，关系到保险人经营的稳定和经济效益，同时也是反映保险人经营管理水平的重要标志。

一、承保的内容

（一）审核投保申请

1. 审核投保人资格

　　审核投保人资格是指审核投保人是否具有民事权利能力与民事行为能力及对标的物是否具有可保利益。投保人必须具备两个条件：具有相应的民事权利能力与民事行为能力；对保险标的具有法律上承认的保险利益。审核投保人资格主要是审核后者，即了解投保人对保险标的是否具有可保利益。保险人审核投保人的资格是为了防止投保人或被保险人故意破坏保险标的，以骗取保险赔款的道德风险发生。

2. 审核保险标的

　　在财产保险中，审核保险标的即对照投保单或其他资料核查保险标的的使用性质、结构性能、所处环境、防灾设施、安全管理等情况。例如：承保企业财产时，要了解厂房结构、占用性质、建造时间、建筑材料、使用年限，以及是否属于危险建筑等情况，并对事先掌握的信息资料进行核实，或对保险标的进行现场查验后，保险人方予承保。在人身保险中，审核保险标的即通过体检、调查等方式审核被保人的自然状况与投保单记载的是否相符。

3. 审核查验费率

　　同类标的可能遭遇的风险基本相符，因此可以按照不同标准，对风险进行分级，制定不同的保险费率等级，在一定范围内使用，但是，有些保险业务的风险情况不确定，保险人承保时，承保的每笔业务都需要保险人根据以往的经验，结合风险特性、制定单独的保险费率。因此，承保这类业务时应对每一笔业务的实际情况与其适用的保险费率条件进行核查，以保证保险费率的合理性。

（二）控制保险责任

　　控制保险责任是保险人在承保时，依据自身的承保能力进行承保控制，并尽量防止与避免道德风险和心理风险。

1. 控制逆选择

所谓逆选择，是指有较大风险的投保人试图以平均的保险费率购买保险。保险人控制逆选择的方法通常是设定一定的承保条件，是对不符合承保条件者不予承保，或者有条件承保。这样，保险人既接受了投保，又在一定程度上抑制了投保人的逆选择。

2. 控制保险责任范围

只有通过风险分析与评估，保险人才能确定承保责任范围，明确对所承担的风险应负的赔偿责任。一般来说，对于常规风险，保险人通常按照基本条款予以承保。对于具有特殊风险的保险标的，保险人需要与投保人充分协商承保条件、免赔数额、责任免除和附加条款等内容后特约承保。特约承保是根据保险合同当事人的特殊需要，在保险合同中增加一些特别约定，其作用主要有以下两个：一是为了满足被保险人的特殊需要，以加收保险费为条件适当扩展保险责任；二是在基本条款上附加限制条款，限制保险责任。

3. 控制人为风险

避免逆选择与控制保险责任范围是保险人控制承保风险的常用手段。但有些风险，如道德风险、心理风险等人为风险，往往是保险人在承保时难以防范的，因此，有必要对这些风险的控制作出具体分析。

从承保的观点看，保险人控制道德风险发生的有效方法是将保险金额控制在适当额度内。因此，保险人在承保时要注意投保金额是否适当，尽量避免超额承保。

从某种意义上说，心理风险是比道德风险更为严重的问题。保险人在承保时通常采取不足额承保，规定免赔率等方式，激励被保险人克服心理风险，主动防范损失的发生。

二、承保的程序

承保决定是在审核投保申请、适当控制保险责任、分析评估保险风险的基础上做出的。承保的程序包括接受投保单、审核检验、接受业务、缮制单证等。

（一）接受投保单

投保人购买保险，首先要提出投保申请，交给保险人。投保单是投保人向保险人申请订立合同的依据，也是保险人签发保险单的凭证。

（二）核保

核保是指保险公司在对投保标的的信息全面掌握、合适的基础上，对可保风险做出判断与分类，进而决定是否承保、以什么样的条件承保的过程。

保险核保信息的来源主要有三个途径，即投保人填写的投保单、销售人员和投保人提供的情况、通过实际查勘获取的信息。首先，投保单是核保的第一手资料，也是最原始的保险记录。保险人可以从投保单的填写事项中获得信息，以对风险进行选择。其次，销售人员实际上是一线核保人员，其在销售过程中获取了大量有关保险标的情况，其寻找准客户和进行销售活动的同时实际上就开始了核保过程，可以视为外勤核保。所以必要时核保人员会向销售人员直接了解情况。另外，对于投保单上未能反映的保险标的物和被保险人的情况，也可以进一步向投保人了解。第三,除了审核投保单以及向销售人员和投保人直接了解情况外,保险人还要对保险标的、被保险人面临的风险情况进行查勘,称之为核保查勘。核保查勘可由保险人自己进行,有时也会委托专门机构和人员以适当方式进行。

(三)做出承保决策

保险人按照规定的业务范围和承保权限,在审核检验之后,有权做出拒保或承保的决定。

如果投保金额或保险标的风险超出了保险人的承保权限,只能向上一级主管部门提出建议,而无权决定是否承保。一般而言,保险人的承保决策有四种:

(1)正常承保。对于属于标准风险类别的保险标的,保险公司按标准费率予以承保。

(2)优惠承保。对于属于优质风险类别的保险标的,保险公司按低于标准费率的优惠费率予以承保。

(3)有条件地承保。对于低于正常承保标准但又不构成拒保条件的保险标的,保险公司通过增加限制性条件或加收附加报费的方式予以承保。

(4)拒保。如果投保人投保条件明显低于承保标准,保险人就会拒保。

(四)缮制单证

对于同意承保的投保申请,要求签单人员缮制保险单或保险凭证,并及时送达投保人手中。缮制单证是保险承保工作的重要环节,其质量的好坏,关系到保险合同双方当事人的权利能否实现和义务能否顺利履行。单证采用计算机统一打印,要求做到内容完整、数字准确、不错、不漏、无涂改。保单上注明缮制日期、保单号码,并在保单的正副本上加盖公、私章。如有附加条款,将其粘贴在保单的正本背面,加盖骑缝章。同时,要开具“交纳保费通知书”,并将其与保单的正、副本一起送复核员复核。

(五)复核签章

任何保险单均应按承保权限规定由有关负责人复核签发。它是承保工作的一道重要程序,也是确保承保质量的关键环节。复核时会审查投保单、验险报告、保险单、批单以及其他各种单证是否齐全,内容是否完整、符合要求,字迹是否清楚,保险费计算是否正确等,力求准确无误。保单经复核无误后必须加盖公章,并由负责人及复核员签章,然后交由内勤人员清分发送。

(六)收取保费

交付保险费是投保人的基本义务,向投保人及时足额收取保险费是保险承保中的重要环节。为了防止保险事故发生后的纠纷,在签订保险合同中要对保险费交纳的相关事宜予以明确,包括保险费交纳的金额及交付时间以及未按时交费的责任。对于非寿险合同,合同中会特别约定并明确告知:如果投保人不能按时交纳保险费,保险合同将不生效,发生事故后保险人不承担赔偿责任;如果不足额交纳保险费,保险人将有限定地(如按照实交保费与应付保费的比例)承担保险责任。

由于寿险和非寿险的标的特征、业务性质不同,各自核保的要求各异,以下分别介绍。

三、财产保险的核保要素及风险单位划分

（一）核保要素

在财产保险核保过程中，需要对有些因素进行重点风险分析和评估，并实地查勘。其中，主要的核保要素有：

（1）保险标的物所处的环境。保险标的物所处的环境不同，直接影响其出险概率的高低以及损失的程度。例如，对所投保的房屋，要检验其所处的环境是工业区、商业区还是居民区；附近有无诸如易燃、易爆的危险源；救火水源如何以及与消防队的距离远近；房屋是否属于高层建筑，周围是否通畅，消防车能否靠近等。

（2）保险财产的占用性质。查明保险财产的占用性质，可以了解其可能存在的风险；同时要查明建筑物的主体结构及所使用的材料，以确定其危险等级。

（3）投保标的物的主要风险隐患和关键防护部位及防护措施状况。这是对投保财产自身风险的检验。

① 认真检查投保财产可能发生风险损失的风险因素。例如，投保的财产是否属于易燃、易爆品或易受损物品；对温度和湿度的灵敏度如何；机器设备是否超负荷运转；使用的电压是否稳定；建筑物结构状况等。

② 对投保财产的关键部位重点检查。例如，建筑物的承重墙体是否牢固；船舶、车辆的发动机的保养是否良好。

③ 严格检查投保财产的风险防范情况。例如，有无防火设施、报警系统、排水排风设施；机器有无超载保护、降温保护措施；运输货物的包装是否符合标准；运载方式是否合乎标准等。

（4）是否有处于危险状态中的财产。正处在危险状态中的财产意味着该项财产必然或即将发生风险损失，这样的财产保险人不予承保。这是因为保险承保的风险应具有损失发生的不确定性。必然发生的损失，属于不可保风险。如果保险人予以承保，就会造成不合理的损失分布，这对于其他被保险人是不公平的。

（5）检查各种安全管理制度的制定和实施情况。健全的安全管理制度是预防、降低风险发生的保证，可减少承保标的损失，提高承保质量。因此，核保人员应核查投保方的各项安全管理制度，核查其是否有专人负责该制度的执行和管理。如果发现问题，会建议投保人及时解决，并复核其整改效果。倘若保险人多次建议投保方实施安全计划方案，但投保方仍不执行，保险人可调高费率，增加特别条款，甚至拒保。

（6）查验被保险人以往的事故记录。这一核保要素主要包括被保险人发生事故的次数、时间、原因、损失及赔偿情况。一般从被保险人过去3—5年间的事故记录中可以看出被保险人对保险财产的管理情况，通过分析以往损失原因找出风险所在，督促被保险人改善管理，采取有效措施，避免损失。

（7）调查被保险人的道德情况。特别是对经营状况较差的企业，弄清是否存在道德风险。一般可以通过政府有关部门或金融单位了解客户的资信情况，必要时可以建立客户资信档案，以备承保时使用。

（二）划分风险单位

风险单位是指一次风险事故可能造成保险标的损失的范围。一般地说,风险单位有四项构成条件:一是面临损失的价值;二是引发损失的风险事故;三是财务损失的影响程度;四是遭受损失的法律权益主体。在保险经营中,合理划分风险单位,不仅是必要的,而且对于保险公司评估风险、做出承保决策具有重要的意义。在保险实践中,风险单位的划分一般有三种形式。

（1）按地段划分风险单位。由于保险标的之间在地理位置上相毗连,具有不可分割性,当风险事故发生时,承受损失的机会是相同的,那么这一整片地段就被算成一个风险单位。

（2）按标的划分风险单位。与其他标的无相毗连关系,风险集中于一体的保险标的。如一架飞机。

（3）按投保单位划分风险单位。为了简化手续,对于一个投保单位,不需区分险别,只要投保单位将其全部财产足额投保,该单位就为一个风险单位。

四、人寿保险的核保要素及风险类别划分

（一）核保要素

人寿保险的核保要素一般分为影响死亡率的要素和非影响死亡率的要素。非影响死亡率的要素包括保额、险种、交费方式、投保人财务状况、投保人与被保险人及受益人之间的关系;影响死亡率的要素包括年龄、性别、职业、健康状况、体格、习惯、嗜好、居住环境、种族、家族、病史等。在寿险核保中重点考虑影响死亡率的要素。

1. 年龄和性别

年龄是人寿保险核保所要考虑的最重要的因素之一。因为死亡概率一般随着年龄的增加而增加,各种死亡原因在不同年龄段的分布是不一样的,而且不同年龄组各种疾病的发病率也不相同。因此,保险金给付的频数与程度有很大的差异。另外,性别对死亡率和疾病种类也有很大影响。有关统计资料表明,女性平均寿命要长于男性 4-6 年,各国生命表中的死亡概率的计算也充分反映了这一点。因此,性别因素也关系着保险人承担给付义务的不同。

2. 体格及身体情况

体格是遗传所致的先天性体质与后天各种因素的综合表现。体格包括身高、体重等。经验表明,超重会引起生理失调,导致各种疾病的发生。所以,超重使所有年龄的人都会增加死亡率,对中年人和老年人尤甚。为此,保险公司可编制一张按照身高、年龄、性别计算的平均体重分布表。体重偏轻一般关系不大,但核保人员应注意对近期体重骤减者要进行调查,以确定是否由疾病引起。除体格以外的身体情况也是核保的重要因素,如神经、消化、心血管、呼吸、泌尿、内分泌系统失常会引起较高的死亡概率。保险人应收集各种疾病引发死亡的统计资料,在不同时期引起死亡的疾病的排列顺序是不同的,目前癌症和心血管疾病是引起死亡的最主要原因。

3. 个人病史和家族病史

如果被保险人曾患有某种急性或慢性疾病,往往会影响其寿命,所以,在核保中一般了

要求提供自述的病史外,有时还需要医师或医院出具的病情报告。了解家族病史主要是了解家庭成员中有无可能影响后代的遗传性或传染性疾病,如糖尿病、高血压病、精神病、血液病、结核、癌症等。

4. 职业、习惯嗜好及生存环境

首先,疾病、意外伤害和丧失工作能力的概率在很大程度上受所从事的职业的影响。一些职业具有特殊风险,虽不会影响被保险人死亡概率的变化,但却会严重损害被保险人的健康而导致大量医疗费用的支出,如某些职业病。另外,有些职业会增加死亡概率或意外伤害概率,如高空作业工人、井下作业的矿工及接触有毒物质的工作人员等。其次,如果被保险人有吸烟、酗酒等不良嗜好或从事赛车、跳伞、登山、冲浪等业余爱好,核保人可以提高费率承保或列为除外责任,甚至拒绝承保。第三,被保险人的生活环境和工作环境的好坏,对其身体健康和寿命长短也有重要影响。如被保险人居住在某种传染性疾病高发的地区,他感染这种传染病的可能性就比其他人大得多;如果被保险人的工作地点与居住地点距离很远,其遭受交通事故伤害的可能性也就大许多。

（二）风险类别划分

核保人员在审核了投保方所有有关的资料并进行体检以后,要根据被保险人的身体状况进行分类。在人寿保险中,由专门人员或指定的医疗机构对被保险人进行体检,实际测定被保险人的身体健康状况。体检后由医生提供的体检报告就是一种核保查勘结果。被保险人是否需要体检,一般是由其年龄和投保金额决定的,投保年龄越大、投保金额越高,体检的必要性就越大。根据体检结果,决定是否承保以及按照什么条件或采用不同费率承保。

1. 标准体

属于标准体的人有正常的预期寿命,对他们可以使用标准费率承保。大多数被保险人面临的风险属于这类风险。

2. 非标准体

属于这一风险类别的人,不仅身体健康,且有良好的家族健康史,无吸烟、酗酒等不良嗜好。对该类被保险人,在基本条件与标准相同的情况下,保险人在承保时可适当给予费率的优惠,即按照低于标准的费率予以承保。

3. 弱体

属于弱体风险类别的人在健康和其他方面存在缺陷,致使他们的预期寿命低于正常的人。对他们应按照高于标准的费率予以承保。

4. 拒保体

属于该类风险的人有极高的死亡概率,以致承保人无法按照正常的大数法则分散风险,只能拒保。

练一练

投保资料:投保人及被保险人张某,男,40岁,未婚,职业为农民,四川江安县某乡人,

175 cm,体重 65 kg,年收入 15 万,既往无投保记录,无吸烟及饮酒史,健康告知无异常,无遗传性家族病史,购买某公司人寿保险 1 份,风险保额 50 万,20 年缴,年缴保费 5 200 元,受益人为法定,请分析这应该是核保通过的标准件吗?

第三节　保险理赔

任务描述

　　2012 年 6 月 17 日,赵女士驾驶别克 GL8 商务车(B)由西向东行驶,意外与曾先生驾驶的由北往南的捷达轿车(A)在一交叉路口相撞,双方不同程度受损。事后经鉴定:别克 GL8 损失修理费 8 000 元,捷达轿车损失 2600 元。

　　双方保险情况:别克 GL8 投保交强和车损险(保额为 20 万);捷达仅投保交强险。请分析说明该案的理赔流程,并对事故责任进行认定。

知识平台

　　保险理赔是指在保险标的发生风险事故后,保险人对被保险人或受益人提出的索赔要求进行处理的行为。保险理赔并不等于支付赔款,但是保险理赔对于保险人来说具有重要的意义。从法律角度看,保险人无论是否支付赔款,保险理赔是履行保险合同的过程,是法律行为。也就是说,被保险人或受益人提出索赔要求,保险人就应按照法律或合同约定进行处理。从经营角度看,保险理赔充分体现了保险的经济补偿职能作用,是保险经营的重要环节。保险理赔也是对承保业务和风险管理质量的检验,通过保险理赔可以发现保险条款、保险费率的制定和防灾防损工作中存在的漏洞和问题,为提高承保业务质量、改进保险条件、完善风险管理提供依据;保险理赔还可以提高保险公司的信誉,扩大保险在社会上的影响,促进保险业务的发展。

一、财产险理赔的流程

　　非寿险理赔的程序主要包括接受损失通知、审核保险责任、进行损失调查、赔偿保险金、损余处理及代位求偿等步骤。

　　(一)损失通知

　　保险事故发生后,被保险人或受益人应将事故发生的时间、地点、原因及其他有关情况,以最快的方式通知保险人,并提出索赔请求的环节。

　　1. 损失通知的时间要求

　　根据险种不同,发出损失通知书有时会有时间要求,例如,被保险人在保险财产遭受保险责任范围内的盗窃损失后,应当在 24 小时内通知保险人,否则保险人有权不予赔偿。此外,有的险种没有明确的时限规定,只要求被保险人在其可能做到的情况下,尽快将事故损失通知保险人,如果被保险人在法律规定或合同约定的索赔时效内未通知保险人,可视为其放弃索赔权利。《中华人民共和国保险法》第二十六条规定:"人寿保险以外的其他保险的被保险人或者受益人,对保险人请求赔偿或者给付保险金的权利,自其知道或者应当知道保险事故发生之日起二年不行使而消灭。"

2. 损失通知的方式

被保险人发出损失通知的方式可以是口头的,也可用函电等其他形式,但随后应及时补发正式书面通知,并提供各种必需的索赔单证。如保险单、账册、发票、出险证明书、损失鉴定书、损失清单、检验报告等等。如果损失涉及第三者责任时,被保险人还须出具权益转让书给保险人,由保险人代为行使向第三者责任方追偿的权益。

3. 保险人受理

接受损失通知书意味着保险人受理案件,保险人应立即将保险单与索赔内容详细核对,并及时向主管部门报告,安排现场查勘等事项,然后将受理案件登记编号,正式立案。

(二)审核保险责任

保险人收到损失通知书后,应立即审核该索赔案件是否属于保险人的责任,审核的内容可包括以下几个方面:

1. 保险单是否仍有效力

例如,我国财产保险基本险条款规定,被保险人应当履行如实告知义务,否则,保险人有权拒绝赔偿,或从解约通知书送达一定天数后终止保险合同。

2. 损失是否由所承保的风险所引起

被保险人提出的损失索赔,不一定都是保险风险所引起的。因此,保险人在收到损失通知书后,应查明损失是否由保险风险所引起。

3. 损失的财产是否为保险财产

保险合同所承保的财产并非被保险人的一切财产,即使是综合险种,也会有某些财产列为不予承保之列。例如,我国财产保险综合险条款规定,土地、矿藏、水产资源、货币、有价证券等就不属于保险标的范围之内;金银、珠宝、堤堰、铁路等要通过特别约定,并在保险单上载明,否则也不属于保险标的的范围。可见,保险人对于被保险人的索赔财产,必须依据保险单仔细审核。

4. 损失是否发生在保单所载明的地点

保险人承保的损失通常有地点的限制。例如,我国的家庭财产保险条款规定,只对在保单载明地点以内保险财产所遭受的损失,保险人才予以负责赔偿。

5. 损失是否发生在保险单的有效期内

保险单上均载明了保险有效的起讫时间,损失必须在保险有效期内发生,保险人才能予以赔偿。例如,我国海洋运输货物保险的保险期限通常是以仓至仓条款来限制的,即保险人承担责任的起讫地点,是从保险单载明的起运地发货人的仓库运输时开始,直到保险单载明的目的地收货人仓库为止,并以货物卸离海轮后满 60 天为最后期限。又如责任保险中常规定期内发生式或期内索赔式的承保方式。前者是指只要保险事故发生在保险期内,而不论索赔何时提出,保险人均负责赔偿;后者是指不管保险事故发生在何时,只要被保险人在保险期内提出索赔,保险人即负责赔偿。

6. 请求赔偿的人是否有权提出索赔

要求赔偿的人一般都应是保险单载明的被保险人。因此,保险人在赔偿时,要查明被保险人的身份,以决定其有无领取保险金的资格。例如,在财产保险合同下,要查明被保险人在损失发生时,是否对于保险标的具有保险利益;对保险标的无保险利益的人,其索赔无效。

7. 索赔是否有欺诈

保险索赔的欺诈行为往往较难察觉,保险人在理赔时应注意的问题有:索赔单证的真实与否;投保人是否有重复保险的行为,受益人是否故意谋害被保险人;投保日期是否先于保险事故发生的日期等等。

(三)进行损失调查

保险人审核保险责任后,应派人到出险现场实际勘查事故情况,以便分析损失原因,确定损失程度。

1. 分析损失原因

在保险事故中,形成损失的原因通常是错综复杂的。例如,船舶发生损失的原因有船舶本身不具备适航能力、船舶机件的自然磨损、自然灾害或意外事故的影响等。只有对损失的原因进行具体分析,才能确定其是否属于保险人承保的责任范围。可见,分析损失原因的目的在于保障被保险人的利益,明确保险人的赔偿范围。

2. 确定损失程度

保险人要根据被保险人提出的损失清单逐项加以查证,合理确定损失程度。例如,对于货物短少的情况,要根据原始单据、到货数量,确定短少的数额;对于不能确定货物损失数量的,或受损货物仍有部分完好或经加工后仍有价值,要估算出一个合理的贬值率来确定损失程度。

3. 认定求偿权利

保险合同中规定的被保险人的义务是保险人承担赔偿责任的前提条件。如果被保险人违背了这些事项,保险人可以此为由不予赔偿。例如,当保险标的的危险增加时,被保险人是否履行了通知义务;保险事故发生后,被保险人是否采取了必要的合理的抢救措施,以防止损失扩大等。这些问题直接影响到被保险人索赔的权利。

(四)赔偿保险金

保险人对被保险人请求赔偿保险金的要求应按照保险合同的规定办理,如保险合同没有约定时,就应按照有关法律的规定办理。若损失属于保险责任范围内,经调查属实并估算赔偿金额后,保险人应立即履行赔偿给付的责任。保险人可根据保险单类别、损失程度、标的价值、保险利益、保险金额、补偿原则等理算赔偿金额。财产保险合同赔偿的方式通常是货币补偿。不过,在财产保险中,保险人也可与被保险人约定其他方式,如恢复原状、修理、重置或以相同实物进行更换等方式。

（五）损余处理

一般来说，在财产保险中，受损的财产会有一定的残值。如果保险人按全部损失赔偿，其残值应归保险人所有，或是从赔偿金额中扣除残值部分；如果按部分损失赔偿，保险人可将损余财产折价给被保险人以充抵赔偿金额。

（六）代位求偿

如果保险事故是由第三者的过失或非法行为引起的，第三者对被保险人的损失须负赔偿责任。保险人可按保险合同的约定或法律的规定，先行赔付被保险人，然后被保险人应当将追偿权转让给保险人，并协助保险人向第三者责任方追偿。

二、人身保险理赔的流程

（一）接案

接案是指发生保险事故后，保险人接受客户的报案和索赔申请的过程。这一过程包括报案和索赔申请两个环节。

1. 报案

报案是指保险事故发生后，投保人或被保险人、受益人通知保险人发生保险事故的行为。《中华人民共和国保险法》第二十一条规定："投保人、被保险人或者受益人知道保险事故发生后，应当及时通知保险人。故意或者因重大过失未及时通知，致使保险事故的性质、原因、损失程度等难以确定的，保险人对无法确定的部分，不承担赔偿或者给付保险金的责任，但保险人通过其他途径已经及时知道或者应当及时知道保险事故发生的除外。"

（1）报案的方式。报案人可以采用多种方式将保险事故通知保险人，可以亲自到保险公司当面口头通知，也可以用电话、电报、传真、信函等方式通知保险公司，当然也可以填写保险公司事先印制的事故通知书。其目的是将保险事故信息及时传递到保险公司，以便保险公司采取相应措施及时处理。

（2）报案的内容。报案人应在保险条款规定的时间内，及时将有关的重要信息通知保险公司的接案人。报案时需要提供的信息包括：投保人的姓名、被保险人或受益人的姓名及身份证件号码、被保险人的保单号、险种名称、出险时间、地点、简要经过和结果、就诊医院、病案号、联系地址及电话等。

（3）接案的要求。接案人员对报案人提供的信息应做好报案登记，准确记录报案时间，引导和询问报案人，尽可能掌握必要的信息。接案人员应根据所掌握的案情，依据相关的理赔规定，判断案件性质以及是否需要采取适当的应急措施，并在《报案登记表》中注明。对于应立即展开调查的案件，如预计赔付金额较大、社会影响较大的案件，应尽快通知理赔主管及调查人员展开调查；对于应保留现场的案件，还应通知报案人采取相应的保护措施。

2. 索赔申请

索赔是指保险事故发生后，被保险人或受益人依据保险合同向保险人请求赔偿损失或给付保险金的行为。客户报案只是履行将保险事故及时通知保险公司的一项义务，但并不等同于保险索赔。报案是投保人、被保险或受益人的义务,索赔是保险事故发生后被保险人或受益人的权利。

（1）对索赔申请人资格的要求。索赔申请人是对保险金具有请求权的人,如被保险人、受益人。例如,人身保险身故保险金给付应由保险合同约定的身故受益人提出申请。没有指定受益人时,则由被保险人的法定继承人作为申请人提出申请;如果受益人或继承人系无民事行为能力者,则由其法定监护人提出申请。人身保险中被保险人在生存状态下的保险金给付申请,如伤残保险金给付、医疗保险(津贴)给付、重疾保险金案件,受益人均为被保险人本人,应由被保险人本人提出申请。如被保险人系无民事行为能力者,则由其法定监护人提出申请。

（2）索赔时效。保险事故发生后,被保险人或受益人,必须在规定的时间内向保险人请求赔偿或给付保险金,这一期间称为索赔时效期间。在索赔时效期间内,被保险人或受益人享有向保险人索赔的权利。超过索赔时效期间以后,被保险人或受益人向保险人索赔的权利丧失,保险人对索赔不再受理。《中华人民共和国保险法》第二十六条对索赔时效作了规定:"人寿保险的被保险人或者受益人对保险人请求给付保险金的权利,自其知道或应当知道保险事故发生之日起五年不行使而消灭。"

（3）索赔的举证责任。索赔的举证责任指索赔权利人向保险人索赔时应承担的提供证据的义务,证明保险事故已经发生,保险人应当承担赔偿或给付保险金的责任。《中华人民共和国保险法》第二十二条规定:"保险事故发生后,依照保险合同请求保险人赔偿或者给付保险金时,投保人、被保险人或者受益人应当向保险人提供其所能提供的与确认保险事故的性质、原因、损失程度等有关的证明和资料。保险人依照保险合同的约定,认为有关的证明和资料不完整的,应当即使一次性通知投保人、被保险人或者受益人补充提供有关的证明和资料。"

（二）立案

立案是指保险公司核赔部门受理客户索赔申请,进行登记和编号,使案件进入正式的处理阶段的过程。

1. 索赔资料的提交

申请人按一定的格式要求填写《索赔申请书》,并提交相应的证明和资料给保险公司;如果申请人不能亲自到保险公司办理,而是委托他人代为办理,受托人还应提交申请人签署的《理赔授权委托书》。

2. 索赔资料受理

保险公司的受理人员在审核材料后,在一式两联的《理赔资料受理凭证》上注明已接收的证明和资料,注明受理时间并签名,一联留存公司,一联交申请人存执,以作为日后受理索赔申请的凭据;受理人如发现证明材料不齐,应向申请人说明原因,并通知其尽快补齐证明材料。

3. 立案条件

对要进行立案处理的索赔申请,必须符合如下条件:保险合同责任范围内的保险事故已经发生;保险事故在保险合同有效期内发生;在保险法规定时效内提出索赔申请;提供的索赔资料齐备。

4．立案处理

对经审核符合立案条件的索赔申请，进行立案登记，并生成赔案编号，记录立案时间、经办人等情况，然后将所有资料按一定顺序存放在案卷内，移交到下一步工作环节。

（三）初审

初审是指核赔人员对索赔申请案件的性质、合同的有效性初步审查的过程。初审的要点如下：

（1）审核出险时保险合同是否有效。初审人员根据保险合同、最近一次交费凭证或交费记录等材料，判断申请索赔的保险合同在出险时是否有效，特别注意出险日期前后，保险合同是否有复效或其他变动的处理。

（2）审核出险事故的性质。初审人员还应该审核出险事故是否在保险责任条款约定的事故范围之内，或者出险事故是否属于保险合同责任免除条款或是否符合约定的免责规定。

（3）审核申请人所提供的证明材料是否完整、有效。首先，根据客户的索赔申请和事故材料，判断出险事故索赔申请的类型，例如，医疗给付、残疾给付等；其次，检查证明材料是否为相应事故类型所需的各种证明材料；第三，检查证明材料的效力是否合法、真实、有效，材料是否完整，是否为相应的机关或部门如公安、医院等所出具。

（4）审核出险事故是否需要理赔调查。初审人员根据索赔提供的证明材料以及案件的性质、案情的状况等信息判断该案件是否需要进一步理赔调查，并依据判断结果分别做出相应处理。对需要调查的案件，提出调查重点、调查要求，交由调查人员进行调查；待调查人员提交调查报告后，再提出初审意见。对不需要调查的案件，提出初审意见后，将案件移交理算人员作理赔计算的处理。

（四）调查

核赔调查在核赔处理中占有重要的位置，对核赔处理结果有决定性的影响。调查就是对客观事实进行核实和查证的过程，核赔调查时需要注意以下几个方面：调查必须本着实事求是的原则；调查应力求迅速、准确、及时、全面；调查人员在查勘过程中禁止就理赔事项做出任何形式的承诺；调查应遵循回避原则；调查完毕应及时撰写调查报告，真实、客观地反映调查情况。

（五）核定

这里的核定含义是对索赔案件做出给付、拒付、豁免处理和对给付保险金额进行计算的过程。理赔人员对案卷进行理算前，应审核案卷所附资料是否足以做出正确的给付、拒付处理。如资料不完整，应及时通知补齐相关资料；对资料尚有疑义的案件，需通知调查人员进一步调查核实。理赔人员根据保险合同以及类别的划分进行理赔计算，缮制《理赔计算书》和《理赔案件处理呈批表》。具体地说，核定的内容包括：

1．给付理赔计算

对于正常给付的索赔案件的处理，应根据保险合同的内容、险种、给付责任、保额和出险情况等计算出给付的保险金额。例如，身故保险金根据合同中的身故责任进行计算；伤残保险金则根据伤残程度及鉴定结果，按规定比例计算；医疗保险金则根据客户支付的医疗费用进行计算。

2. 拒付

对应拒付的案件,理赔人员作拒付确认,并记录拒付处理意见及原因。对于由此终止的保险合同,应在处理意见中注明,并按条款约定计算应退还保费或现金价值以及补扣款项及金额;对于继续有效的保险合同,应在处理意见中注明,将合同置为继续有效状态。

3. 豁免保费计算

对于应豁免保费的案件,理赔人员应作豁免的确认,同时将合同置于豁免保险费状态。

4. 理赔计算的注意事项

理赔计算的结果直接涉及客户的经济利益,因此必须保证给付保险金额计算的准确无误;同时理赔计算中涉及补扣款的项目,需一并计算。在理赔计算时应扣款的项目包括:在宽限期内出险,应扣除欠交保险费;客户有借款及应收利息,应扣除借款及利息;有预付赔款应将预付赔款金额扣除;其他应扣除的项目。应补款项目包括:预交保险费;未领取满期保险金;未领取红利、利差等其他应补款项目。

（六）复核、审批

复核是核赔业务处理中一个具有把关作用的关键环节。通过复核,能够发现业务处理过程中的疏忽和错误并及时予以纠正;同时,复核对核赔人员也具有监督和约束的作用,防止核赔人员个人因素对核赔结果的影响,保证核赔处理的客观性和公正性,从而也是核赔部门内部风险防范的一个重要环节。复核的内容及要点如下:出险人的确认;保险期间的确认;出险事故原因及性质的确认;保险责任的确认;证明材料完整性与有效性的确认;理赔计算准确性与完整性的确认。

审批是根据案件的性质、给付金额、核赔权限以及审批制度对已复核的案件逐级呈报,由有相应审批权限的主管进行审批的环节。对于一些重大、特殊、疑难案件,需成立赔案审查委员会集体对案件进行审理。根据审批的结果,进行相应的处理。批复需重新理赔计算的案件,应退回由理赔计算人员重新理算;批复需进一步调查的案件,应通知调查人员继续调查;批复同意的案件,则移交下一个结案处理环节。

（七）结案、归档

首先,结案人员根据理赔案件呈批的结果,缮制《给（拒）付通知书》或《豁免保险通知书》,并寄送申请人。拒付案件应注明拒付原因及保险合同效力终止的原因。如有退费款项,应同时在通知书中予以反映,并注明金额及领款人,提示前来领款。给付案件应注明给付金额,受益人姓名,提示受益人凭相关证件前来办理领款手续。领款人凭《给（拒）付通知书》和相关证件办理领款手续,保险公司应对领款人的身份进行确认,以保证保险金正确支付给合同规定的受益人。领款人可以通过现金、现金支票、银行转账或其他允许的方式领取应得款项,并由保险公司的财务部门按规定支付相应金额的款项。其次,结案人员根据保险合同效力是否终止,修改保险合同的状态,并作结案标识。最后,结案人员将已结案的理赔案件的所有材料按规定的顺序排放,并按业务档案管理的要求进行归档管理,以便将来查阅和使用。

第四节　保险客户服务

任务描述 ▌▌▌

阅读《中国保监会关于 2016 年 5 月保险消费投诉情况的通报》（摘要），分析保险客户服务的意义，了解保险客户服务的主要内容。

消费者投诉涉及人身险的共有 1 229 件。其中，保险公司合同纠纷类投诉 1 071 件，涉嫌违法违规类投诉 154 件；保险中介机构合同纠纷类投诉 2 件，涉嫌违法违规类投诉 2 件。在人身险涉及保险公司合同纠纷类投诉中，销售纠纷 431 件，占合同纠纷投诉总量的 40.24％，主要反映电销环节对条款讲解不清、未尽说明义务、电销扰民等。理赔纠纷 314 件，占比 29.32％，主要涉及健康险、意外险保险责任争议、索赔材料烦琐、赔付时效慢等。保全纠纷 158 件，占比 14.75％，主要涉及退保条件、退保金额和退保时效争议等。

知识平台 ▌▌▌

从产业分类来看，保险公司属于第三产业。保险公司和客户表面上交易的是一纸合同，实质却是一种服务。服务贯穿于整个经营管理过程，它是保险业的生命。一定意义上说，公司理念的确立、公司管理的中心，都需要通过服务来具体体现；服务质量、服务水平决定了一个寿险公司的兴衰成败。优质的客户服务可以为公司赢得更高的客户忠诚度，不断创造更高的利润和价值，是公司和客户持续发展的根本动力。

一、保险客户服务的主要内容

（一）提供咨询服务

顾客在购买保险之前需要了解有关的保险信息，如保险行业的情况、保险市场的情况、保险公司的情况、现有保险产品、保险条款内容等等。保险人可以通过各种渠道将有关的保险信息传递给消费者，而且要求信息的传递准确、到位。在咨询服务中，保险销售人员充当着非常重要的角色，当顾客有购买保险的愿望时，一定要提醒顾客阅读保险条款，同时要对保险合同的条款、术语等向顾客进行明确的说明。尤其对责任免除、投保人、被保险人义务条款的含义、适用的情况及将会产生的法律后果，特别要进行明确的解释与说明。

（二）风险规划与管理服务

首先帮助顾客识别风险，包括家庭风险的识别和企业风险的识别。其次，在风险识别的基础上，帮助顾客选择风险防范措施，既要帮助他们做好家庭或企业的财务规划，又要帮助他们进行风险的防范。特别是对于保险标的金额较大或承保风险较为特殊的大中型标的，应向投保人提供保险建议书。保险建议书要为顾客提供超值的风险评估服务，并从顾客利益出发设计专业化的风险防范与化解方案,方案要充分考虑市场因素和投保人可以接受的限度。

（三）接报案、查勘与定损服务

保险公司坚持"主动、迅速、准确、合理"的原则,严格按照岗位职责和业务操作实务流程的规定,做好接客户报案、派员查勘、定损等各项工作,全力协助客户尽快恢复正常的生产经营和生活秩序。在定损过程中,要坚持协商的原则,与客户进行充分的协商,尽量取得共识,达成一致意见。

（四）核赔服务

核赔人员要全力支持查勘定损人员的工作,在规定的时间内完成核赔。核赔岗位和人员要对核赔结果是否符合保险条款及国家法律法规的规定负责。核赔部门在与查勘定损部门意见有分歧时,应共同协商解决,赔款额度确定后要及时通知客户;如发生争议,应告知客户解决争议的方法和途径。对拒赔的案件,经批复后要向客户合理解释拒赔的原因并发出正式的书面通知,同时要告知客户维护自身权益的方法和途径。

（五）客户投诉处理服务

保险公司各级机构应高度重视客户的抱怨、投诉。通过对客户投诉的处理,应注意发现合同条款和配套服务上的不足,提出改进服务的方案和具体措施,并切实加以贯彻执行。

三、财产保险客户服务的特别内容

对承保标的之防灾防损是财产保险客户服务的重要内容。

（一）制订方案

防灾防损要以切实可行的防灾防损方案、周密翔实的实施计划和具备技术特长的专业人员为保障,并根据时间的推移和现实情况的变化,定期或不定期地调整防灾防损对策。

（二）重点落实

（1）定期对保险标的之安全状况进行检查,及时向客户提出消除不安全因素和隐患的书面建议。切实做好火灾、爆炸等重点风险的防范工作,对灾害易发部位要留影存查并进行重点监控,针对灾害隐患,要向企业提出切实可行的整改方案并督促其贯彻落实。

（2）对重要客户和大中型保险标的,要根据实际需要开展专业化的风险评估活动。风险评估活动应遵循全程参与、共同配合、保守客户商业秘密和不影响客户正常的生产、经营的原则,运用科学的理论和方法,组织专业化的评估小组,依照切实可行的评估方案和评估程序进行。

（三）特殊服务

财产保险公司可以主动或应客户要求提供一些特殊的服务。例如,收集中长期气象、灾害预报及实时的天气预报信息,协助客户做好灾害防御工作;针对可能发生的暴风、暴雨、台风、洪涝等重大灾害,事先制定出详细、可行的预案,建立防洪协作网并逐项贯彻落实。

四、人寿保险客户服务的特别内容

保全服务在寿险客户服务中是一项全面的服务,简称保全,是指人身保险合同生效后,为了维护合同持续有效,保险公司根据合同约定或者投保人、被保险人、受益人的要求而提供的一系列服务,包括但不限于保险合同效力终止与恢复、保险合同变更等。主要涉及合同主体变更、变更保障、孤儿保单管理等。

拓展阅读 ▮▮▮

孤儿保单常指与公司终止代理关系的代理人在离开公司之前所代理销售的有效保单。

波士顿咨询公司发布数据显示:中国保险行业代理人总流失率每年高于50%,第一年流失率最高,达70%以上。由于保险公司代理人的流动率很高,"孤儿保单"的情况屡有发生。有媒体报道,某省2003年保险保费收入70亿元,其中"孤儿保单"涉及的保费至少在3亿元以上,并且"孤儿保单"大部分集中在寿险中。

孤儿保单常见于寿险业主要因为寿险合同期限较长,30年、40年甚至终身合同非常普遍。而代理人总会因为离职或其他原因不能再为这些保单服务。孤儿保单的形成会给客户带来一定程度的心理恐慌和利益等方面的损失。

寿险公司对待孤儿保单一般有两种处理方法。即将孤儿保单移交给原保单代理人所属团队中的营销员负责,或是寿险公司准备专门的团队和人员为客户提供后续服务。

课后练习 ▮▮▮

一、选择题

1. 在保险经营中,保险核保的主要目标是(　　)。
   A. 辨别投保标的的危险程度　　　　B. 限制承保范围
   C. 厘定费率　　　　　　　　　　　D. 按相同标准进行承保
2. 保险核保信息来源的途径之一是(　　)。
   A. 投保单　　　　　　　　　　　　B. 投保人执业证明
   C. 保险单　　　　　　　　　　　　D. 保险人签发的保险凭证
3. 对于低于正常承保标准但又不构成拒保条件的保险标的,保险公司通过(　　)方式予以承保。
   A. 正常承保　　　B. 优惠承保　　　C. 降低保额承保　　D. 拒保
4. 在财产保险的核保中,保险人通常要对投保人所投保的财产附近有无诸如易燃、易爆的危险源进行检验,在财产保险的核保要素中,保险人考虑的这一核保要素属于(　　)。
   A. 投保标的物所处的环境
   B. 保险财产的占用性质
   C. 投保标的物的主要风险隐患
   D. 投保人的安全管理制度的制定和实施情况

5. 对投保的财产是否属于易燃、易爆,有无防火设施,报警系统是否灵敏的检查是属于( )。

    A. 对投保财产关键部位的检查

    B. 对投保财产风险防范情况的检查

    C. 对投保财产可能发生风险损失的风险因素的检查

    D. 对风险事故进行检查

6. 对投保财产的关键部位重点检查,如建筑物的承重墙体是否牢固,船舶、车辆的发动机的保养是否良好。这些检验属于( )。

    A. 标的物所处的环境   B. 检验标的性质检验

    C. 标的自身风险的检验   D. 标的是否处于危险状态的检验

7. 根据保险原理,一次风险事故可能造成保险标的的损失的范围称为:( )。

    A. 风险单位   B. 事故单位   C. 损失的单位   D. 标的单位

8. 在人寿保险核保中,属于非影响死亡率的要素有( )等。

    A. 投保人财务状况   B. 种族   C. 职业   D. 习惯

9. 在寿险理赔中,保险人对申请人的索赔申请是否立案的条件之一是( )。

    A. 保险合同生效期间是否满足被保险人要求的条件

    B. 申请人是否在保险法规定时效内提出索赔申请

    C. 保险合同的责任范围内的保险事故是否发生在特定时点

    D. 保险合同的责任期限是否临近终止期

10. 保险公司核赔部门受理客户索赔申请,进行登记和编号,使案件进入正式的处理阶段的过程被称为( )。

    A. 报案   B. 立案   C. 初审   D. 核定

11. 如果寿险合同的被保险人在宽限期内出险,保险人在理赔计算时,应扣除的款项是( )。

    A. 被保险人的债权人提出的偿债金额   B. 投保人的预交保险费

    C. 投保人欠交的保险费   D. 保单未满期保险金

12. 对保险人请求赔偿或给付保险金的权利,自其知道保险事故发生之日起( )不行使而消灭。

    A. 五年   B. 四年   C. 三年   D. 二年

二、问答题

1. 专业化保险销售流程包括哪些环节。

2. 简述保险理赔流程。

微信扫码查看

第十一章　互联网保险

学　习　目　标

- 熟悉互联网保险的特点
- 了解互联网保险的起源与发展历程
- 了解互联网保险创新现状
- 掌握互联网保险的运行模式
- 了解互联网保险监管政策

第一节　互联网保险发展概述

任务描述

上网搜索互联网保险产品与互联网保险平台,思考互联网保险与传统保险相比有哪些独特之处。

知识平台

一、互联网保险的概念

互联网保险,是指保险公司和保险中介机构以信息技术为基础,以互联网为载体来支持保险业务开展的活动总称,是实现了保险信息咨询、保险产品选择、保险计划书设计、投保、交费、核保、承保、保单信息查询、保全变更、续期交费、理赔和给付等保险全过程网络化的保险新业态。

二、互联网保险的特点

(一) 保险产品趋于简单化、标准化

保险产品可分为财产保险产品和人身险保险产品。产险保费收入的75%都来自车险,而车险又是较为简单的标准化产品,适于在互联网渠道销售。目前寿险公司销售产品主要分为健康险、意外险、普通寿险。健康险和意外险的设计亦相对简单，而普通寿险中在银行渠道销售的偏理财类产品也属于标准化产品，这些产品也都可以在互联网渠道销售。

同时，互联网技术的发展将促使保险产品向简单化、标准化方向发展。

（二）保险产品定价更低

保险的保费由纯保险费和附加保费两部分构成。以预定时间发生概率为基础进行精算分析所得出的保险费称为纯保险费，附加保费用于保险经营过程的一切费用开支。附加保费是用于各种业务及管理费用支出的资金的来源，互联网销售成本低，附加保费可能大幅下降。以日本 Life Net 生命为例，通过压缩附加保费，做到部分险种保费减半。

（三）有一定的社交属性，利于扩大客户群

各种社交平台是保险传播的重要形式，增加保险公司知名度的同时，扩大客户源。以泰康"微互助"为例。泰康于 2014 年 2 月在微信平台推出："求关爱""微互助"短期防癌疾病保险，引起市场和行业巨大反响。操作流程为："公众号→微互助→弹窗→投保填单→自付 1 元→成功→转发朋友圈群求关爱（分享）→他人点入支付 1 元（送关爱）→静等他人付款为自己增加保额"，朋友看到后无需从服务号开始，直接支付给别人后可转身给自己投保，简单、有趣。

（四）保险产品个性化

互联网保险绝不仅仅是保险产品的互联网化，而是对商业模式的全面颠覆，互联网保险的内涵不仅涉及产品，更涉及保险企业的商业模式创新。当私人定制成为可能，长期困扰保险行业的产品和服务的同质化问题将得到解决，同时，对保险经营者来说，有了大数据以后，风险管理和成本管控将更加精细化。大数据使得个性化服务成为可能。在大数据时代，数据精算将会实现从样本到全量的变化，而全量的数据对任何一个领域的研究，都会比之前的样本数据研究产生本质的变化。由中国保监会负责筹建的中国保险信息技术管理有限责任公司已经完成前期筹备工作，该公司将成为中国车险的数据统计中心和业务平台，远期将纳入寿险业数据，成为官方的保险"大数据公司"。以车险为例。网络保险借助计算机和互联网及卫星定位等信息技术的发展，直接面对客户，降低了传统业务高额的手续费或佣金，使保险公司更专注于以客户为中心，有能力采取新的定价模式对保险产品及服务创新。英国是世界保险科技最发达的国家之一，线上业务因为高科技的推动取得了长足发展。admiral公司推出的"Little BOX"网上业务，依托网上投保成本低的特征，采用了全新的定位系统和费率因子计算模型，保费折扣大大低于传统保单业务。当投保人在网上购买保险后，保险公司 30 日内在被保险车辆上装上一个类似于无绳电话的"小盒"，其目的在于记录该车使用情况、行驶里程、停放地点、驾驶员（车主）日常驾驶速度、提速和刹车行为。保险人通过小盒提供的数据（时段、道路类型、驾驶时间长短）判断该车主安全驾驶行为，要求车主按"小盒"提供的安全驾驶信息驾驶，以期降低出险次数保证该类业务的优质性。可见，网络保险以其高科技性、数据的多样性和客观性引领了车险产品及服务的革命和创新，极大地减少了法律纠纷的产生，使保险业务向科学合理、健康有序的方向发展。

二、国外互联网保险的起源与发展

互联网保险最早出现于美国国民第一证券银行,它们首创运用互联网渠道进行保险销售,仅仅一个月,成交保单就创造了上千亿美元的价值。1997 年初,美国至少 81％的保险公司都拥有自己的网站,试图触碰互联网保险这个全新的领域。相关调查表明,1997 年美国家庭购买的汽车、住宅以及定期的人寿保险金额达到 41 亿美元,2004 年美国家庭购买汽车保险金额达到 118 亿美元,与此同时,还有 300 万户的美国家庭购买了价值 12 亿美元的家庭保险的险种。随后欧洲、日本等国家和地区都出现了"第一个吃螃蟹"的保险公司,一些国家通过建立互联网销售渠道提供最新保险产品的报价、信息咨询和网上投保服务,以渠道为主的互联网保险业务在全世界范围内普及,这一阶段的发展成为对互联网保险的第一层解释,即保险销售的线上化和数字化。

随着保险销售逐步向线上转移,销售之后的其他环节也逐步开始线上化。成立于 1937年的美国前进财产保险公司,是美国最大的汽车保险商之一,其于 2009 年加大了互联网保险渠道的投入,客户通过网站直接投保之后,可实现在线报案、发起索赔并全程跟踪理赔办案的各个环节。同时,网站还提供一些关于理赔的周边信息(如维修点和理赔点查询、道路救援等),试图实现无纸化保险服务,同期采用相同战略的还有美国个人车险巨头好事达保险、政府员工保险公司等。这一阶段的创新仍由传统保险公司主导,它们借助互联网,尽其所能将线上化的环节脱离线下流程,提升便捷度,降低运营成本。

与此同时,一些保险第三方服务开始崛起,如英国的 Money supermarket,它是一家专门从事金融产品价格信息展示和比价的公司,帮助英国家庭选择合理的汽车保险、家庭保险、信用卡、贷款服务等服务方案,提供高效、低成本的获取金融服务的渠道,用户完成交易后,Money supermarket 会向机构收取相应的费用。

伴随着用户对互联网服务的接受与依赖程度越来越高,保险公司纷纷开始思考用户体验问题,他们试图通过更为互联网化的运营方式来服务客户。Youi 是一家成立于澳大利亚的财产和商业保险公司,它在网站张贴客户评价,用户在浏览其他网页时,客户评价会出现在屏幕最下方,还可以按照关键词过滤评价,这一创新改进了用户反馈方式,弱化了保险公司的强势地位,使用户口碑更重要,运营更为透明。成立于 2013 年的纽约州健康险公司Oscar 则选择从优化操作体验的角度出发,Oscar 平台保证客户可通过不多于 5 次的在线点击完成购买、理赔等环节,网站可以根据客户调整预定义参数,在每一步提供实时定价信息,客户在预约医生就诊时,网站将医生出诊信息、Google 地图等功能结合起来,让客户快速完成就诊预约并获知详细就诊地址。相比于互联网保险渠道的意义,这一阶段更关注的是客户体验,互联网的属性比较明显。

在围绕用户体验创新的基础上,一些国外的互联网保险企业开始关注对用户数据的收集,并将它应用到保险产品开发、定价和配套服务中。始于 2011 年美国旧金山成立的互联网公司 Metromile,将智能 OBD(车载诊断系统)设备接入用户汽车,获取用户每次出行的里程数与驾驶习惯,以此为基础对车险进行重新定价。Metromile 提供的是按里程收费的汽车保险,以改变传统的固定收费模式,让开车少的人支付更少的保费,实现里程维度上的个性化定价。Metromile 提供的车险由基础费用和按里程变动费用两部分组成,其计算公式为：每月保费总额＝每月基础保费＋每月行车里程×单位里程保费。其中基础保费和单位里程保费会根据不同车主的情况有所不同（例如年龄、车型、驾车历史等），基础保费一般在15～40美元之间，按里程计费的部分一般是2～6美分/英里。Metromile还设置了保费上限，当日里程数超过150英里（华盛顿地区是250英里）时，超过的部分不需要再多交保费。配合手机APP，Metromile还能为车主提供更多的智能服务，例如最优的导航线路、查看油耗情况、检测汽车健康状况、汽车定位、一键寻找附近修车公司、贴条警示等服务，并且每月会通过短信或者邮件对车主的相关数据进行总结。南非的健康险公司Discovery则发起了"健行天下"促进计划，为用户建立科学的健康管理和激励体系，对参与者的健康行为和饮食进行干预，通过线上、线下获取数据，并可以有效评估一个人的健康状态，据此公司会给客户不同的旅游、购物奖励，并影响到后续保费的数额，这一阶段的互联网创新则试图通过互联网收集和处理数据的能力，改变保险的定价规则，并提供相应的增值服务。

以上都还是对现有模式的改良，近几年来，国外也出现了不少基于互联网的颠覆性保险模式。成立于2012年的英国保险公司Bought By Many通过社交平台吸引具有相同保险需求的人，为这些客户统一协商保险条款、统一报价，客户甚至可以根据自身需求定制保险，平台不仅为保险客户节省了开销，还引入了社交理念，增加了用户忠诚度。这一阶段的创新已经完全脱离了"线上化"的概念，而是借助互联网重新定义了保险产品，打破了传统保险产品结构设计、定价原则和销售方式，更注重长尾市场和个性化需求。

三、中国互联网保险发展的历程

互联网保险在过去近20年里经历了兴起、发展以及不断成熟的过程。我们将这一过程归纳为四个时期，分别包括长达10年之久的萌芽期、突飞猛进的探索期、正在经历的全面发展期和即将到来的爆发期。

（一）萌芽期（1997—2007年）

1997年底，中国第一个面向保险市场和保险公司内部信息化管理需求的专业中文网站——互联网保险公司信息网诞生。2000年8月，太保和平安几乎同时开通了自己的全国性网站。2000年9月，泰康人寿在北京宣布了"泰康在线"的开通，实现了服务的全程网络化。与此同时，各保险信息网站也不断涌现。2003年，中国太平洋保险开始实施航空意外、交通意外、任我游等三款保险在线投保。2004年，泰康在线在网站上主推的保险产品包括亿顺4款旅行保险、亿顺两款意外保险。然而，鉴于当时互联网和电子商务整体市场环境尚不成熟，加之第一次互联网泡沫破裂的影响，受众和市场主体对互联网保险的认识不足，这一阶段互联网保险市场未能实现大规模发展，仅能在有限的范围内起到企业门户的资讯作用。

2005年4月，《电子签名法》正式实施，为电子保单技术的有效运行提供了一定的法律依据，大大推动了电子商务的发展。从2006年开始，以太平洋保险、泰康人寿、中国人寿保险为代表的保险公司纷纷对自身的官网进行改版升级，从产品线、支付与承保优化的角度对保险产品的在线购买进行了有效改善。与此同时，网上超市建设也加快了步伐。2006年，"买保险网"以"互联网保险超市"概念线上运营，采用了"网络直销＋电话服务"的营销模式。

（二）探索期（2008—2011 年）

阿里巴巴等电子商务平台的兴起为中国互联网市场带来了新一轮的发展热潮。伴随着新的市场发展趋势，互联网保险开始出现市场细分。一批以保险中介和保险信息服务为定位的保险网站纷纷涌现。有些网站在风险投资的推动下，得到了更大的发展。在这个阶段，由于互联网保险公司电子商务保费规模相对较小，电子商务渠道的战略价值还没有完全体现出来，因此在渠道资源配置方面处于被忽视的边缘地带。保险电子商务仍然未能得到各公司决策者的充分重视，缺少切实有力的政策扶持。

（三）全面发展期（2012—2013 年）

在这一时期，各保险企业信托官方网站、保险超市、门户网站、离线商务平台、第三方电子商务平台等多种方式，开展互联网业务，逐步探索互联网业务管理模式。其中，2013 年被称为互联网金融元年，保险行业也在这一年取得跨越式发展，以万能险为代表的理财型保险引爆第三方电子商务平台市场。互联网保险绝不仅仅是保险产品的互联网化，而是对商业模式的全面颠覆，是保险公司对商业模式的创新。互联网保险并不是把保险产品放到互联网上售卖这么简单，而是要充分挖掘和满足互联网金融时代应运而生的保险需求，更多地为互联网企业、平台、个人提供专业的保险保障服务。经过一段时间的分析，保险行业已摸索出一套相对可控、可靠的体系和经验，确立起互联网保险的基本模式。保险公司进军电子商务已经成为不可阻挡的趋势。

（四）爆发期（2013 年以后）

历经十几年的发展，电子商务对传统行业的影响正在不断加深。电子商务、互联网支付等相关行业的高速发展为保险行业的电商化奠定了产业及用户基础，保险电商化时代已经到来。

2015 年互联网保费相比 2014 年增长了近 2.5 倍，开通互联网业务的保险公司的数量也逐年稳步增长，2015 年第三季度开通互联网业务的保险公司已超过 100 家。2015 年，我国互联网保险的渗透率从 2011 年的 0.2％提高到 9.2％，未来依旧会上升，预计 2019 年，我国保险规模将超过 6 万亿，互联网保险的渗透率达到 12.5％。

根据曲速资本的《2015 互联网保险研究简报》，德国每股人均保单书为 5 张，日本人均保单数为 6.5 张，中国人均保单数少于 1 张。英国 2010 年车险和家财险网销比例已经达到 47％和 32％，德国超过 45％和 33％，美国网销车险占比超过 30％，相比之下，中国的保险和互联网保险的渗透率都相当低。这说明互联网保险市场不仅拥有巨大的增量市场，它的存量市场已经十足惊人了。

保险行业近两年也迎来一系列利好政策：2014 年 8 月发布的新国十条确定了保险业的重要支柱地位。2014 年保险费率市场化改革给予保险公司产品自主定价权，2015 年 7 月颁布的《互联网保险监管暂行办法》进一步规范互联网保险市场，2015 年 8 月出台的《个人税收优惠型健康保险业务管理暂行办法》推出健康险养老险的税优税延政策，推动商业健康保险的发展。2015 年 9 月保监会发布《关于深化保险中介市场改革的意见》，首推独立代理人制度，第三方保险平台的春天到来。

第二节　互联网保险发展创新案例

任务描述

　　紧密结合"互联网金融保险"、"客户体验"等热点话题,围绕互联网保险当前及未来的客户需求、经营发展需要,从产品、营销、服务设计三个维度提出具有市场潜力的优秀创意,并围绕该创意开展调研论证,形成内容翔实、论证有力的创意设计方案。

知识平台

一、互联网保险创新类型

(一)商业模式创新

　　商业模式是为实现客户价值最大化,把能使企业运行的内外各要素整合起来,形成一个完整的高效率的具有独特核心竞争力的运行系统,并通过最优实现形式满足客户需求、实现客户价值,同时使系统达成持续赢利目标的整体解决方案。互联网保险是一种以互联网技术的发展为基础的新型商业模式。互联网保险商业模式主要有以下几类:

　　1. 官方网站模式

　　互联网保险的官网模式是指在互联网金融产品的交易平台中,大中型保险企业、保险中介企业等为了更好地展现自身品牌、服务客户和销售产品所建立的自主经营的互联网站。建立官方网站要求互联网保险公司资金充足,产品线丰富且运营和服务体系完善。

　　官方网站模式运营特点:销售成本低廉,手续简单,流程极快,可以帮助保险公司获得价格优势。网站的客户不受线下销售渠道限制,可以有效拓宽投保群体,发挥大样本配络中和风险的作用。销售手续简单,线上出售的产品高度标准化,但赔付和评估依然在线下,而且投保人在赔付过程中承担全部举证责任,保证了保险公司在快速扩张销售的同时控制赔付风险。因为线上销售并不要求获得投保人详细信息,因此建立官方网站要求保险公司具备成熟的线上销售线下理赔模式系统和科学的保险产品设计,以及完善的内部风控以此来避免缺乏投保人评估步骤带来的风险。

　　2. 第三方电子商务平台模式

　　第三方电子商务平台,是指独立于商品或服务交易双方,使用互联网服务平台,依照一定的规范,为交易双方提供服务的电子商务企业或网站。通常来说,第三方电子商务平台具有相对独立、网络化程度较高和流程专业等特点。

　　从金融监管角度看,第三方电子商务平台模式存在着诸多漏洞,电子商务平台保险资质的缺失是风险的主要来源之一。

3. 网络兼业代理模式

保监会下发的《保险代理、经纪公司互联网保险业务监管办法(试行)》文件规定,只有获得经纪牌照或全国性保险代理牌照的中介机构才可以从事互联网保险业务。大量垂直类的专业网站由于不具备上述监管要求,便以技术服务形式使用兼业代理的资质与保险公司开展合作业务。

网络兼业代理模式,以其门槛低、程序简单、对经营主体规模要求不高等特点而受到普遍欢迎,逐渐成为目前互联网保险公司中介行业最主要的业务模式之一。

从金融监管角度看,第三方电子商务平台模式存在着诸多漏洞,电子商务平台保险资质的缺失,理赔方式的非标准化和风险管控的难度是该模式发展的三个主要瓶颈。

4. 专业中介代理模式

保监会在2012年2月正式公布第一批包括中民保险网等19家企业在内的获得网上保险销售资格的网站,互联网保险公司中介网销的大门就此打开,此后保险中介业务规模得到高速发展。

专业的中介代理除了对资本金、网络系统安全性等多方面提出要求外,还须申请网销保险执照,较网络兼业代理模式更加安全可靠。专业中介代理网站做大做强之后能吸引庞大客流和现金流,利用保险风险数据、算法模型以及基于大数据的分析进一步加强自身的产品和价格优势,并进一步获得与合作保险公司深入合作的机会(包括压低成本,截留保费现金和导流收益)。

上千种保险的线上销售和线上理赔需要专业的互联网保险代理有科学的保险产品选择,以及完善的内部风控以此来避免缺乏复杂的风险评估步骤带来的风险。如何进一步跨足较为评估工作更为复杂的传统险、健康险、分红险、家财险、责任险的销售,如何在利用国内电商的发达在保险竞争激烈的环境中保持长期稳定的大客流是专业中介代理模式面临的主要挑战。

5. 专业互联网保险公司模式

专业互联网保险公司的经营业务主体之间存在较大差别,根据经营主体的不同可以将专业互联网保险公司大致分三种:产寿结合的综合性金融互联网平台、专注财险或寿险的互联网营销平台和纯互联网的"众安"模式。

专业互联网保险公司的优势体现在:

(1) 在数据的收集、归拢、分析有先天优势,使得个性化的保险服务成为可能;

(2) 可利用大数据手段分析消费者行为,挖掘新的需求,开发新的保险产品;

(3) 引入信用评价机制作为承保标准的参照之一,有效解决道德风险问题。

(二)产品创新

保险公司依托互联网、大数据、物联网新兴技术,对传统产品的费率与保障内容进行优化设计;互联网保险以市场需求为切入点,和互联网其他行业跨界合作与深度融合中开发新产品,满足互联网生态带来的新的风险及保险需求,开发高频化保险产品,提升客户黏性;与第三方平台合作,对其巨大的客户流量进行数据挖掘,共同开发场景化的保险产品。产品创新使得保险的销售服务模式从传统的"营销推动型"向"客户需求驱动型"转变,消费者可以获得更多场景化、定制化、个性化的产品。

课外拓展 ▌▌▌

典型的互联网保险产品创新：

（1）UBI 车险：基于行驶里程和习惯购买的车险。

今年互联网车险市场中让人眼前一亮的产品有里程宝车险,都邦保险和南京人人保网开发。其亮点在于车险开多少付多少不开车不用付保费。通过车载 OBD 数据采集硬件,记录车主的具体用车时间、行驶距离和行驶轨迹,另外加上驾驶习惯等逻辑的计算,核对出实际需要支付的保费,解决了现有保费收取不公所导致的行驶里程低的低风险车主补贴行驶里程高的高风险车主的"逆向补贴"问题。

（2）航延险：起飞也能买最高赔 120 元。

一般的航延险都要提前 24 小时购买,但支付宝蚂蚁金服和中国人寿财险推出的一款叫"晚点乐"的保险产品在航班计划起飞时间（票面显示的时间）在航班起飞前四小时至后两小时都能购买。赔付方式按预测起飞时间,每晚一分钟赔付两元,最高可达 120 元,保费仅需8.8 元。

（3）"癌情预报"：泰康推 9.9 元癌症筛查。

泰康在线的"Ai（癌）情预报"不同于传统防癌保险在被保险人患癌后再理赔的方式,它设计了三步筛查方案,帮助人们更早发现癌症从而获得更好的治疗效果。在筛查中,产品为评估结果为低危的人群提供误判的保障,为评估结果为高危的人群,产品将提供并安排下一步筛查和报销费用。

（4）手机碎屏险。

某保险 APP 推出,手机碎屏也可赔这款小额保险也是由蚂蚁金服在支付宝平台推出,这份保险足以让不少"手滑党"欢呼雀跃：售价只要 19.9 元的手机碎屏意外保险。在换个屏幕动辄都要几百上千的今天,这的确是个好消息。

（5）吃货险：食物中毒而住院可赔付。

由国华人寿推出,主要赔付吃货由于食物中毒住院产生的相关医疗费用,最短 10 天,最长一年。每天 30 元的住院津贴,赔付最长时间为 10 天;赔付客户的住院（二级或二级以上公立医院的正式病房）医疗费用,最高额度为 2 000 元。此外,该保险公司还承诺客户因食物中毒造成的身故,一次性赔偿 50 000 元。

（三）服务创新

保险公司利用互联网和信息技术,实现了从投保到理赔的全业务流程的电子化与远程化操作,使得保险公司的服务超越了时间与空间的局限。这不仅降低了消费者获取保险服务的成本,而且增强了保险服务的可得性与可及性,使得公司对消费者的诉求更具响应性,提升了消费者对保险的体验,从而有助于提升保险业的服务水平。互联网保险服务创新主要涉及三种模式：

第一,专业化服务。仅就保险业务本身进行服务。

第二，垂直化服务。就是延伸服务，比如说汽车保险，同时提供道路救援、代驾等等服务，健康保险提供网上问诊、安排就诊通道等服务，根据投保人的情况跟购买的产品延伸进行服务，但是这个服务超出了保险业务的范围了。

第三，综合化服务。它所提供的服务和保险业务可能没有直接关系，比如说太平洋保险可以提供迪士尼乐园的门票，他们二者之间是没有直接关系的。满足客户多方面的需求，接着这个平台增加客户流量，作为一个平台化管理，发展潜力就更大了，但是成本也大、风险也大，需要的资源也更多。

三、典型互联网保险创新案例

（一）意时网"保险黑板擦"

上海意时网络科技股份有限公司于 2011 年创立，以保险产品创新创意为切入口迅速渗透至各生活场景，让保险变得有趣的同时，为用户提供有服务体验的保险产品。"意时"成立短短 4 年时间，累计为 2 500 万用户提供产品和服务。自 2013 年开始，意时提出具有特色的"零险"概念，后来又推出其移动端"保险黑板擦"APP，半年用户突破 300 万。2015年继提出"保险＋"商业模式口号后，已陆续在手机和旅游领域推出"patica"和"漫鱼"两个子产品和服务。

保险黑板擦是一款以互联网创新为核心的生活方式类计算机应用。意时保险推出了一系列创新型保险产品，得以出现在消费者的各个生活场景。例如，轻互动的"失眠乐"、满足女性用户需求的"痘痘乐"、基于用车族的"堵车乐"和"补漆乐"。这些创新"零险"也将继续为联动用户量和交易量服务。

所谓"反向定制"，用户自行了解并产生需求，针对用户自己的需求来在线定制产品，而非由在线服务供应商先做产品然后再销售推荐给用户。实现了从消费者到线上产品的过程。

在保险黑板擦中的，个人用户也可以提出保险需求，比如前段时间北京出现了地铁门挤压事故，在意时将来对于"板擦"App 的 C2B 客户需求解决方案实现后，用户只要根据此风险转移需求提交风险产品设计之后，"板擦"背后专业的产品设计人员将马上进行核算并可能在短短一个小时，"地铁挤门险"就上线领取/销售。

此外，C2O 除了依赖个人用户，更多的需求将从数据中挖掘得出。在此前意时网发生的数百万交易行为中，其中有很多数据值得挖掘。比如哪个季节去哪里旅游的用户比较多，哪个航空公司的延误比较多，用户在理赔过程中哪个流程最让人不愉快等等，这些数据都可以成为意时在保险产品设计、理赔流程优化等等改造中可以针对性改善的部分。

而其移动端新产品保险黑板擦，更可以作为一个庞大的数据流入口。用户通过免费领取各种简单实用的零险，可以产生大量的用户数据为意时下一步发展所用。目前，保险黑板擦覆盖的零险产品包括：手机屏幕碎乐、扎胎乐、高烧乐、手机爆炸零险、国内旅行及自驾游零险、运动伤害零险、见义勇为零险等各种品类。

练一练 ‖‖‖

　　登录意时网,搜集相关资料,制作 PPT,展示意时网上创新型保险产品,并总结意时保险的创新之处。

　　（二）大特保

　　大特保是承诺帮助用户选择"保障范围广、价格低和性价比高"的保险产品,定位为保险精选平台,所售险种均为消费型和保障型保险产品,涵盖健康疾病险和意外险,由其针对少儿和妇女两大群体,而且所有产品均由大特保独家定制和销售。除此之外,平台还免费申请和协助理赔,并且承诺如果审核超时(超过 60 天),将由保险公司负责垫付。

　　大特保的创新之处在于以下方面:

　　一是以免费和低价险切入。由于传统产品长期脱离保障本质,大特保试图以保障类产品返璞归真,抛弃大而全的互联网保险平台模式,选择专注于健康疾病险、意外险等保障型保险产品,并在前期以爆款产品吸引用户关注。

　　总体来看,大特保在同类产品中只推出一款低价,较好地契合了其高性价比的理念,长期坚持可以有效地培养用户信任,保证一定的黏性。

　　二是保留用户群体的同质性。除了健康险和意外险的细分之外,大特保还对两类保险进行场景和人群细分,另外还有销量排名分类。总体来看,大特保对各阶段目标客户群拓展比较谨慎。前期以少儿险和成人险主抓家庭女性用户群,保持客户的同质性,降低服务成本,后期引入意外险种,例如航空意外险,抓住高净值客户。

　　三是合作定制去除渠道费。目前,传统保险产品的定价严重扭曲,我们所购买的保险产品一般只有 40%～80% 用于风险保障,很大比例的成本被消耗在销售渠道中,而大特保和保险公司合作定制高品质保险,然和通过平台直达消费者,不赚取任何中间费用,以保障产品最低价。

　　目前,淘宝平台、网易平台等互联网保险平台的盈利模式仍然是收取佣金,即保险销售渠道费用。而大特保采取免佣金的模式,与保险公司合作定制保险产品,以保证产品的全网最低价。

　　四是免费协助理赔及赔付基金。目前的互联网保险大都解决的是渠道问题,而理赔服务上的痛点难以得到有效的解决。大特保虽然没有直接界入理赔环节,但提供免费协助及代报案服务。除此之外,大特保还提供理赔环节的第三方保障,从每份保费收入中提取 1%作为先行赔付基金,在理赔资料齐全合规的情况下,如果 60 天内用户未获赔付,大特保可以先行赔付。

练一练 ‖‖‖

　　请登录最惠保与车保网站,分析这两家互联网保险公司与传统保险公司相比,在车险经营上有哪些创新之处?

（三）抗癌公社

抗癌公社原名互保公社,是张马丁先生创立的一个旨在解决癌症医疗费的民间组织。这个组织采用了创新的办法解决癌症医疗费问题,为每个不幸患癌的成员筹集30万元医疗费用。

可以把"抗癌公社"理解为一个对抗癌症的合作社、利益共同体、抱团互助组织。几万人互相约定,你若患癌我捐你几块钱,我若患癌你们捐我几块钱,帮患癌者筹集30万,没患癌的人得到安心和保障。抗癌公社设计了一套规则将这个道理制度化、纪律化,使之有效运行,解决万一患癌后的医疗费问题。公社不设立基金,资金从捐助人直达患癌者。

假设抗癌公社成员达到6万名,如果不幸患癌,将得到其他成员每人5元的援助;当其他成员患癌,您须通过抗癌公社网站提供的支付通道,使用支付宝账户向其援助其5元钱。捐助是从成员到成员,不经抗癌公社,抗癌公社亦不设立基金。

而成员如果达到10万名,如果有人患癌,只需要每名成员3元,即可为其筹集30万;如果成员达到30万,那每名成员仅需1元。

抗癌公社已经将这一原理制度化、纪律化、标准化,有一套机制增强可行性和防范风险,比如:

——参加抗癌公社,须经过1年观察期;

——不助人,则视为自动退出公社;

——不设立基金,会员捐助是p2p的,通过支付工具从捐助人直接到受捐人,不需要担心有人从中截留;

——根据成员数量动态的捐助金额;

——成员患癌后病情是公示的,经过公证的;

——成员随时可以主动退出、放弃捐助而自动退出互保公社,权利与义务同时中止,跟道德及诚信无关;

——完全基于支付宝,实名认证和资金流转都有据可查,对于成员捐助也更加方便;

截至2015年9月16日,抗癌公社已经达到207 000人。

第三节　互联网保险的风险与监管

任务描述 ▌▌▌

今年5月至8月,保监会对前海人寿、恒大人寿、华夏人寿、东吴人寿等9家公司开展了万能险专项检查,并对发现问题的公司下发了监管函,责令公司进行整改。针对互联网保险领域万能险产品存在销售误导、结算利率恶性竞争等问题,保监会先后叫停了前海人寿、恒大人寿等7家公司的互联网保险业务。12月5日,保监会针对前海人寿万能险账户管理整改不到位,对其采取了停止开展万能险新业务的监管措施。

请上网查询,了解互联网保险有哪些监管政策。

知识平台 ▌▌▌

一、互联网保险的风险

风险是指损失的不确定性。互联网保险的快速发展给中国保险业注入活力的同事,也蕴含了不容忽视的风险。作为一种金融创新,互联网保险融合了保险行业与互联网行业两个高风险行业,使得该行业面临更多、更复杂的风险。

(一)技术风险

互联网保险主要依赖于计算机和网络技术,因此,技术风险与互联网保险发展相伴相生。一是网络安全风险。互联网保险业务依赖于严格的网络安全,但同时网络又具有很强的开放性与脆弱性。硬件设备不完善、黑客攻击、计算机病毒入侵都可能引发金融基础设施风险。二是信息泄露风险。目前,我国对网络隐私权的保护还处于法律真空阶段,由于网络的开放性与技术安全的有限性,很难保证客户信息在获取、传输、储存和处理过程中不被泄露,使得客户面临个人隐私泄露的风险。三是新技术运用风险。新技术的应用中都存在一定的风险,例如互联网保险的重要技术依托大数据可能面临海量数据存储的挑战,云计算也面临服务外包的问题等。

(二)金融风险

互联网保险本质上属于金融范畴,伴随着互联网保险而产生的一些新型风险和传统的金融风险可能产生叠加效应。

一是信用风险。由于互联网业务主要是通过客户在线交易完成,缺乏面对面的交流,相比线下面对实体交易,互联网保险线上交易的虚拟性使得保险公司难以准确判断客户的身份信息、信用评级等。因而可能使保险公司面临道德风险与逆向选择。从消费者角度来看,互联网环境下,投保人获得保险产品的准确性可能也大打折扣。二是操作风险,互联网移动支付与远程支付在给消费者带来便利的同时,也存在很多安全隐患,由于客户安全意识较弱,在身份认证、环境认证方面有可能发生由于操作不当引发的风险。

(三)系统性风险

互联网保险较强的开放性和共享性,很容易将单体风险转化为系统性风险。意识行业间关联性风险。在互联网保险创新中,统一的支付平台架构是支付方式发展的趋势,金融机构的关联性增强,风险的传递性与对平台安全性的敏感性也大大提高。同时,由于互联网保险的碎片化、传染性、跨界性,一旦出现风险,极易引发大规模资金链条断裂,导致流动性风险。二是与消费者相关的风险。由于互联网保险投资门槛较低,主要消费群体抗风险能力较弱,且参与人数众多,恐慌情绪和挤兑风波可能在短时间迅速膨胀,有可能导致保险业出现系统性风险。

二、互联网保险监管

随着互联网保险业务在中国逐渐开展,通过监管推动互联网保险业务健康有序发展,已经成为保险业的共识。中国保险监督管理委员会也对互联网保险监管十分重视，近年来发布了一系列规范性文件(表11-1)，针对互联网保险发展中存在的问题，提出了相应的监管要求。

表11-1　互联网保险业务监管的相关文件

发布时间	监管文件
2011年4月	《互联网保险业务监管规定(征求意见稿)》
2011年9月	《保险代理、经纪公司互联网保险业务监管办法(试行)》
2013年9月	《中国保监会关于专业网络保险公司开业验收有关问题的通知》
2014年4月	《关于规范人身保险公司经营互联网保险有关问题的通知》
2015年10月	《互联网保险业务监管暂行办法》
2017年2月	《保险业进一步参与社会治安综合治理工作的指导意见》

注：资料来自中国保监会网站。

（一）市场准入监管

根据《互联网保险业务监管暂行办法》，在互联网保险市场准入的资质条件方面，保监会要求保险公司、保险专业中介机构必须具有健全的互联网保险业务管理制度，具有开展互联网保险业务需要的一定数量的管理人员、技术人员和从业人员，并满足保监会规定的其他条件，同时规定，保险专业中介机构的注册资本不低于人民币1 000万元，方可开展互联网保险业务。另外还规定，互联网保险业务可以通过自办网站或非自办网站开展，但都应该具有营业执照，并具有可靠的保险电子商务系统和网络信息安全管理系统。满足上述条件的保险公司和保险专业中介机构在开展互联网保险业务10个工作日内，提交相关材料，在保监会备案即可。

（二）信息披露监管

在信息披露的内容上，《互联网保险业务监管暂行办法》从保险人和投保人两方面作出规定。一方面对保险公司及中介机构的要求，包括保险公司于中介机构的自身信息、保险产品及服务等信息，并确保信息合法、真实、完整，同时，要求投保人点击确认"是否已阅读保险条款的全部内容，了解并接受包括免除保险公司保险责任条款、犹豫期、费用扣除、退保、保单现金价值在内的重要事项"；另一方面，要求投保人自主、如实地填写与保单效力有关的重要事实，履行告知义务，以便保险人进行准确的核保并保证后续业务流程的正常开展。

在信息监管形式上，《互联网保险业务监管暂行办法》要求"应当在相关互联网网站页面显著位置列明"。除此之外，还规定互联网保险的机构应当通过柜台、电话、电子邮件、网上在线等其中一种或多种方式，及时、全面、准确地回答社会公众有关互联网保险业务的咨询。

（三）风险监管

对互联网保险机构面临的操作风险进行监督，是中国互联网保险业务监管的核心内容之一。

首先是对网络信息安全的监管。根据《互联网保险业务监管暂行办法》，如果保单采用电子保单格式的,应采用有效的安全保障技术;在网络支付上,要具有防火墙、入侵检测、加密、第三方电子认证等安全技术及数据备份功能;要提前做好突发事件的应急处理预案,并具备故障修复技术能力,保障投保人和被保险人的信息安全。

其次是对保险欺诈的监管。要求保险公司及中介机构应加强互联网保险从业人员的业务素养、职业道德、法律法规等方面的培训,提高员工素质,加强业务规范管理,避免出现中介机构和从业人员欺诈投保人等违法行为,不得在网站上发布虚假保险产品信息,不得夸大保险产品的功能和效益,不得销售假保单。

参考文献

[1] 马克·S. 道弗曼. 风险管理与保险[M]. 9 版. 北京:清华大学出版社,2009.

[2] 邓丽华. 保险实务[M]. 北京:中国财政经济出版社,2014.

[3] 肖举萍,黄素. 保险实务[M]北京:高等教育出版社,2015.

[4] 孙大维,王莉莉,李婷婷. 怎样做好保险规划[M]北京:机械工业出版社,2009.

[5] 徐昆. 保险基础与实务[M]. 北京:人民邮电出版社,2011.

[6] 张惠兰,袁雅莉. 人身保险[M]. 北京:清华大学出版社,2016.

[7] 姜亚玲,王国龙. 保险学原理与实务[M]. 北京:北京邮电大学出版社,2014.

[8] 许谨良. 保险学原理[M]. 4 版. 上海:上海财经大学出版社,2010.

[9] 赵立航. 保险规划理论与实践[M]. 北京:中国财政经济出版社,2010.

[10] 奚玉莉. 互联网保险新模式[M]. 北京:中信出版社,2016.